위대한 전쟁
위대한 전술

KODEF
안보총서
79

위대한 전쟁
위대한 전술

양욱 지음

플래닛미디어
Planet Media

우리는 세계에서 가장 전쟁의 가능성이 높은 땅에 살고 있다. 대한민국은 건국한 지 2년 만에 북한의 침략으로 위기를 맞았으나 세계 각국의 도움으로 살아났다. 그러나 위협은 여전하다. 우리가 마주하고 있는 적은 매일 핵과 미사일 능력을 자랑하며 공격 위협을 가해올 만큼 위험하다. 타국의 영해에 침범하여 아무렇지도 않게 군함을 격침시키고서는 시치미를 뗄 만큼 뻔뻔하다. 이렇게 명백하게 현존하는 위협 앞에서 전쟁의 가능성에 대비하는 모습은 찾아보기 어렵다. 전쟁이란 다시는 일어나서는 안 되는 것이라고 정의하고는 그 본질을 살펴보려는 노력은 찾아보기 힘들다.

흔히 인류의 역사는 전쟁의 역사라고 말한다. 인류의 가장 오래된 직업이 군인이라는 말까지 있을 만큼 전쟁은 반복되어왔다. 전쟁은 국가 등 정치집단이 자신이 생존하거나 혹은 상대방을 절멸시키기 위해, 영토나 자원 확보 등 이익을 얻기 위해, 국민감정 등에 치우쳐 오해나 오판에 의해 일어난다. 특히 과학기술의 눈부신 발전으로 전쟁의 수단이 발달하면서 전쟁은 더욱 치열해지고 잔인해졌다. 그럼에도 불구하고 근본적으로 전쟁은 정치적 목적을 달성하기 위한 수단이다.『전쟁론』의 저자 클라우제비츠(Carl von Clausewitz)는 "전쟁은 외교문서를 작성하는 대신에 전투로 하는 정치다"라고 지적했다.

이 책은 인류사에서 중요한 부분을 차지하는 전쟁 속에서 가장 핵심적인 전투를 중심으로 왜 전투를 결심하게 되었고, 어떤 전술로 싸워 승리했는가를 다루고 있다. 방대한 전사(戰史) 중에서 먼저 서구 보병 전술의 기틀을 세운 고대 마라톤 전투부터 근대 유럽의 지도를 그린 근대 워털루 전투까지 세계사를 바꾼 명전투 19개를 이 책에 소개하고, 근대와 현대의 명전투는 추후에 또 한 권의 책으로 낼 계획이다. 이 책에 언급된 명전투에서 전쟁의 변화하는 모습을 살펴보는 것도 흥미로울 것이다. 예를 들어 고대에서는 한 번의 전투로 전쟁의 승패가 갈리는 경우도

종종 있었다. 승자와 패자의 차이는 전술 대형을 얼마만큼 잘 짜서 적의 약점을 노리느냐에 달렸다. 그러나 시간이 가면 갈수록 전쟁의 규모는 점점 커졌고, 그 과정에서 전투들은 더욱더 치밀한 두뇌싸움으로 바뀌었다. 이제는 전투를 얼마만큼 잘 운용하느냐 하는 전략의 우열에 의해 전쟁의 승패가 나뉘게 되었다.

수많은 전쟁의 역사 속에서 한 가지 지적하고 싶은 점이 있다. 과연 전쟁은 피해야만 하는 것인가 하는 점이다. 전쟁을 즐기는 호전광의 관점에서 던지는 명제가 아니다. 이 책에서 제시된 바와 같이 제한전을 수행해 승리함으로써 자국의 정치적 목표를 달성한 사례들은 인류사 속에서 반복되고 있다. 물론 감정적인 오판에 의해 전쟁을 일으켜 나라를 멸망으로 이끈 사례도 있고, 혜안과 용기로 전쟁을 정치의 도구로 사용해 한 나라를 위대하게 만든 사례도 있다. 그러나 먼저 전쟁을 시작하지 않는다 하더라도 적이 싸움을 걸어왔을 때 완벽히 승리할 전략과 전술을 가지지 못한 나라는 위대해지기는커녕 그 존재마저 위태롭다는 것을 역사는 증언해준다.

인류사의 한 장면을 결정한 결정적인 전투를 역사적 관점에서 다룬 수많은 저술들이 있다. 이 책이 그러한 저술들에 비해 더 깊이 있는 역사적 분석을 제공한다고 할 수는 없다. 필자는 역사학자가 아니라 군사 문제 연구자다. 그렇기에 그 속에 숨어 있는 절묘한 전략과 전술을 중심으로 고찰하지 않을 수 없었다. 이 책은 국방홍보원에서 발행하는 ≪국방저널≫에서 "위대한 전쟁, 위대한 전술"이라는 제목으로 연재 중인 기고문을 엮은 것이다. 아직도 연재 중인 코너이기에 추후에 근대와 현대의 전쟁들을 모아서 소개할 기회가 있으리라고 생각한다.

이 책이 나오기까지 여러 분의 도움이 있었다. 우선 매달 원고를 기다려주고 격려를 아끼지 않으신 ≪국방저널≫의 신인호, 조진섭 기자님께 감사의 말씀을 올린다. 졸고를 기꺼이 맡아 출간해주신 도서출판 플래닛미디어 김세영 사장님께도 감사드린다. ≪조선일보≫ 유용원 논설위원님, 국방대학교 박창희 교수님, 박영준 교수님을 비롯하여 늘 전쟁에 대해 깊이 있는 고민을 하도록 격려해주신 수많은 멘토들께 감사의 말씀을 올린다. 재치와 지혜로 늘 많은 고민과 공감을 나누고 있는 이스라엘 대사관의 윤상용 국방보좌관, 국방부의 이주용 국제평화협력과장 등 여러 동료들께도 감사드린다. 또한 어려움과 난관 속에서도 늘 해결책을 찾고 전진하고 있는 든든한 파트너인 김현칠, 유운영 이사님께 감사드린다. 무엇보다도 밤이나 새벽이나 잠 못 이루고 옆에서 큰 힘이 되어준 아내에게 말로는 표현 못 할 고마움을 전한다. 이 책이 좀 더 큰 대한민국의 안보지도를 그리는 데 작은 한 톨의 밀알이 되기를 바란다.

CONTENTS

01
마라톤 전투
(BC 490)
서구 보병 전술의 기틀을 세운 전투

BATTLE OF MARATHON

"전쟁은 모든 것의 아버지다.
신과 인간을 만들고, 노예와 자유인을 만든다."
- 헤라클레이토스

BC 539년 페르시아의 대왕 키루스 2세(Cyrus II)는 소아시아(Anatolia)의 대부분을 점령하여 이오니아(Ionia) 해안 지역에 살고 있던 그리스인들까지도 그의 세력권 하에 두었다. 처음엔 페르시아인들과 그리스인들의 관계는 화기애애했지만, 키루스 대왕이 죽고 나자 상황이 달라졌다. 수십 년이 지나자 서로 긴장감은 높아져만 갔고 두 집단의 관계는 악화되었다. 칼자루를 쥔 페르시아인들은 무역 제한을 가하면서 그리스인들의 경제 개발을 방해했다. 게다가 봉건주의국가인 페르시아는 이오니아 도시국가들에 꼭두각시 군주들을 세워놓았고, 이는 그리스인들에게는 참을 수 없는 것이었다.

결국 BC 499년 그리스인들은 드디어 페르시아에 대항하여 봉기한다. 도시국가 밀레투스(Miletus)의 정치가이자 반란의 주도자인 아리스타고라스(Aristagoras)는 그리스 본토에 도움을 요청하기로 하고 제일 먼저 스파르타(Sparta)를 찾아갔다. 그리스에서 가장 강력한 군대를 보유한 스파르타를 찾아간 것은 올바른 선택이었지만, 스파르타의 왕 클레오메네스 1세(Cleomenes I)는 이오니아 해안 지역에 자국의 이득이 없다며 원조를 거절한다. 한편 그 다음 찾아간 아테네(Athens)에서 아리스타고라스는 환대를 받는다. 그는 아테네 의회에서 연설하면서 페르시아는 전투에서 아테네보다 약하며, 승리를 통해 그들의 부를 빼앗을 수 있다고 밝혔다.

이에 아테네는 전함 20척을 동원한 함대를 출정시켜 에페수스(Ephesus) 병력을 상륙시켰다. 아테네군은 페르시아의 수도인 사르디스(Sardis)까지 진군하여 순식간에 점령한 후 도시를 불태웠다. 이후 아테네군은 페르시아군과 일대 교전을 벌였지만 패배하고는 귀국해버렸다. 한편 이오니아의 반란은 BC 493년까지 계속되었지만, 결론은 정해져 있었다. 장기전이 되면서 중앙집권화된 강력한 페르시아 군대는 개인주의적이었던 그리스 도시국가의 군대들을 압도해버렸다.

　반란을 진압한 다리우스 1세(Darius I)는 아테네가 반란군을 도왔다는 사실을 알고 격노했다. 고대 그리스 역사가 헤로도토스(Herodotos)의 기록을 보면 다리우스는 자신의 노예에게 늘 저녁식사 전에 세 번 "전하, 아테네를 잊지 마소서!"라고 말하게 할 정도로 분노를 잊지 않았다고 한다. 결국 BC 492년 다리우스는 자신의 사위인 마르도니우스(Mardonius) 장군의 병력을 보냈다. 원정군은 트라키아(Thrace)의 원정까지는 성공했다. 그러나 헬레스폰트(Hellespont) 해협을 지나다가 아토스(Athos) 곳의 악천후로 인해 병력 절반을 잃고 회군하고 말았다.

전쟁의 시작

그렇다고 아테네를 내버려둘 다리우스가 아니었다. 이듬해가 되자 페르시아군은 다시 원정을 준비했다. 이번에는 에게 해를 건너서 에레트리아(Eretria)와 아테네를 공략하여 도시를 불사르고 시민들을 노예로 삼겠다는 것이었다. 마르도니우스의 원정 실패를 교훈 삼아 모든 병력을 바다를 통해 보내기로 결심했다. 이에 따라 약 600여 척의 함선이 필요했는데, 호위선 200여 척과 수송선 400여 척으로 구성되었던 것으로 보인다. 페르시아 기병들의 말을 태우기 위한 특수한 선박들도 동원되었는데, 약 2만 5,000여 명의 병사들과 1,000여 명의 기마병들로 구성되었을 것으로 보인다. 원정군의 지휘는 아르타페르네스(Artaphernes)와 다티스(Datis) 장군이 맡았다. 또한 아테네를 지배하다 쫓겨났던 참주(僭主) 히

●●● 아케메네스 왕조 페르시아 제국의 왕(재위 BC 522년~BC 486년) 다리우스 1세의 부각(페르세폴리스). BC 518년~BC 510년 인도의 펀자브 지방을 정벌하고, 소아시아의 그리스 식민지도 평정했으며, 두 번에 걸쳐 그리스 본토에 대한 원정을 실시했는데, 첫 번째는 사위 마르도니우스에게 지휘를 맡겼으나 중도에서 실패했고, 두 번째는 마라톤 전투에서 결정적인 패배를 맛보았다. 무장보다는 행정조직가로서 후세에 명성을 남겼다. 〈Public Domain〉

피아스(Hippias)까지 데려갔다. 그리스 도시국가들의 복잡한 정치 상황 속에서 그를 이용하여 아테네 내부에 제5열을 만들려는 의도였다.

페르시아 함대는 타르수스(Tarsus)에서 출발하여 서쪽으로 향했다. 우선 페르시아군은 에레트리아를 정벌하기 위해 에우보이아(Euboea) 섬에 주력이 상륙했다. 엄청난 병력의 등장에 에레트리아인들은 진퇴양난에 빠졌다. 일부는 도시를 사수해야 한다고 주장했고, 나머지는 도시를 버리고 인근의 산악으로 도피하여 저항할 것을 주장했다. 그러나 어떻게 할지 결정을 내리기도 전에 도시는 페르시아의 수중에 넘어갔다. 페르시아의 금화에 매수된 자들이 성문을 열어 적에게 도시를 팔아버렸던 것이다. 불타 없어진 사르디스에 대한 복수로 페르시아군은 도시의 성전들을 모두 불태워 없애버렸다. 에레트리아를 점령하는 데 겨우 일주일밖에 걸리지 않았다.

페르시아군은 파죽지세로 에우보이아 섬에서 아티카까지 이동하여, 9월 1일에는 마라톤 평원(Plain of Marathon)에 이르렀다. 마라톤 평원에서 아테네까지의 거리는 약 41.8킬로미터(26마일)에 불과했다. 히피아스는 상륙 장소를 결정하는 데 결정적인 조언을 해주었다. 마라톤 평원은 여러 가지 조건에서 페르시아군에게 유리했다. 무엇보다도 목적지인 아테네와 가까웠다. 긴 해안선이 있어 수많은 함선들을 정박시킬 수 있었고, 넓은 평원의 한쪽에는 호수도 있어 식용수의 수급도 충분했다. 또한 평야지대이므로 기마병들이 마음대로 기동할 수 있어, 페르시아군은 원하는 시간과 장소에서 아테네군과 싸울 수 있었다.

페르시아군의 상륙 소식을 알게 된 아테네는 곧바로 지원을 요청했다. 아테네의 전령인 필리피데스(Philippides)는 스파르타까지 약 226킬로미터(140마일)를 쉬지 않고 이틀간 달렸다. 그러나 스파르타는 종교행사인 카르네이아(Karneia) 축제로 인해 9월 12일까지는 진군할 수 없다고 응답했다.

병력의 배치

스파르타의 증원이 늦을 것이라는 소식을 전해 듣고는 각 부족 부대를 대표하는 10명의 장군은 어떤 행동을 취할지를 놓고 격론을 벌였다. 몇몇은 공성전(攻城戰)에 대비할 것을 주장했지만, 히피아스의 존재나 에레트리아에서 배신자가 발생한 점을 생각하면 올바른 결정은 아니었다. 나머지는 페르시아군을 마라톤 평원에 묶어두고 도시로 진입하지 못하도록 항전해야 한다고 주장했다. 이런 주장을 한 것은 밀티아데스(Miltiades) 장군으로, 이오니아 반란에서 페르시아군과 싸워본 그의 주장에 무게가 실렸다.

이에 따라 9월 4일 중장보병(重裝步兵) 1만여 명이 마라톤 평야로 진군했다. 아테네를 도우러 온 것은 오랜 연합이던 플라타이아이(Plataeae)뿐이었다. 플라타이아이는 약 1,000여 명의 병력을 파견했다. 아테네와 플라타이아이의 그리스 연합군은 고지와 바다 사이의 마라톤 평야의 남쪽 끝에 위치했다. 그리스 연합군(이하 그리스군)은 나무들을 쓰러뜨려서 날카로운 바리케이드를 만들어 자신들의 주둔지를 보호했다.

전투를 하게 되면 그리스군은 팔랑크스(Phalanx)라는 밀집된 전투대형으로 전투에 임했다. 팔랑크스는 중장보병들로 구성되며 오른손에는 사리사(sarissa)라는 2~3미터 길이의 긴 창을, 왼손에는 호플론(hoplon)이라는 커다란 둥근 방패를 들고, 60센티미터 길이의 칼을 차고 전투에 참여했다. 이 호플론을 들고 싸운다 하여 팔랑크스 대형에서 싸우는 중장보병들을 호플리테스(hoplites)라고 한다.

페르시아군은 스코이니아스(Schoinias) 해안에 함선을 정박시켰는데, 그 앞쪽에는 넓은 습지가 펼쳐져 있었다. 페르시아군은 이 습지 너머의 한 마을을 주둔지로 삼아 물과 사료를 확보했다. 페르시아군의 편대는 크게 천인대와 만인대로 구분되는데, 보통 만인대는 화살을 쏘는 궁병과 이를 엄호할 방패병으로 구성되며, 천인대는 메디아·페르시아인의 정예 창병과 사카족의 도끼병으로 구성된다. 원정을 나온 페르시아군은 만인대 2개, 천인대 3, 4개, 그리고 기마병 1,000여 명으로 구성되었다.

전투 계획 및 경과

페르시아군과 그리스군은 일주일간 대치했다. 양쪽 모두에게 기다릴 이유는 충분했다. 카르네이아가 끝나는 9월 12일이 되면 스파르타의 증원 병력이 움직이기 시작하여 15일이면 도착하므로 그리스군이 함부로 움직일 이유는 없었다. 또한 기마병을 보유한 페르시아군과 마라톤 평야 지대에서 마주칠 경우 현저하게 불리할 것이 명백했기 때문에, 산과 바다로 측면이 보호되는 주둔지를 벗어날 이유가 없었다. 특히 현재 지형이라면 중장보병으로 팔랑크스 대형을 짰을 때, 장갑을 보유하지 못한 페르시아의 경보병에 대하여 엄청난 효과를 발휘할 터였다.

팔랑크스는 병사들을 밀집된 전투대형으로 배치하여 근접전을 중심으로 적을 압박하는 전술이다. 강력한 방어에는 유리했으나 대열이 흐

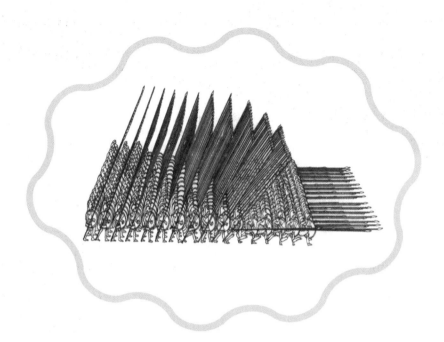

●●● 팔랑크스는 병사들을 밀집된 전투대형으로 배치하여 근접전을 중심으로 적을 압박하는 전술이다. 고대 그리스의 팔랑크스는 기동성이 떨어지고 측면과 후방에서 공격해올 경우 효율적으로 대응할 수 없다는 약점에도 불구하고 강력한 방어를 기반으로 당시 최강의 전투력을 발휘할 수 있었다.

트러졌을 때 공격을 받으면 대형 전체가 무너질 수 있는 위험이 있었다. 이 때문에 팔랑크스로 투입되는 중장보병은 엄격한 규율을 토대로 강도 높은 훈련을 받아야만 했다. 또한 빨리 움직일 경우에도 대열이 흐트러질 수 있기 때문에 최대 이동속도는 빠른 걸음 정도여서 기동성은 떨어지는 편이었다. 대열을 유지하면서 방패로 자신과 옆 병사를 동시에 방어하는 방식을 취했는데, 측면과 후방에서 공격해올 때는 효율적으로 대응할 수 없었다. 이러한 약점에도 고대 그리스의 팔랑크스는 강력한 방어를 기반으로 당시 최강의 전투력을 발휘할 수 있었다.

●●● 팔랑크스는 호플리테스로 불리는 중장보병들로 구성되었는데, 이들은 오른손에는 사리사라는 2~3미터 길이의 긴 창을, 왼손에는 호플론이라는 커다란 둥근 방패를 들고 60센티미터 길이의 칼을 차고 전투에 참여했다. 〈Public Domain〉

한편 페르시아군은 시간은 자신들의 편이라고 믿고 있었다. 그들은 에레트리아에서처럼 내부 협조자가 나오기를 기다렸는데, 과거 아테네의 참주이기도 했던 히피아스의 지지자들에게 기대를 걸었다. 모든 준비가 끝나면 협조자들은 펜텔리쿠스 산(Mount Pentelicus)에 올라가 광택을 낸 청동 방패로 페르시아군에게 신호를 하기로 되어 있었다. 이렇게 신호가 오면 병력의 절반을 함선에 태워놓았다가 아테네까지 곧바로 진격할 예정이었다. 그리스 연합군의 모든 병력이 마라톤 평야까지 나와 있었으므로 페르시아군은 거의 저항 없이 아테네를 점령할 수 있었다. 그러나 그리스 연합군은 현재 난공불락의 지형에 위치하고 있어서 페르시아군이 아무리 수적으로 우세하고 기마병까지 보유했더라도 승리를 장담할 수 없었다.

한편 8월 11일이 되자 불리해진 것은 페르시아군 쪽이었다. 일주일이 다 되도록 아테네 내부의 제5열로부터 방패 신호가 오지 않았던 것이다. 게다가 스파르타의 축제마저 끝나가고 있었다. 스파르타군이 증원이 되면 마라톤 평원에서 페르시아군은 열세에 빠질 것이 분명했다. 이에 따라 페르시아군은 바다를 통한 아테네 공략을 결심했다. 방패 신호가 있건 없건 간에 9월 12일 아침에는 해상을 통한 기습작전을 수행하기로 했다.

기습상륙부대는 다티스 장군이 지휘하며 1개 만인대에 더하여 기마병의 대부분을 여기에 포함시켰다. 팔레론(Phaleron) 만에 상륙한 이후 아테네까지 질주하는 데 기마병의 활약이 필요했기 때문이다. 아르타페르네스는 마라톤에 남아서 그리스군을 견제할 예정이었다. 전원 보병이지만 1만 5,000여 명의 병력을 보유하여 충분히 그리스군과 대적할 수 있었다.

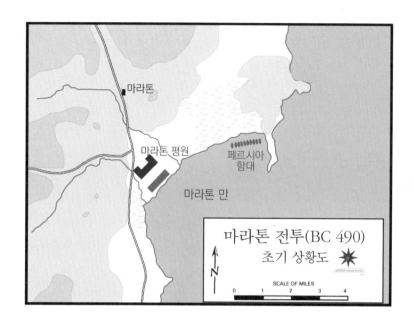

마라톤

마라톤 평원

페르시아 함대

마라톤 만

마라톤 전투(BC 490)
초기 상황도

N

SCALE OF MILES
0 1 2 3 4

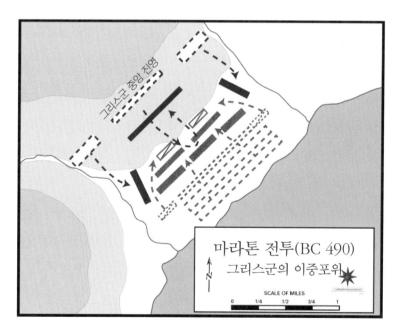

그리스군 중앙 진영

마라톤 전투(BC 490)
그리스군의 이중포위

N

SCALE OF MILES
0 1/4 1/2 3/4 1

계산된 전투

그러나 페르시아군으로 복무하던 이오니아 출신의 병사들이 그리스군의 제5열이 되어주었다. 페르시아군 병력의 절반만이 마라톤에 대기 중이며 기병대가 없다는 사실을 알려준 것이다. 이때까지만 해도 그리스군 지휘부는 역시 진퇴양난에 빠져 있었다. 기다리지 말고 싸워야 한다는 의견과 지금에라도 아테네로 돌아가자는 의견이 격돌 중이었다. 그러나 적의 정보가 들어오자 밀티아데스는 결전의 뜻을 굳혔다. 이에 따라 결전의 시각은 여명이 밝아오는 시각으로 정해졌다. 제시간에 아르타페르네스의 병력을 격파할 수 있다면, 해안도로를 따라가서 다티스의 상륙병력을 제압할 수 있을 터였다. 페르시아군의 전술에 능숙한 밀티아데스가 다음날 지휘를 맡았다.

다음날 아침이 되자 양측은 전투태세를 갖추었다. 밀티아데스는 페르시아군이 최정예병력을 중앙에 배치한다는 사실을 잘 알고 있었다. 문제는 그리스군의 병력이 부족하다는 점이었다. 보통 때처럼 팔랑크스를 8열로 배치한다면 대열이 부족하여 측방이 뚫릴 것이 뻔했다. 결국 밀티아데스는 팔랑크스의 대열을 8열 대신 4열로 하여 전선이 얇어지더라도 페르시아군과 전열이 일치하도록 포진시켰다.

한편 밀티아데스는 페르시아군 진영의 좌·우익은 상대적으로 무장이 약하고 열의가 약한 병사들로 구성된다는 사실을 알고 있었다. 그리하여 그리스군 좌·우익에는 우수한 병사를 포진시키고, 적의 측방이 와해되면 추격하여 교전하지 말고 중앙으로 공격해올 것을 지시했다. 이에 따라 우익은 군사장관인 칼리마코스(Callimachos)가, 좌익은 플라타이아이(Plataeae)군의 아림네스토스(Arimnestus)가 지휘했다.

페르시아군의 진영은 예상에 적중했다. 중앙에는 정예 페르시아군과 사카족 용병들이 위치했고, 이오니아 출신의 그리스인을 포함한 다른 종족들은 좌·우익에 배치되었다. 그리스군의 주둔지를 봉쇄하기 위해 페르시아군은 약 1.6킬로미터 지점까지 접근했다. 페르시아군의 대열이 갖춰지자, 밀티아데스는 전진 명령을 내렸다. 그리스군은 천천히 행군해 나갔다. 페르시아군은 궁수나 기병의 지원 없이 전진하는 그리스군을 보고 미쳤다고 생각했다. 그러나 그리스군은 궁병의 유효사거리인 200미터 지점부터는 페르시아군을 향해 전속력으로 달려 나갔다.

●●● 밀티아데스. 아테네의 장군으로 마라톤 전투에서 페르시아군을 대패시킨 것으로 유명하다.

그리스의 승리

상당한 시간 동안 양측의 백병전이 계속되었다. 싸움이 계속되자 페르시아군의 중앙 진영은 그리스군 중앙을 돌파하는 데 성공했고, 그리스군은 상당히 뒤로 후퇴했다. 하지만 예상대로 페르시아군의 측방은 약했다. 좌익의 플라타이아이군이 페르시아의 우익을 무너뜨리자, 마찬가지로 좌익도 무너졌다. 이렇게 자유로워진 그리스군의 좌·우익이 페르시아군의 중앙으로 돌진해오자, 페르시아군은 완전히 포위되고야 말았다.

갑작스러운 기습에 페르시아군은 공황상태에 빠졌다. 정예라던 중앙 진영이 무너지자, 페르시아군의 패배는 명확해졌다. 전열이 붕괴된 페르시아군은 도주하기 시작했다. 중앙과 좌익은 정박해 있던 함선으로 도망가는 데 성공했지만, 길을 잘못 든 우익은 지형을 몰라 습지대로 도주하다가 몰살되고 말았다.

마라톤 전투의 결과는 명백한 그리스군의 승리였다. 그리스군은 페르시아군 병사 6,400여 명을 사살한 반면, 아테네군 192명과 플라타이아이군 11명 사망이라는 적은 인명피해를 기록하며 대승을 거두었다. 그러나 이렇게 마라톤에서 승리한 뒤에도 아테네는 안심할 수 없었다. 페르시아군은 마라톤 평야에서 배로 퇴각한 후, 수니온(Sunion) 곶을 돌아 아테네를 직접 공략하고자 했다. 이런 계획을 알고 있는 그리스 측은 전투가 끝나갈 무렵 아테네군 본진에서 1개 부족 부대가 도보로 아테네로 후퇴하여 다티스의 상륙을 저지하는 데 성공함으로써 아테네의 위기는 종결되었다.

하지만 전투에서 이겼다고 전쟁의 승리를 장담할 수는 없는 법이다. 패배한 페르시아는 이후 10년간 또다시 원정을 준비하여 그리스 전역을 정

●●● 전령 필리피데스는 마라톤에서 아테네까지 약 41.8킬로미터를 달려와 승전을 알리고 숨을 거두었다. 이를 기념하여 마라톤은 근대 스포츠로 다시 태어났다. 뤽 올리비에 메르송(Luc Olivier Merson)의 1869년 작품 〈마라톤의 병사〉. 〈Public Domain〉

복할 계획을 세우게 된다. 그러나 마라톤 전투의 의미는 전술적인 측면에서 찾아볼 수 있다. 그리스의 중장보병이 사용한 팔랑크스, 즉 밀집대형은 이후 2000여 년간 서구의 전쟁에서 사용된 전투 방식의 효시가 되었다.

그리고 마라톤 전투에서 빠질 수 없는 또 하나의 이야기는 바로 전령 필리피데스[Philippides: 기록에 따라서는 '에우클레스(Eukles)'였다고도 함]의 이야기다. 승전을 알리기 위해 필리피데스는 마라톤 평원에서 아테네까지 약 41.8킬로미터(26마일)를 달려갔다고 한다. 아테네 정부의 청사에 도착한 전령은 "우리가 이겼습니다!"라는 말만 남긴 채 목숨을 거두었다. 이러한 전령의 희생을 기념하는 장거리 달리기는 마라톤이란 이름으로 올림픽 공식 경기로서 1896년에 부활되었다. 물론 마라톤 전투에서 패전한 페르시아의 후예국인 이란은 마라톤을 금기하며, 테헤란(Teheran)에서 열린 1974년 아시안 게임에서는 마라톤이 아예 제외되기도 했었다.

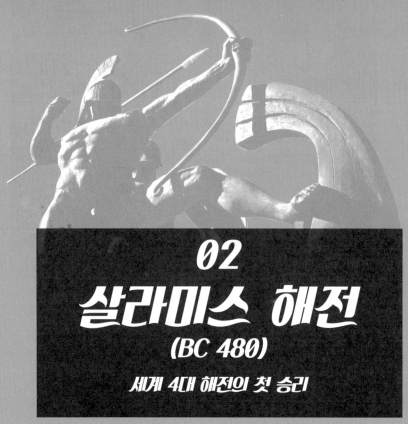

02
살라미스 해전
(BC 480)
세계 4대 해전의 첫 승리

BATTLE OF SALAMIS

"내게는 설득과 강압이라는 두 수호신이 있다."
- 테미스토클레스, 아테네의 지도자

BC 5세기, 페르시아 제국은 전성기를 구가했다. 다리우스 1세는 캅카스 (Kavkaz) 지역에서 인도해까지, 지중해 해안에서 인더스 강까지 영토를 넓혔고, 다양한 국가와 부족들을 페르시아 제국에 복속시켰다. 그중에는 소아시아 지역으로 진출했던 그리스의 도시국가들도 포함되어 있었다. 하지만 유독 아테네와 스파르타 등의 국가는 페르시아를 섬기지 않았으며, 오히려 페르시아에 복속된 도시국가들을 부추겨 이오니아 반란 (BC 499년~BC 494년)을 일으키기까지 했다. 이에 따라 다리우스 1세는 보복을 위해 두 차례나 그리스로 대규모 원정대를 파병했다.

전쟁의 폭풍

1차 원정은 악천후로 인해 실패하고, 2차 원정은 마라톤 전투에서 패배하면서 다리우스 1세는 통한의 나날을 보낸다. 복수에 눈이 먼 그는 결국 3차 원정까지 준비했다. 대규모 원정 준비를 위해 이집트에 중과세를 하자, BC 486년 반란이 일어났다. 그러나 반란 진압을 준비하던 다리우스 1세는 애석하게도 3차 원정을 보지 못하고 세상을 떠났다. 아버지를 이어 왕위에 오른 크세르크세스(Xerxes I)는 역시 아테네를 향한 복수라는 선왕의 의지를 이어받아 강력한 원정군을 완성했다.

크세르크세스는 육군이 건널 수 있도록 헬레스폰트 해협에 부교(浮橋)를 만들기로 했다. 헬레스폰트 해협은 오늘날의 다르다넬스 해협으로, 다르다넬스 해협은 에게 해와 마르마라 해를 잇는 터키의 해협으로, 보스포루스(Bosporus) 해협과 함께 터키를 아시아와 유럽 양쪽으로 나눈다. 길이는 61킬로미터이지만 폭은 1~6킬로미터밖에 되지 않으며, 깊이도 얕아 평균 깊이는 55미터, 가장 깊은 곳은 81미터다.

또한 크세르크세스는 아토스(Athos) 산의 지협을 파서 운하를 만들기도 했다. 부교와 운하, 이 두 가지 모두 당시로서는 엄청난 일로 보통의 국가로서는 불가능한 일이었지만, 대제국 페르시아는 BC 480년 초까지 모든 준비를 마쳤다. 크세르크세스는 육군 병력을 사르디스에 모아두었으며, 이들은 헬레스폰트 해협에 설치된 부교 2개를 건너서 유럽으로 진군할 계획이었다.

한편 아테네를 위시한 그리스 본토의 도시국가들도 고민에 빠졌다. 특히 아테네는 페르시아가 조만간 다시 침공해올 것이라는 사실을 명확히 알고 있었지만, 그 방어 전략에 대해서는 내부의 의견이 갈렸다. 페르시아의 공격은 해상과 육상에서 동시에 일어날 텐데, 아테네에게는 해군과 육군을 동시에 운용할 만한 병력도 예산도 없었다. 결국 둘 중에 선택을 해야만 했다.

한편 BC 483년에는 아테네에서 동남쪽으로 약 60킬로미터 떨어진 라우리움(Laurium)에서 은광(銀鑛)이 발견되었다. 새롭게 발견된 국부를 어떻게 활용해야 할 것인가를 두고 치열한 논쟁이 벌어졌다. 은광의 개발 이익을 시민들에게 배분하자는 의견 대신, 해군력 강화를 통해서 페르시아의 침공을 막아야 한다는 테미스토클레스(Themistocles)의 의견이 가장 설득력을 얻었다. 페르시아가 아테네를 침공하기 위해서는 엄청난 수의 함선을 동원할 것이 분명했다. 또한 지상에서는 최강의 호플리테스(중장기병)를 보유한 스파르타가 아테네보다 훨씬 더 효율적으로 싸울 터였다. 그렇다면 아테네가 집중해야 할 것은 해군이라는 결론이 도출된 것이다.

●●● 아테네의 지도자 테미스토클레스는 해전에서 전쟁이 판가름 날 것이라고 판단하고 해군력 강화에 힘썼다.

침공의 시작

BC 481년 크세르크세스는 그리스 도시국가들로 사신을 보내 물과 토지를 바칠 것을 요구했다. 즉, 속국이 될 것을 요구한 것이다. 그러면서 그중 제일 핵심인 2개 국가인 아테네와 스파르타에게는 사신조차 보내지 않았다. 항복하든 하지 않든 간에 이 두 나라만큼은 멸망을 시키겠다는

●●● 크세르크세스는 선왕의 의지를 이어받아 원정대를 몸소 이끌고 그리스를 정벌에 나섰다. 〈Public Domain〉

것이 크세르크세스의 의도였다. 이로써 페르시아의 그리스 침공은 시간 문제임이 명백해졌다. 평소에는 원수처럼 싸우던 아테네와 스파르타였지만, 생존 앞에서는 뭉칠 수밖에 없었다. 같은 해 늦가을, 코린트(Corinth)에서 아테네와 스파르타, 그리고 기타 도시국가들의 원로들이 모여 군사동맹 결성을 결의했다.

크세르크세스는 BC 480년 봄 드디어 침공을 결심하고 몸소 대병력을 이끌고 원정에 나섰다. 고대 그리스 역사가 헤로도토스는 페르시아 원정군이 260만 명이 넘었고 이들이 지나가면서 물을 마셔 강조차 말랐다고 기록했다. 그러나 현대 역사학자들 사이에서 페르시아 원정군의 전체 병력은 실제로 30여 만 명으로 추정되고 있다. 또한 페르시아는 무려 1,207척의 함선까지 동원했는데, 그리스로 이동하면서 페르시아의 속국들도 함정을 추가로 파견하여 함대는 1,327척으로 증가한 것으로 관측되었다.

그리스 동맹군은 페르시아가 진군하기도 전에 그리스 북부 테살리아(Thessaly) 지방의 산악지대로 병력을 배치했다. 험준한 산악지대를 선점하여 페르시아 육군을 막겠다는 계획이었다. 그러나 몇 주가 지나도 페르시아군이 나타나지 않는 데다가 본토까지 우회로가 많다는 것을 알게 된 동맹군은 황급히 테살리아에서 철수했다. 이렇게 동맹군이 철수해버리자, 북부의 도시국가들은 페르시아 편이 되어버렸다.

그 후로도 몇 달이 지나도 페르시아군이 나타나지 않자, 그리스 동맹군은 다시 전열을 가다듬었다. 스파르타를 중심으로 하는 지상군은 본토 중부의 테르모필라이(Thermopylae) 협로에 주력을 배치했다. 아테네가 중심이 된 해군은 그리스 본토와 에우보이아 섬 사이의 아르테미시움(Artemisium) 곳에 약 300여 척의 군함을 배치했다. 이 두 지형은 중과부적의 병력으로 다수의 적을 상대로 전투가 가능한 목진지였을 뿐만 아니라 육군과 해군 사이에 연계작전이 가능할 만큼 가까운 위치에 있었다.

300인의 전설, 테르모필라이 전투

드디어 8월 28일 페르시아의 20만 대군은 테르모필라이 협곡에 도착했다. 이에 대항하는 그리스 동맹의 지상군은 불과 7,000여 명의 호플리테스(중장보병)에 불과했다. 하지만 폭이 15미터에 불과한 협곡을 지키던 이들은 스파르타의 왕 레오니다스(Leonidas)의 지휘 하에 페르시아의 공격을 막아냈다. 매번 공격마다 엄청난 피해가 반복되자, 크세르크세스는 심지어 자신의 최정예부대인 이모탈(Immortal)까지 투입했다. 하지만 이모탈마저도 막대한 피해를 입고 첫날 전투가 끝났다.

이튿날이 되어서도 좀처럼 협곡을 공략하지 못하고 좌절하던 페르시아군에게 좋은 정보가 전달되었다. 에피알테스(Ephialtes)라는 그리스인이 첩자를 자처하며 페르시아군을 찾아왔다. 그는 테르모필라이 협곡을 우회하는 길이 있음을 페르시아 측에 알려주었다. 크세르크세스는 지상군 지휘관인 히다르네스(Hydarnes)에게 2만 명의 병력과 이모탈을 내주었다. 그날 밤 우회하여 그리스 동맹군을 전멸시키고자 했던 것이다.

한편 우회로에도 병력을 배치하여 측면을 보호하던 그리스군은 다음 날 새벽 페르시아군의 우회 사실을 알게 되었다. 우회한 적군이 그리스군의 퇴로를 막으면 병력은 완전히 전멸한다. 그렇다고 지금 당장 협곡에서 모든 병력을 철수하면 페르시아군의 진군이 시작될 것이고, 특히 페르시아 기병대가 추격하면 그리스군은 전멸할 게 분명했다. 결국 최선의 방책은 일부 병력이 남아 협곡을 지키는 사이에 그리스군 본진을 철수시키는 것이었다.

레오니다스는 스파르타 병력 300명과 함께 남아 본대의 철수를 엄호하며 협곡을 사수하기로 결정했다. 테스피아이(Thespiae) 병력 700여 명

●●● 아케메네스 왕조 페르시아 제국의 황실 호위병이자 최정예부대인 불사부대 이모탈.
정원은 1만 명으로, 한 명의 병사라도 사망하거나 부상을 당하여 쓰러지면 또 다른 새로운
병사가 곧바로 충원되어 전투에 참가해 싸웠기 때문에 늘 같은 수를 유지했다. 키루스 2세
의 신바빌로니아 정복, 캄비세스의 이집트 정복, 다리우스 대왕의 인도와 스키타이 침략에서
중요한 역할을 했다. 사진은 수사(Susa)의 궁전 유적에 새겨진 이모탈 부조. 〈Public Domain〉

●●● 스파르타의 왕 레오니다스(재위 BC 487년~BC 480년)는 페르시아군이 침입했을 때 스파르타군과 테스피스인으로 테르모필라이를 사수하다가 전원이 전사했다. 전사자들은 이후 그리스의 국민적 영웅이 되었다. 프랑스 궁정화가 자크 루이 다비드(Jacques-Louis David)의 1814년 작품 〈테르모필라이의 레오다니스〉. 〈Public Domain〉

과 테베(Thebes)인 400여 명도 함께 남아 싸우기로 했다. 이들은 진영을 넓게 펴고 전진하며 사방에서 몰려온 페르시아군과 싸웠다. 싸움은 치열하여 창이 부러지면 칼을 뽑고 칼까지 부러지면 돌멩이라도 주워 들고 싸웠다고 한다. 레오니다스까지 전사하며 그리스인 전원이 치열하게 싸우자, 크세르크세스는 궁병대를 투입하여 전원이 사망할 때까지 화살을 퍼부었다고 한다. 이 싸움으로 스파르타군은 전멸했고, 페르시아군도 무려 2만 명이나 사망했다.

테르모필라이 전투(Battle of Thermopylae)로 그리스 동맹군은 페르시아군의 진격을 이틀 동안 지연시켰다. 그사이 페르시아 해군은 폭풍을 만나 손실을 입었고, 아르테미시움에서 그리스 해군에게 저지당했다. 그러나 8월 30일에 테르모필라이의 함락 소식을 듣자, 그리스 함대 사령관인 에우리비아데스(Eurybiades)는 철수를 결정했다. 페르시아군이 에우보이아 해협에서 가장 폭이 좁은 에우포리스를 점령한다면 퇴로가 차단되기 때문이다. 그리스 함대는 신속히 후퇴하여 시민과 병력을 도시로부터 소개한 후 안전한 항구를 제공하는 살라미스(Salamis) 섬으로 후퇴했다.

지연과 기만작전

테르모필라이 이후 페르시아군은 파죽지세로 아테네까지 진격해 들어갔다. 아테네는 이미 시민들이 대피한 상태였고, 진군한 페르시아군은 도시를 쑥대밭으로 만들었다. 크세르크세스는 그리스에서 최종적인 승리를 거두기 위해서는 그리스 육군을 격파해야 한다고 생각했다. 그리스 육군을 격파하려면 그들을 엄호하는 3단노선(Trireme) 함대를 격파해야만 했다. 즉, 그리스 함대를 파괴해야만 완전한 승리를 거둘 수 있는 것이었다. 테미스토클레스의 예측대로 아테네의 명운을 결정한 전투는 바다에서 벌어질 터였다.

페르시아 함대가 아테네에 도착한 것은 9월 초였다. 이미 아르테미시움 전투(Battle of Artemisium)에서 상당한 피해를 입은 페르시아 함대는 그리스 함대를 격파하기까지 시간을 두고 전열을 가다듬었다. 이에 따라 약 3주간 전개하지 않고 전력을 보완해나갔다. 그리스 동맹군은 바로 이러한 틈을 이용했다. 테미스토클레스는 첩자로 시킨노스(Sicinnus)라는 노예를 페르시아 진영에 보냈다. 그러고는 그리스 함대의 군기는 최악의

●●● 그리스의 3단노선은 노잡이를 제외하고 보통 14명 정도의 병사를 태울 수 있어 비교적 작고 빨랐다. 〈Wikimedia Commons / CC-BY-SA 3.0〉

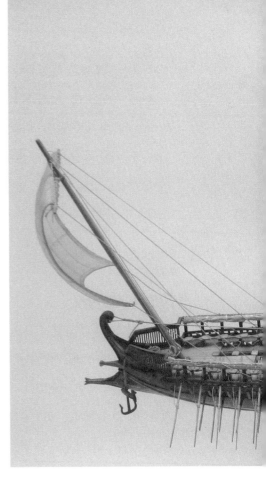

상황이며 페르시아 함대가 공격하면 허둥지둥 살라미스 섬에서 탈출할 것이라는 가짜 정보를 흘렸다.

크세르크세스는 이런 기회를 놓치지 않았다. 곧바로 400여 척의 이집트 군함을 살라미스 섬 서쪽으로 배치하여 퇴로를 차단했다. 그러나 실제로는 전력을 분산하는 실수를 범한 셈이다. 그리하여 나머지 약 750여 척의 함대가 살라미스 공격임무에 투입되게 되었다. 하지만 이에 대항할 그리스 함대는 여전히 중과부적으로 300여 척에 불과했다.

　한편 테미스토클레스는 살라미스 섬 인근의 협로에서 아주 정교한 덫을 만들고 있었다. 우익에 아테네와 코린트 함대를, 좌익에 아이기나와 스파르타 함대를 배치하여 엘레우시스(Eleusis) 만을 살상지대로 만들고자 한 것이다. 테미스토클레스는 코린트 함대 50여 척에게 닻을 올리고 퇴각하는 척하라고 기만행동을 지시했다.

　한 가지 지적할 것은 페르시아와 그리스 함선의 차이점이었다. 페르시아 군함은 대양에서 전투하기에 적절하게 건조되었으며, 최대 30명의 보병이나 궁수를 태우고 전투할 수 있었다. 반면 그리스 군함은 상대적으로 크기가 작고 높이도 낮았으며 최대 14명의 전투원을 태울 수 있는 정도였다. 하지만 페르시아 함선은 너무 길고 커서 협로에서는 기동에 제약이 따랐고 침로를 변경할 수 없었다. 그야말로 협로에서 매복에 걸릴 경우에는 속수무책이었던 것이다.

협로의 매복전

BC 480년 9월 28일 아침, 크세르크세스는 자신의 대함대에게 살라미스 섬을 향한 공격 명령을 내렸다. 물론 그리스 함대는 기만작전을 실시했다. 테미스토클레스의 명령에 따라 코린트 함선들이 엘레우시스 만 안쪽으로 퇴각했다. 먹잇감을 찾은 페르시아 함대는 맹렬히 추격했다.

사냥개처럼 앞만 보고 달리던 페르시아 함대는 무언가 이상하다고 느꼈다. 열심히 도망가던 그리스 군함들에서는 군가가 울려퍼지고 있었다. 게다가 협수로를 지나자 도주하는 듯하던 함선들은 갑자기 뱃머리를 돌리기 시작했다. 페르시아 함대의 지휘관은 그제야 자신들이 덫으로 들어간다는 사실을 깨달았다. 그는 함대를 회두하려고 했다. 그러나 이미 너무 늦었다. 비좁은 협로에서 페르시아 군함들은 뱃머리를 돌릴 수 없었다.

좁은 협로에서는 함선이 많다는 것이 장점이 아니라 오히려 단점으로 작용했다. 덫에서 벗어나기 위해 선두가 속도를 줄여도 뒤에서 따라오던 아군 함선에 떠밀려 점점 더 그리스 함대 쪽으로 밀려날 뿐이었다. 페르시아 함대는 혼란에 빠졌다. 게다가 어디선가 숨어 있던 스파르타 함대가 달려 나와 페르시아 함대의 후미를 공격했다. 폭 2킬로미터, 너비 7킬

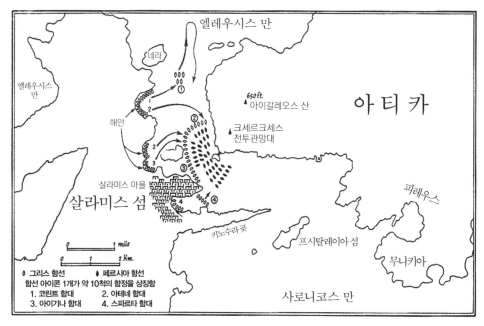

아티카

엘레우시스 만

네라

엘레우시스 만

해안

650ft.
아이갈레오스 산

크세르크세스
전투관망대

피레우스

살라미스 마을

살라미스 섬

키노수라 곶

프시탈레이아 섬

무니키아

사로니코스 만

◊ 그리스 함선 　　◆ 페르시아 함선
함선 아이콘 1개가 약 10척의 함정을 상징함
1. 코린트 함대 　　2. 아테네 함대
3. 아이기나 함대 　　4. 스파르타 함대

0　　　　1 mile
0　　1　　2 Km.

●●● 살라미스 해전도

로미터의 협로에 페르시아 함대는 갇히고 말았다. 그리스 함대를 포위하
겠다는 원대한 계획은 오간 데 없고, 오히려 스스로를 지키기 위한 최소
한의 기동조차 할 수 없는 최악의 상황에 빠졌다.

　코린트 함대가 선두를, 스파르타 함대가 후미를 차단하자, 역시 숨어
있던 아테네와 에게 함대가 달려 나와 페르시아 함대의 본대를 공격했
다. 이미 지휘계통에 혼란이 온 페르시아 함대는 이제는 혼돈을 넘어 공
황에 빠져들었다. 기습으로 충격을 받은 페르시아 함대는 회두하여 살
상지대를 빠져나가는 것이 급선무였던 반면, 그리스 함대는 먹잇감에게
달려드는 사자와 같았다. 그리스 군함들은 기동 불능에 빠진 페르시아
군함들을 상대로 충각을 앞세워 돌격했고, 페르시아 군함은 하나둘씩
가라앉아갔다.

●●● BC 480년 살라미스 해전은 그리스 함대가 페르시아 함대를 살라미스 해협에서 격파함으로써 페르시아 전쟁에서 그리스가 승리하는 결정적인 계기가 되었다. 독일 화가 빌헬름 폰 카울바흐(Wilhelm von Kaulbach)의 1868년 작품 〈살라미스 전투〉. 〈Public Domain〉

오후가 되자 싸움의 판도는 확실해졌다. 페르시아 함대는 대부분 퇴각하고 있었고, 그리스 함대는 여전히 저항하거나 퇴각에서 뒤처진 함선들을 소탕하고 있었다. 그리하여 황혼이 드리울 무렵이 되자 해협에는 더 이상 살아 있는 페르시아 군인이나 함선은 눈에 띄지 않았다.

그리스의 대승

살라미스 해전으로 페르시아 함대는 200여 척의 함선을 잃었고 200여 척을 나포당했으며, 무려 4만 명이 사망했다. 반면 그리스 함대는 겨우 40여 척의 함선을 잃은 것이 전부였다. 팔레론 만으로 후퇴한 페르시아 함대는 약 절반의 병력을 보존하여 그리스 함대에 비해 미미한 수적 우위에 그치게 되었다.

그러나 페르시아 함대의 실질적인 정예인 페니키아 함대는 거의 궤멸했다. 전투력을 갖춘 이오니아 함대와 이집트 함대가 약 250척 정도 남아 있었고, 나머지 200여 척은 군소국가의 함선이거나 징발한 함선이어서 전투력에 도움이 되지 못했다. 오합지졸의 집합체로 변해버린 페르시아 해군은 전력을 온전히 보존하고 있는 그리스 해군을 맞이하여 제2의 전면전을 벌일 경우 전멸할 수도 있는 상황이 되었다. 그야말로 한 번의 전투로 페르시아 해군은 제해권을 빼앗겨버린 것이다.

그러나 무엇보다도 더 큰 것은 페르시아 측이 입은 심리적 타격이었다. 크세르크세스 대왕은 해협의 인근 언덕에 관망대를 차려놓고는 전투의 모든 과정을 지켜보고 있었다. 선왕 시절부터 꾸준히 준비해오던 그리스 정벌의 꿈이 무너지는 순간을 자신의 눈으로 직접 지켜보게 된 것이다.

그는 처음에는 해전의 패배를 납득하지 못하고 헬레스폰트에서처럼 살라미스 해협에 부교를 설치하여 육군을 투입하고자 했다. 그러나 그리스 함대가 장악하고 있는 해협에서 그러한 시도는 불가능했다. 결국 크세르크세스는 마르도니우스(Mardonius)에게 육군 병력만을 맡긴 채 육로로 귀환 길에 올랐다.

처음에 그리스 동맹군은 살라미스 해전의 승리가 얼마나 큰 것인지를 몰랐다. 마르도니우스는 잔류 병력을 이끌고 그리스 북부의 테살리아로 후퇴하여 겨울을 보냈다. 그리고 봄이 되자 다시 남하하여 아테네를 점령했지만, 여름에 아테네와 스파르타 동맹군은 마르도니우스를 북쪽으로 밀어냈다. 그러고는 8월 플라타이아이 전투(Battle of Plataeae)에서 페르시아 육군을 일소하자, 그리스 땅에서 페르시아군은 물러났다. 또한 같은 달 그리스 함대는 미칼레 해전(Battle of Mykale)에서 페르시아의 잔여 함대를 격파함으로써 에게 해에서 페르시아는 격퇴되었다.

역설적으로 페르시아의 침공에 대비한 해군력 건설은 그리스 문명을 꽃피우는 계기가 되었다. 그리스는 아테네의 강력한 해군력을 바탕으로 에게 해를 지나 소아시아로 침공했고 그리스계 도시국가를 해방시키기까지 했다. 그리하여 펠로폰네소스 전쟁(Peloponnesian War)이 있기 전까지 반세기 동안 그리스 문명은 황금기를 맞이하게 되었다. 살라미스 해전은 함대 전투의 기민함을 보여주는 사례로 세계 4대 해전의 하나로 평가되고 있다. 그러나 여기에 더하여 살라미스 해전은 자유란 주어지는 것이 아니라 쟁취하는 것임을 보여주는 역사적인 사례로 길이 남을 것이다.

03
가우가멜라 전투
(BC 331)

5 대 1의 열세를 극복한 알렉산드로스 대왕의 승리

BATTLE OF GAUGAMELA

"나는 양이 이끄는 사자의 무리는 두렵지 않다.
오히려 사자가 이끄는 양의 무리가 두렵다."

- 알렉산드로스 대왕

그리스의 두 맹주인 아테네와 스파르타는 마라톤 전투와 살라미스 해전을 통해 페르시아의 위협을 몰아냈다. 공통의 적이 없어지자 아테네와 스파르타는 그리스 전역의 패권을 놓고 피할 수 없는 대결을 벌였다. 이들은 각각 델로스 동맹과 펠로폰네소스 동맹을 만들어 BC 431년부터 BC 404년까지 치열하게 싸움을 벌였다. 기나긴 전쟁은 아테네가 아이고스포타미 해전(Battle of Aegospotami)(BC 405년)에서 해군력을 크게 상실함으로써 스파르타의 승리로 끝났고, 그리스의 패권은 스파르타가 장악했다.

마케도니아의 부상

하지만 이런 패권도 오래가지 못했다. 과거 스파르타의 동맹국이던 테베(Thebes)가 레우크라 전투(Battle of Leuctra)(BC 371년)에서 스파르타를 격파함으로써 새로운 강자로 떠올랐다. 하지만 얼마 후 벌어진 만티네아 전투(Battle of Mantinea)(BC 362년)에서는 테베도 패배했다. 만티네아 전투로 인해 커다란 도시국가는 모두 피해를 입어 이제는 더 이상 그리스의 패권을 장악할 국가는 없는 듯 보였다.

그러나 그리스의 변방국이자 미개국가로 여겨졌던 마케도니아는 중원이 쇠약해진 틈을 타 새로운 강자로 부상했다. 마케도니아의 왕인 필리포스 2세(Philippos II)는 우선 페르시아 중기병의 영향을 받아 강력한 중장기병 '헤타이로이'(Hetairoi)'를 창설했다. 한편 중산층 시민이 있던 도시국가들과는 달리 마케도니아는 호플리테스(중장보병)를 보유하지 못했다. 중장보병 없이는 그리스 지형의 전투에서 승리가 어렵기에 필리포

●●● 막강한 군사력을 바탕으로 마케도니아를 그리스의 강국으로 만든 것은 필리포스 2세였다.

스 2세도 팔랑기테스(Phaiangites)를 양성하고 그중에 최정예부대로 페제타이로이(Pezhetairoi)를 창설했다.

　페제타이로이가 그리스의 호플리테스와 다른 점은 바로 창이었다. 그리스의 보병용 창은 보통 3미터 미만이었지만, 페제타이로이의 창인 사리사는 길이가 6미터가 넘었다. 이렇게 긴 창을 들기 위해서는 두 손을 모두 쓸 수밖에 없어 페제타이로이는 팔이나 몸에 묶는 식의 방패만을 사용할 수 있었다. 그러나 기다란 창은 팔랑크스 대형과 결합되어 실전에서 탁월한 효과를 발휘했다.

　강력한 공세 전력인 헤타이로이와 빈틈없는 수비 전력인 페제타이로

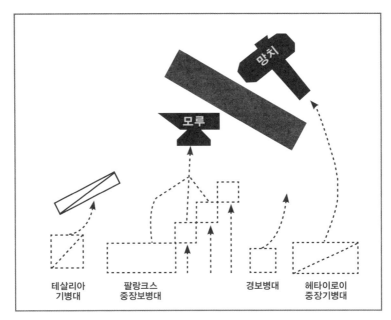

●●● '망치와 모루' 전술은 다양한 전투병과가 조화를 이루어 수행하는 제병협동 전술이었다. 중장보병과 기병이 '모루'로서 적의 움직임을 봉쇄하면, 중장기병과 경보병이 '망치'가 되어 적을 격파하는 방식이었다.

이가 결합되어 제병협동을 이룬 마케도니아군은 막강했다. 특히 막강한 페제타이로이가 적의 주력을 받아내면서 모루 역할을 하고 기병이 적의 측면이나 후방을 타격하는 '망치와 모루(Hammer & Anvil)' 전술로 마케도니아는 승승장구했다. 이렇게 막강한 전력과 전술을 바탕으로 마케도니아는 점차 세력을 넓혀나가 테살리아 지역까지 점령하면서 그리스의 중앙 정치를 위협했다. 마케도니아의 급작스러운 성장에 놀란 아테네와 테베는 도시국가들을 모아 연합군을 형성하고 대항했다. 그러나 마케도니아는 카이로네이아 전투(Battle of Chaeroneia)(BC 338년)에서 승리함으로써 그리스의 패권을 거머쥐게 되었다.

알렉산드로스의 등장

강력한 군제개혁을 통해 그리스를 제패한 필리포스 2세는 BC 337년 헬라스 동맹[마케도니아의 필리포스 2세가 카이로네이아에서 그리스 연합군에 승리한 뒤 BC 337년 스파르타를 제외한 그리스 여러 도시의 대표들을 소집하여 결성한 동맹으로, 연맹 총회의 장소가 코린토스였기 때문에 신(新)코린토스 동맹이라고도 한다]을 만들고 헤게몬(hegemon: 맹주)이 되었다. 헬라스 동맹은 회원국 사이의 불가침을 약속한 후 페르시아 제국을 침공하기로 결심했다. 그러나 필리포스 2세는 한참 원정 준비를 하고 있던 BC 336년 10월 갑작스럽게 암살을 당했다. 딸의 결혼축하연에 참석했다가 자신의 호위무사 7인 중 한 명인 오레스티스(Orestis)의 파우사니아스(Pausanias)에게 암살당했다.

필리포스 2세가 암살당하자, 페르시아 원정을 위해 군대를 파견했던 도시국가들은 마케도니아와의 동맹을 깰 수 있는 절호의 기회를 놓치지 않으려 했다. 위기의 상황에서 마케도니아군은 스무 살의 알렉산드로스를 새로운 국왕으로 추대했고, 그는 알렉산드로스 3세(Alexandros III)로 왕위를 계승했다. 알렉산드로스는 아리스토텔레스(Aristotle)를 스승으로 두어 학식을 갖춘 데다가 헤라클레스(Heracles)처럼 용맹하고 과감하여 이미 18세에 카이로네이아 전투에서 직접 중장기병대를 이끌고 참전하기도 했다. 반란 소식이 들리자, 알렉산드로스는 친히 3,000여 명의 헤타이로이를 이끌고 진군했고, 겁에 질린 도시국가들은 모두 항복했다.

이후 알렉산드로스는 북쪽 변방의 반란군을 정리하는 등 그리스 내의 크고 작은 문제들을 해결하는 데 바빴다. 그런 와중에 알렉산드로스

●●● 필리포스 2세가 암살되자 20살의 알렉산드로스가 새로운 국왕에 임명되었다.

가 죽었다는 소문이 돌자, 테베는 또다시 반란을 일으켰다. 알렉산드로스는 이번에는 본보기가 필요하다고 생각하고 아주 잔혹한 방법으로 테베를 벌하기로 했다. 우선 그는 군대를 이끌고 테베로 진군하여 도시국가를 포위하고 항복을 명령했다. 테베인들이 항복을 거부하자, 기다렸다는 듯이 그의 군대는 도시를 파괴하고 약탈했으며, 주민들은 모두 노예로 팔아버렸다. 그렇게 테베는 역사 속으로 사라졌다.

하지만 테베에 대한 형벌은 그 효과를 발휘했다. 잔혹한 응징은 주둔군을 보내는 것보다 더 큰 효과를 가져왔던 것이다. 이렇게 1년여 만에 그리스 내부가 정리되어가자, 알렉산드로스는 다시 페르시아로 눈을 돌렸다. 그에게는 부왕 필리포스 2세가 무려 20여 년간 성장시켜온 막강한 군대가 있었다. 그리스를 여러 차례 유린한 페르시아에 보복하고 그들의 부를 빼앗기 위해서 수년간 원정을 준비해오다가 부왕이 사망했다. 빈약한 헬라스 동맹을 다시 통합할 명분을 찾고 그간의 전쟁으로 인한 마케도니아의 재정 문제를 해결하기 위해서라도 거대한 식민지가 필요했다. 알렉산드로스에게는 원정에 나서지 않을 이유가 없었다.

BC 334년 봄, 그는 4만여 명의 대규모 원정군을 이끌고 헬레스폰트 해협을 지나 페르시아로 향했다.

페르시아로 진군하다

페르시아 제국은 지중해에서 인도해까지 넓게 펼쳐져 있었다. 페르시아의 당시 국왕인 다리우스 3세가 즉위한 지 얼마 되지 않아, 국가는 재정적으로는 풍족했지만 내부 결속은 단단하지 못했다. 페르시아군은 엄청난 병력을 자랑했지만, 각기 다른 지역과 문화권에서 모여든 병사들로 구성되어 있었기 때문에 지휘구조가 느슨했고, 심한 경우에는 서로 언어가 아예 달라 소통하지 못하는 경우도 빈번했다. 병사들의 사기는 저조해서 국왕을 위해 싸운다는 자각을 가진 병사는 많지 않았다.

다리우스 3세에게 이것은 큰 문제였다. 넓은 지역을 지배하는 데 효율적인 부대가 없을 뿐만 아니라 몇몇 부대는 믿을 수도 없었다. 다리우스 3세에게는 그리스 출신 용병들도 있었는데, 자국민으로 구성된 정규군보다 그리스 용병대가 더 믿을 만했다. 그리하여 그리스 용병대가 페르시아 제국군의 중추가 되는 괴이한 일이 벌어지고 있었다.

알렉산드로스가 아나톨리아(Anatolia: 소아시아 지역)로 상륙했다는 소식이 전해지자, 페르시아 속주(屬州)의 사트라프(satrap: 태수)들은 BC 334년 5월 그라니코스(Granicus) 강에 압도적인 병력을 전개하여 방어선을 구축했다. 페르시아군의 총지휘관이자 그리스 용병대장인 멤논(Memnon)은 특이하게도 기병을 보병 앞에 배치하고 강의 오른쪽(동쪽)에 병사들을 정렬시켰다. 늘 맨 앞에서 싸우는 알렉산드로스의 습성과 망치와 모루 전술을 알고 있던 총사령관 멤논은 알렉산드로스를 전사시켜서 가능한 한 전쟁을 조기에 끝내려 했던 것이다.

알렉산드로스의 부사령관인 파르메니오(Parmenio)는 페르시아군의 막강한 방어선을 보고는 다음날 새벽에 기습공격을 감행할 것을 제안했다. 그러나 알렉산드로스는 즉각 공격할 것을 명령했다. 알렉산드로스는 우익의 중장기병을 직접 이끌고 강을 건너 페르시아군의 정중앙을 파고들었다. 예상을 벗어난 갑작스러운 공격에 페르시아군은 크게 당황했다. 대열이 무너진 페르시아군은 패주했고, 남아서 저항하던 그리스 용병대

●●● BC 334년 초여름 마케도니아의 알렉산드로스 대왕이 페르시아 제국을 침략해 그라니코스 강에서 첫 승리를 거두었다. 17세기 프랑스 화가이자 디자이너인 샤를 르 브룅(Charles Le Brun)의 1665년 작품 〈그라니코스 전투〉. 〈Public Domain〉

는 비참한 최후를 맞이했다.

그라니코스 강 전투(Battle of the Granicus)의 승리로 알렉산드로스 군대는 아나톨리아 지역을 급속하게 점령해나갈 수 있었다. 사르디스는 알렉산드로스에게 항복했다. 알렉산드로스는 서부 지역의 해안선을 따라 내려가면서 항구도시들을 점령하면서 페르시아 해군을 견제했다. 할리카르나소스[Halikarnassus: 현재 터키의 항구도시인 보드룸(Bodrum)]만이 끝까지 저항을 했지만, 얼마 가지 못해 항복하고 말았다. 이로써 알렉산

드로스는 페르시아 해군을 제압할 수 있었고, 그리스 본토로부터 보급로를 보존할 수 있었다.

이수스의 결전

알렉산드로스가 아나톨리아 전역을 장악해나가고 있었지만, 다리우스 3세는 여전히 꼼짝을 않고 있었다. 알렉산드로스가 점령을 계속하여 킬

●●● 이수스 전투에서 알렉산드로스는 변형된 '망치와 모루' 전술을 사용하여 다리우스를 패배시켰다. 〈Public Domain〉

리키아(Cilicia)에 이르자, 상황이 달라졌다. 이곳에서 알렉산드로스는 이집트로 진격하거나 페르시아 본토로 진격하거나 둘 중에 선택할 수 있었다. 이제 다리우스도 병력을 투입해야만 했다. 그는 10만여 명에 이르는 대군을 이수스(Issus)로 향하게 했다. 이수스는 아나톨리아 지역과 페르시아를 연결하는 관문이자 병목지대로 페르시아에게는 대대로 군사적 요충지였다.

그사이 알렉산드로스는 이수스로 증강할 페르시아군을 먼저 기습하기 위해 해안 도시들을 점령해나가면서 시리아(Syria)로 남하했다. 그러나 그의 예상과 달리 페르시아군은 시리아 방면이 아니라 아마누스

(Amanus) 산맥을 우회하여 이수스로 집결했다. 결국 페르시아군은 막강한 병력으로 우회하여 알렉산드로스의 보급선을 차단한 형국이 되었다. 페르시아군은 전술적으로 아주 유리한 입장이었지만, 다리우스는 피나로스(Pinarus) 강 북쪽에 병력을 대기시키면서 적군이 강을 건너면 공격하겠다는 수세적 전략을 취했다. 이때가 BC 333년 11월이었다.

알렉산드로스는 이제 방향을 돌려 북쪽으로 거슬러 올라갈 수밖에 없었다. 그러나 지형은 알렉산드로스의 편이었다. 이수스는 좁은 평야지대였기에 병력이 적은 마케도니아에 크게 불리하지 않았고, 서쪽으로는 바다가, 동쪽으로는 산맥이 막아서고 있어서 측면을 기습당할 가능성도 낮았다. 알렉산드로스는 결국 과감한 공격을 결정한다.

병력 수나 전황에서 불리한 상황을 극복하기 위해 알렉산드로스는 다리우스를 직접 공격하기로 했다. 우익의 중장보병에게 틈을 만들도록 한 후에, 그는 직접 기병대를 이끌고 돌진해 들어갔다. 전열이 갑자기 무너지면서 적의 기병이 자신을 쫓아오자, 다리우스는 혼비백산하여 달아났다. 지휘관이 적전도주(敵前逃走)를 하자, 페르시아군은 혼란에 빠졌고 완전히 무너지고 말았다. 마케도니아군은 해가 질 때까지 도주하는 페르시아군을 쫓아 살육을 해댔다. 전투 결과, 다리우스는 다마스쿠스(Damascus)를 내어주었으며, 자신의 가족까지도 인질로 잡히고 말았다.

이수스 전투가 끝나자 2년간 알렉산드로스는 페르시아 제국의 절반을 점령해버렸다. 소규모 저항을 차례로 제압하는 것은 물론이고, 항구도시들을 정복함으로써 전략적으로 가장 커다란 위협이었던 페르시아 해군을 무력화시켰다. 그리고 이런 와중에 서쪽으로 방향을 틀어 이집트까지 정복하는 과감함을 보였다. 그사이 다리우스는 반격을 준비하기는커녕, 알렉산드로스와 협상을 하려고 했다. 자신의 가족을 교환하는 대가로 금전을 제공하고 그간 점령한 소아시아 지역을 할양하겠다는 것이었다.

이미 자신이 점령한 땅을 주겠다는 다리우스의 말에 알렉산드로스는 실소를 감출 수 없었다. 그는 메소포타미아까지 진군하면서 다리우스에게 도전장을 던졌다. 이제 최후의 한판 승부가 남은 것이다.

결전장은 가우가멜라

준비가 되는 대로 즉시 알렉산드로스가 싸움을 걸어올 거라고 다리우스는 생각했다. 페르시아군과는 달리 마케도니아군은 엄청나게 긴 보급선을 따라 작전했기 때문이다. 방어자로서 다리우스는 유리한 지형을 택하고자 했다. 이에 따라 가우가멜라[Gaugamela: '낙타의 집'이란 뜻으로 현재 이라크 모술(Mosul) 인근]의 평야지대가 결전의 장소로 정해졌다. 메소포타미아 북부의 넓은 평야지대는 이수스와는 달리 지형적인 제한이 없어서 페르시아군은 수적인 우세를 충분히 활용할 수 있었다.

페르시아 제국이 풍부하게 보유하고 있는 대표적인 것은 바로 인력이었다. 다리우스는 이번에는 알렉산드로스보다 5배 많은 20여 만 명의 병력을 동원했다. 이수스 전투의 패배에도 아랑곳하지 않고 메디아인, 시리아인, 바빌론인 등의 이민족들이 페르시아군 전력의 중핵이 되었다. 또한 이수스 전투에서 알렉산드로스의 헤타이로이 공격에 혼쭐이 났던 경험을 되새겨 다리우스는 이번에는 적 기병대의 견제 역할을 자신의 정예기병에게 맡겼다. 그렇게 자신의 기병대가 알렉산드로스와 중장기병을 묶어놓는 사이, 코끼리 부대와 스키타이 전차대까지 동원하여 대규모 병력으로 마케도니아군을 격파하겠다는 야심 찬 계획을 짜놓았다.

전투가 시작되면 제1선에는 기병과 보병대가 배치될 터였다. 다리우스 본인은 페르시아 진영 중앙에서 이모탈 1만여 명의 호위 하에 전투를 지휘한다. 제2선에는 엄청난 수의 보병이 배치된다. 다리우스는 최전방에 배치한 200여 대의 스키타이 전차대로 적군의 예봉을 꺾은 후에 수적인 우세를 활용하여 적의 좌우 측면을 공격하여 본대를 격파하고자 했다. 그러나 이런 뻔한 전술에 당할 알렉산드로스가 아니었다.

알렉산드로스는 BC 371년 테베인들이 개척했던 사선형 전투서열을 응용하여 측면을 보호하려 했다. 기병을 좌우 측면에 배치하여 사다리꼴로 후방으로 전개시킴으로써, 적이 측면을 공격하기 위해서는 더 많은 거리를 기동할 수밖에 없도록 한 것이다. 본진에는 사리사의 이점을 살린 보병으로 팔랑크스 대형을 구성하고, 제2선에는 예비 팔랑크스 대형을 대기시킨다. 그리하여 부사령관 파르메니오가 이끄는 좌익이 적을 묶어두는 사이에 알렉산드로스는 기병을 이끌고 페르시아 진영을 관통하여 다리우스를 노리겠다는 것이었다.

파르메니오는 또다시 새벽에 공격할 것을 알렉산드로스에게 건의했지만, 알렉산드로스는 "나는 승리를 훔치지 않는다"라고 말하면서 거절했다. 반면 다리우스 진영은 알렉산드로스가 새벽에 기습을 감행할 것에 대비해 밤새 경계태세를 갖추었다. 그리고 다음날인 BC 331년 10월 1일, 전투가 시작되었다.

승자가 정해지다

전투가 시작되자 페르시아는 제일 먼저 전차대를 보냈다. 날카로운 칼날을 장착한 전차들이 돌진하면서 제1진의 팔랑크스 대형을 무너뜨리고자 했다. 하지만 전차는 이미 청동기 말엽부터 보병에게 그 효율성을 위협당해왔고, 이번 전투에서도 예외는 아니었다. 마케도니아의 병사들은 전차의 말을 놀라게 하기 위해 투창으로 방패를 두들겨 소리를 냈다. 전차가 돌진하면 순식간에 열을 벌려 지나치게 한 후에 투창병들이 바로 뒤에서 창을 던져 말과 마부를 거꾸러뜨렸다. 다리우스가 자랑하던 전차대는 공격다운 공격 한 번 못 한 채 무너졌다.

연이어 페르시아 기병의 돌격이 계속되었지만, 마케도니아 중앙의 진형은 무너지지 않고 잘 막음으로써 '모루'의 역할을 해냈다. 한편 인도 기병대 일부는 마케도니아군 제1선을 돌파해 들어갔고, 제2선의 팔랑크스 예비대는 이들을 모두 격멸하지 못했다. 만약 이들이 치열하게 싸웠다면 마케도니아군은 열세에 몰렸을지도 모른다. 그러나 어이없게도 이들은 마케도니아군의 물자를 약탈하는 데 관심을 두었고, 제 욕심을 챙기고는 전선에서 이탈해버렸다. 페르시아군의 우익은 상황이 조금 달랐다. 마자이오스(Mazaeus)가 지휘하는 우익의 기병 전력은 기강을 갖추어 마케도니아군 좌익을 위협했고, 파르메니오 장군은 알렉산드로스에게 지원을 요청해야만 했다.

한편 알렉산드로스는 우익에서 대기하면서 기회를 노리고 있었다. 이수스 전투에서처럼 다리우스를 향해 돌진할 기회를 노렸다. 다만 이번에야말로 다리우스를 놓치지 않겠다는 각오를 다졌다. 그래서 알렉산드로스는 정예 헤타이로이 기병대를 쐐기대형으로 배치하고, 쐐기의 맨 끝에

●●● 가우가멜라 전투에서 페르시아 스키타이 전차대의 돌진. 다리우스는 코끼리 부대
와 스키타이 전차대까지 동원하여 대규모 병력으로 마케도니아군을 격파하겠다는 야심
찬 계획을 짜놓았다. 바퀴에 날카로운 칼날을 장착한 페르시아 스키타이 전차들이 돌진하
면서 제1진의 팔랑크스 대형을 무너뜨리려고 했지만, 마케도니아의 병사들이 전차의 말을
놀라게 하기 위해 투창으로 방패를 두들겨 소리를 냈다. 전차가 돌진하면 순식간에 열을
벌려 지나치게 한 후에 투창병들이 바로 뒤에서 창을 던져 말과 마부를 거꾸러뜨렸다. 다
리우스가 자랑하던 전차대는 공격다운 공격 한 번 못 한 채 무너졌다. 〈Public Domain〉

자신이 위치했다. 한편 알렉산드로스는 페르시아의 기병대가 자신의 헤
타이로이를 견제하고 있음을 알고는 적 기병대를 최대한 우측으로 유인
했다. 적 기병대가 너무 빠르게 이동하는 바람에 보병과 기병 사이의 대
열에 틈이 생겼다.

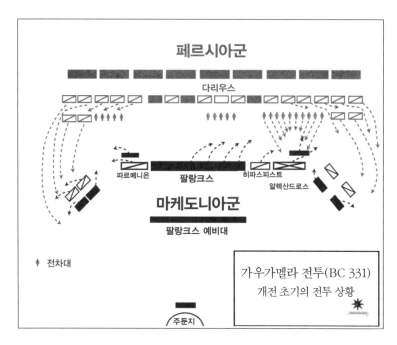

페르시아군

다리우스

파르메니온　　팔랑크스　　히파스피스트

알렉산드로스

마케도니아군

팔랑크스 예비대

전차대

가우가멜라 전투(BC 331)
개전 초기의 전투 상황

주둔지

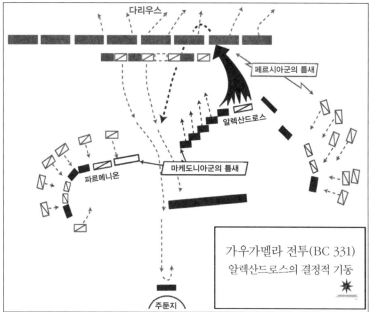

다리우스

페르시아군의 틈새

알렉산드로스

마케도니아군의 틈새

파르메니온

가우가멜라 전투(BC 331)
알렉산드로스의 결정적 기동

주둔지

●●● 가우가멜라 전투 상황도

알렉산드로스에게 기다려 마지않던 순간이 다가왔다. 이 순간을 놓치지 않고 알렉산드로스는 쐐기대형의 헤타이로이를 이끌고 페르시아 진형의 빈틈을 뚫고 돌진했다. 헤타이로이가 적에게 일격을 가하면서 전진하자, 그 뒤를 중장기병이 따르면서 공격을 실시했다. 왕이 직접 최일선에서, 그것도 제일 위험한 기병대의 맨 앞에서 싸운다는 사실에 마케도니아군의 사기는 하늘을 찔렀다. 이수스 전투에서처럼 '망치'가 변칙적으로 가운데를 뚫고 들어가서 공격하기 시작한 것이다. 마케도니아의 치열한 공격에 페르시아의 좌익을 담당하던 베수스(Bessus)는 점차 후퇴하기 시작했다.

무엇보다도 당황한 것은 다리우스였다. 20여 만 명에 가까운 명백히 우세한 병력을 동원하고도 겨우 5분의 1 수준밖에 안 되는 4만여 명의 적군에게 격파당한 것이었다. 밀려들어오는 그리스 기병이 베수스 대신 자신을 노리게 되면 모든 것이 끝날 터였다. 알렉산드로스가 거침없이 본진을 향해 돌진하자, 다리우스는 도주하기 시작했다. 이번만큼은 다리우스를 놓치지 않겠다고 작심한 알렉산드로스는 다리우스를 맹렬히 추격했다. 그러나 파르메니오의 좌익이 위태롭다는 소식을 들은 알렉산드로스는 말 머리를 돌려 전선에 합류했고, 마자이오스의 우익 후면을 공격하면서 파르메니오의 좌익을 원조했다.

다리우스의 도주 이후에도 가우가멜라 전투는 한동안 치열하게 계속되었다. 마케도니아군도 상당한 피해를 입었지만, 무엇보다도 왕의 도주 사실을 알게 된 페르시아군은 사기를 잃고 패배의 길로 들어섰다. 주공은 궤멸했고, 잔존 병력은 사방으로 도주하기 시작했다. 그렇게 페르시아는 전사자 4만여 명과 포로 수천 명을 기록하며 처참하게 패배했다.

원정의 결말

가우가멜라 전투의 승리 이후 알렉산드로스는 바빌론(Babylon)에 입성했다. 사전에 알렉산드로스로부터 기득권을 보장받은 바빌론의 원로와 권세가들은 그를 해방자로 맞이했다. 그러나 다리우스가 살아 있는 한, 알렉산드로스는 페르시아의 진정한 주인이 될 수 없었다. 따라서 그는 다리우스를 생포하여 정식으로 왕위를 물려받고자 했다. 알렉산드로스는 제2의 수도인 수사(Susa)도 점령했는데, 수사 또한 정복자를 반기어 약탈을 모면했다. 그러나 수도인 페르세폴리스(Persepolis)의 운명은 달랐다. 여기서 알렉산드로스는 약탈자 크세르크세스의 상징인 이 도시를 쑥대밭으로 만들 것을 결심했다. 알렉산드로스의 부하들은 약탈과 강간 그리고 학살을 통해 그리스의 원한을 보복했다.

한편 도주한 다리우스는 페르시아 제국 4개의 수도 가운데 마지막인 에크바타나(Ecbatana)에서 간신히 명맥을 유지했다. 그는 반격을 위해 또다시 병력을 모으고 싶었지만, 가우가멜라 전투 패배 이후 재기는 불가능했다. 겨우 4만여 명의 페르시아 병사와 4,000여 명의 그리스 용병대가 남아 있었다. 그러나 알렉산드로스의 추격이 시작되자 이들 병력은 줄어들기 시작했고, 결국 반란이 일어났다. 베수스는 왕위를 찬탈하고 다리우스를 인질로 삼고 도주하다가 알렉산드로스의 추격대가 다가오자 그를 투창으로 찌르고 도주해버렸다.

알렉산드로스는 결국 원하던 왕위 계승을 받지는 못했지만, 다리우스의 죽음에 예를 갖추었다. 이후 알렉산드로스는 동진을 계속했으며, 베수스를 쫓아 쿤두즈(Qunduz: 지금의 아프가니스탄)까지 도착했다. 반역자 베수스를 넘겨받았으나 현지인들이 복속을 거부하자 전투를 계속했다.

●●● 다리우스를 생포하고자 했던 알렉산드로스는 그의 주검을 발견하고는 침통해했다. 이탈리아 화가 조반니 안토니오 펠레그리니(Giovanni Antonio Pellegrini)의 1708년 작품 〈다리우스 주검 앞의 알렉산드로스〉. 〈Public Domain〉

그렇게 알렉산드로스는 아프가니스탄 지역까지 점령함으로써 페르시아 제국을 완전히 정벌했다. 그렇다면 이것이 정벌의 마지막이었을까?

아니다. 동쪽 땅의 끝에 자신의 기념비를 세우겠다는 생각으로 알렉산드로스는 인도로 향한다. 도중에 파키스탄을 점령하고 인더스(Indus) 강을 건너 교두보를 형성하기에 이른다. 하지만 갠지스(Ganges) 강을 앞두고 알렉산드로스의 원정은 정지하고 말았다. 페르시아 정벌이라는 원래의 목적이 달성된 지 한참이 지났건만, 계속 명분 없는 전쟁이 계속되자 병사들이 파업을 한 것이었다. 세계의 정복자가 된 알렉산드로스였지만, 부하들의 지지 없이는 더 이상 원정을 계속할 수 없었다. 원정에서 돌아온 알렉산드로스는 아라비아를 점령하고 지중해 일대를 장악하겠다는 새로운 계획을 세웠지만, 32세의 나이로 갑작스러운 죽음을 맞이하게 되었다.

04
칸나이 전투
(BC 216)
포위섬멸전의 교본이 된 위대한 전투

BATTLE OF CANNAE

"길을 찾던가, 아니면 만들겠다."

- 한니발 장군, 알프스 산맥을 넘을 수 없다는 부하들에게

BC 8세기경에 형성된 작은 도시국가였던 로마(Rome)는 BC 3세기에 이르러 이탈리아 반도를 장악하면서 영토를 확장하면서 착실히 제국으로 성장하고 있었다. 한편 페니키아인들이 BC 8세기 중반에 북아프리카 튀니지에 세운 식민도시인 카르타고(Carthago)는 BC 3세기에 이르러서는 북아프리카 연안과 이베리아(Iberia: 스페인) 반도 일부를 거느린 거대한 해상제국으로 발전하여 이탈리아 반도 주변의 해상을 장악하며 대부분의 지중해 교역로 및 경제권을 장악했다.

로마와 카르타고의 대결

이러한 두 세력은 대결을 피할 수 없는 운명이었다. 전략요충지인 시칠리아(Sicilia) 섬을 두고 BC 264년 1차 포에니 전쟁(Punic War)이 일어났으며, BC 253년 로마의 승리로 끝났다. 로마는 카르타고와 강화조약을 체결하여 막대한 배상금을 부과했으며, 시칠리아 섬의 권리를 완전히 빼앗았다. 또한 BC 238년에 로마는 카르타고로부터 사르데냐(Sardegna), 코르시카(Corsica) 등 도서를 연달아 빼앗았다.

　카르타고는 빼앗긴 영토를 대신하여 국력을 회복하기 위해 이베리아 반도로 세력을 확장했다. 이러한 영토 확장에 앞장선 것은 바르카(Barca) 가문으로, 1차 포에니 전쟁(Punic Wars)의 영웅인 하밀카르(Hamilcar) 장군과 그의 어린 아들인 한니발(Hannibal)이었다. (이 시절 바르카 가문이 세운 식민도시 중의 하나가 바로 바르셀로나라고 한다.) 이들의 활약으로 카르타고는 이베리아 반도에서 풍부한 광물자원과 인력을 조달할 수 있었다.

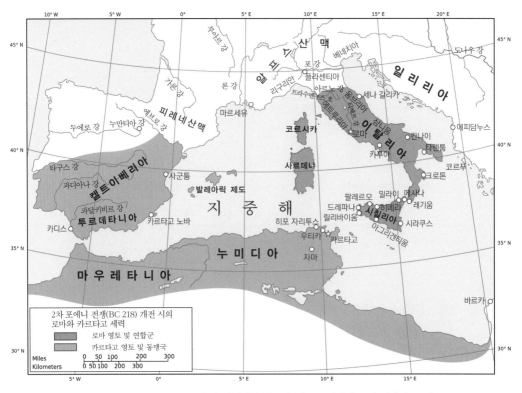

●●● 해양강국 카르타고(보라색)와 이탈리아 반도의 새로운 강자인 로마(빨간색)는 서로 충돌이 예정되어 있었다. 그림은 2차 포에니 전쟁 당시 양국의 세력을 가리킨다.

카르타고의 승승장구에 가장 놀란 것은 로마였다. 로마는 BC 228년 카르타고와 조약을 맺어 에브로(Ebro) 강 이남까지는 카르타고의 영토로 인정하되, 이북은 자신의 영토로 확정했다. 하밀카르가 사망한 이후 새롭게 이베리아 주둔군 사령관이 된 하스드루발(Hasdrubal the Fair)은 이 조약을 받아들였다. 그러나 분쟁 중인 모든 나라 사이의 조약이 그러하듯이 이 조약은 오래가지 못했다.

BC 221년 하스드루발이 암살당하자, 새로운 사령관에 하밀카르의 아들로 나이가 26살에 불과한 한니발이 추대되었다. 한니발은 9살 때 이미 "절대 로마와는 친구가 되지 않겠다!"라는 서약까지 했을 정도로 어

●●● 한니발 바르카는 20대 중반의 나이로 이베리아 총독에 임명되어 로마 원정에 나섰다.
〈Public Domain〉

린 시절부터 아버지 하밀카르로부터 로마에 대한 복수심을 교육받아왔다. 그런 복수심에 바탕하여 한니발은 다시 한 번 국부와 군사력을 재건해나갔다. 바로 이 시기인 BC 219년 사군툼(Saguntum)이라는 도시에서 카르타고 시민들이 학살당하는 일이 발생하자, 한니발은 이 도시를 포위했다.

사군툼은 로마의 동맹국이었다. 로마는 이런 명분으로 사태에 개입하여 한니발에게 사절을 보내어 포위를 풀 것을 요청했다. 그러나 한니발은 이런 요청을 거부하고는 사군툼을 점령한 후에 도시는 불태우고 시민들은 노예로 팔아버렸다. 그러자 로마는 다시 카르타고 본국으로 사절을 보내어 한니발을 자신들에게 넘기지 않으면 전쟁을 하게 될 것이라고 엄포했다. 당연히 카르타고는 이를 거부했고, 이로써 2차 포에니 전쟁이 발발했다.

알프스를 넘다

전쟁이 발발하자, 한니발은 즉시 공세로 전환했다. 한니발은 무려 10만여 명의 병력을 동원하여 이탈리아 반도로 원정에 나섰다. 한니발의 원정군은 이베리아의 기병과 보병, 투석전 전문인 발레아릭 제도(Balearic Islands)의 용병, 북아프리카 제도의 궁수와 투창병, 누미디아(Numidia)의 경기병, 이동식 지휘통제소라고 할 수 있는 전투코끼리 등 이민족과 다양한 병과에 심지어는 용병까지 포함된 군대였다. 그러나 그들은 하밀카르 장군 시절부터 20여 년간 전쟁을 계속해온 역전의 용사들로 한니발의 지휘에 충실히 따랐다.

물론 로마도 선전포고 직후에 시칠리아와 프랑스 남부로 신속히 군단을 이동시켜 해로와 육로에서 카르타고군을 차단하고자 했다. 특히 집정관 스키피오(Publius Cornelius Scipio)가 이끄는 로마 군단(Legion)은 이베리아에서 이탈리아로 들어가는 전통적인 해안 통로인 마실리아[Massilia: 현재 마르세유(Marseille)] 지역에 주둔하면서 카르타고군을 기다렸다. 그러나 한니발은 과감한 선택을 했다. 한니발은 병력을 이끌고 피레네 산맥을 넘은 후에 론(Rhone) 강을 건너 알프스 산맥으로 향했다.

갈리아 지역은 친로마적인 경향이 강해서 한니발에게 불리했지만, 이탈리아 북부의 켈트(Celt)족은 로마군에게 저항 중이었기 때문에 연합세력이 될 수 있었다. 때는 겨울이었지만 한니발은 로마군의 허를 찌르기 위해 알프스 산맥을 넘었던 것이다. 심지어는 전투코끼리 37마리도 데려갔다. 코끼리를 데리고는 알프스 산맥을 넘을 길이 없다는 장군들에게 한니발은 말했다. "길을 찾던가, 아니면 만들겠다." 겨울에 알프스 산맥을 넘는다는 것은 너무나 혹독해서 이 과정에서 한니발은 한쪽 눈을 실명하기도 했다. 원정 시작 당시에 10만 대군이었던 카르타고군은 보병 2만 명에 기병 6,000명으로 줄어들었다.

BC 217년 봄 카르타고군이 드디어 이탈리아에 진입하자, 마실리아와 시칠리아에 파견되었던 로마 군단이 추격해왔다. 한니발은 티키누스(Ticinus) 강과 트레비아(Trebia) 강 부근에서 로마 군단을 전멸시켰다. 이로 인해 한니발은 이탈리아 북부를 점령하고 북부의 켈트족을 새로운 지원 세력으로 만들게 되었다.

북부 지역을 점령하고 전열을 재정비한 한니발은 이탈리아 중앙과 남부로 내려오기 시작했다. 로마군은 한니발 원정군을 북부에 묶어두려고

●●● 한니발은 로마군의 허를 찌르기 위해 겨울에 알프스를 넘는 과감한 선택을 했다.
화가 하인리히 로이테만(Heinrich Leutemann)의 1866년 작품. 〈Public Domain〉

했지만, 한니발은 포위망을 뚫고 나왔다. 진군하던 카르타고군은 트라시메누스(Trasimenus) 호수에서 추격하는 로마군에게 매복공격을 감행했다. 호수와 카르타고군 사이에 갇힌 로마군은 무려 1만 5,000여 명을 잃으며 패배했다.

파비우스의 지연전

두 차례의 커다란 패배를 겪자, 충격에 빠진 로마 원로원은 기존의 공화정을 정지하고 6개월간 독재자를 뽑아 모든 권한을 맡기는 극단적인 조치를 감행했다. 이에 따라 퀸투스 파비우스 막시무스(Quintus Fabius Maximus) 장군이 독재관(dictator: 딕타토르)으로 선정되었다. 파비우스는 통수권을 받은 후로 한니발의 부대를 견제하기만 하고 직접적인 교전은 피했다. 이러한 전략은 후퇴는 치욕이라는 로마의 전쟁 전통에 반하는 것이었지만, 파비우스는 지연전을 통해 군수지원을 차단하며 카르타고군을 고사시키려고 했다.

이러한 파비우스의 전법에 한니발은 상당 기간 어려움을 겪었다. 겨울 동안 병력을 분산하기 어려웠고, 모든 지역이 여전히 로마의 세력권에 있었으므로 군수지원이 심각한 문제로 떠올랐다. 한니발은 그간의 승리로 동맹도시들이 로마에게 등을 돌리기를 기대했지만, 동맹은 깨어지기는커녕 더욱 공고해져갔다. 또한 시간이 지나면 지날수록, 로마와 동맹국은 시민군 징집병을 훈련시킬 시간을 벌 수 있어 모든 국가들은 총 75만여 명의 예비병력을 준비시킬 수 있었다.

물론 한니발 역시 가만히 있지는 않았다. 그는 풀리아(Puglia), 삼니움

(Samnium: 아펜니노 산맥의 남부 지역), 캄파니아(Campania) 등의 지역을 돌면서 농장을 파괴하고 상업로를 차단하며 약탈을 일삼는 등 지역 경제를 쑥대밭으로 만들었다. 또한 한니발은 파비우스에 대한 반대 여론을 조성하는 노력도 했다. 실제로 자신의 앞마당을 휘젓고 다니는 카르타고군에게 아무런 대응을 하지 않는 파비우스의 전략을 로마인들은 못마땅하게 생각했다. 그리고 BC 217년 말 파비우스의 독재관 임기가 끝나자, 로마 원로원은 파비우스의 임기를 연장하지 않고 새로운 집정관 선거를 실시했다.

BC 216년 3월 루키우스 아이밀리우스 파울루스(Lucius Aemilius Paullus)와 가이우스 타렌티우스 바로(Gaius Terentius Varro)가 새로운 집정관에 임명되었다. 다양한 참전 경험이 있던 파울루스는 파비우스가 선택한 기존의 전략처럼 정면대결을 피할 것을 주장했다. 반면에 전투는 잘 몰랐지만, 인기 높은 대중정치가였던 바로는 결전을 주장했다. 물론 로마의 여론을 가장 잘 대변한 것은 바로였다. 로마는 봄에는 병력을 정비하고 증강된 대규모 부대를 모아서 여름에 카르타고군을 타격하기로 했다.

이에 따라 로마는 무려 군단 8개를 전투에 투입하기로 결정했는데, 이는 전례가 없는 일로 보통 한 집정관은 2개 군단을 이끄는 것이 관례였다. 그만큼 한니발의 침공이 가져온 공포가 컸다는 반증이기도 했다. 로마군의 병력은 8개 군단으로, 즉 보병 4만 명과 기병 2,400명이었다. 동맹군도 유사한 규모로 보병 4만 명과 기병 3,600명이었다. 이에 따라 총 8만 6,000여 명의 병력이 한니발 원정군에 대비했다.

캔나이를 점령하다

한편 한니발은 제로니움(Geronium)이라는 마을에서 겨울을 보낸 후에 봄이 되자 수확한 곡물을 확보한 이후에 병력을 기동하기 시작했다. 그리고 약 100킬로미터를 이동하여 아우피두스[Aufidus: 오판토(Ofanto)] 강 어귀에 위치한 칸나이(Cannae)로 이동했다. 칸나이는 로마의 군량 보관소로 카르타고군이 이곳을 장악할 경우, 아우피두스 강 협곡을 통해 풀리아 지역을 통제할 수 있었다.

이 시기의 카르타고군은 4만 명에 못 미치는 보병과 1만여 명의 기병으로 구성되어 있었다. 보병 가운데 알프스 산맥을 횡단했던 정예 병력은 1만 6,000여 명으로, 북아프리카 궁수와 창병 1만 명과 이베리아 보병 6,000명이었다. 나머지는 이탈리아 반도 북부에서 합류한 켈트족이었다. 기병은 2,000여 명의 이베리아 기병, 4,000여 명의 누미디아 경기병과 4,000여 명의 켈트족 중장기병으로 구성되었다.

한편 칸나이의 점령 소식을 들은 로마군도 병력을 완편한 후에 진군하여 7월 말에야 칸나이 인근까지 다다랐다. 하지만 이미 여러 차례 한니발에게 참패를 당한 로마군은 매우 신중하게 움직였다. 7월 31일이 되자, 로마군은 카르타고군이 보이는 곳에 주둔지를 설정하여 아우피두스 강의 북쪽에는 로마군이, 남쪽에는 카르타고군이 대치하는 형국이 되었다.

8월 1일이 되자, 한니발은 병력을 북쪽으로 보내 로마군을 도발했다. 로마군은 2명의 집정관이 하루씩 교대하면서 지휘를 했는데, 이날의 지휘관은 파울루스였다. 신중한 역전노장인 파울루스는 싸움을 받아들이지 않았다. 아마도 한니발이 자신의 유일한 강점인 기병을 잘 활용할 수 있는 지형에 자리를 잡았기 때문이었을 것이다. 그 다음날이 되자 지휘권을 인수받은 바로는 1만 명의 병력을 남겨놓고 로마군을 남쪽으로 이동시켰다. 한니발도 이에 응하여 양측은 전선을 형성했다.

대열을 갖추다

로마군은 전형적인 전투서열에 따라 부대를 배치했다. 맨 앞에 경보병을 그 뒤에 중장보병을 배치하고, 동맹국 중장보병은 좌우익에 배치했다. 로마군은 한니발 군을 포위하기는 어렵다고 판단하고 보병의 주대열을 조밀한 밀집대형으로 구성하여 두터운 종심으로 적 중앙을 격파하고자 했다. 또한 보병 대열의 좌우 측면을 기병이 보호하면서 적절한 순간에 적의 중앙을 노리고 돌진할 터였다. 기병으로는 우익에 로마 기병이, 좌익에 동맹국 기병이 위치했는데, 파울루스와 바로가 각각 좌우익의 기병을 지휘했다.

한니발은 자신의 이점인 다수의 기병을 최대한 활용하면서도 자신의 단점인 보병의 부족을 보완할 수 있도록 병력을 배치했다. 우선 주공격선의 제일 앞 열에 투석병과 창병 등 경보병을 배치하여 로마의 경보병에 대응하도록 했다. 대열 중앙에는 이베리아와 켈트족의 중장보병을 혼성으로 배치하여 베테랑인 이베리아 보병이 취약한 켈트족을 보완할 수 있도록 했다. 그리고 좌우 양익에는 북아프리카 중장보병을 종심 깊숙이 배치했다.

특히 한니발의 대열 구성에서 제일 눈여겨볼 대목은 바로 초승달 대열이었다. 한니발은 보병 대열을 초승달 모양으로 구성하여 제일 가운데

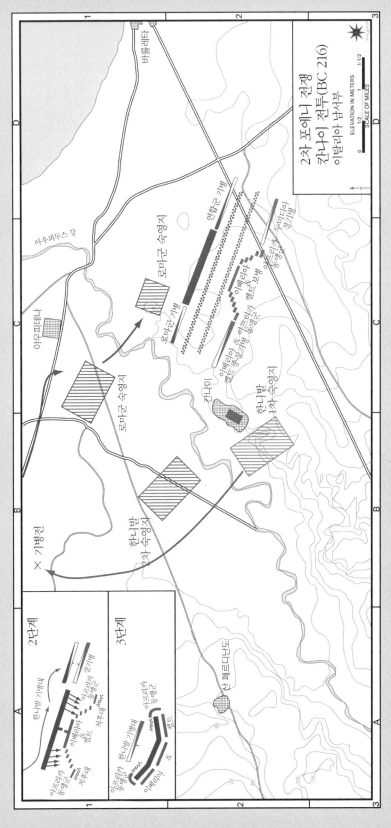

2차 포에니 전쟁
칸나이 전투(BC 216)
이탈리아 남서부

ELEVATION IN METERS   1·12
0   1/2   1
SCALE OF MILES

바를레타

아우피두스 강

로마군 숙영지

연합군 기병

로마군 기병

이베리아 & 아프리카 동맹군

이베리아 & 갈리아 기병

켈트 중장기병

켈트 보병

누미디아 경기병

칸나이

한니발 1차 숙영지

아우피메나

로마군 숙영지

한니발 2차 숙영지

X 기병전

산 페르디난도

110   200   90   110

2단계

한니발 기병대

아프리카 동맹군

이베리아 · 켈트   좌측대

아프리카 동맹군

연합군 경기병

3단계

한니발 기병대

아프리카 동맹군

켈트

아프리카 동맹군

이베리아

●●● 칸나이 전투 상황의 전개 모습. 양측이 전열을 갖추고 교전했으나 기병이
무너지고 조승단 대형이 원형으로 바깥면서 포위섬멸작전으로 이어지게 되었다.

를 좌우익보다 더 앞으로 전진시켜 볼록 튀어나온 형태를 취하게 했다. 어차피 다수의 밀집된 적의 공격을 받으면서 대열은 뒤로 밀릴 수밖에 없게 될 텐데, 이렇게 볼록하게 대열을 갖추어 싸우면 뒤로 밀려도 더욱 오랫동안 버틸 수 있게 된다는 장점이 있다. 또한 초승달 대열은 볼록하게 튀어나왔다가 계속 뒤로 밀리면서는 오목하게 변하는데, 이 경우에 적군 병력은 자연스럽게 중앙으로 몰리게 된다.

카르타고군은 로마군에 비해 거의 2배에 가까운 기병 병력을 보유했다. 한니발은 우세한 기병 병력을 단순히 좌우익 보호에 낭비하지 않고 적을 포위하는 핵심 병력으로 활용하고자 했다. 이에 따라 우익에는 재빠른 누미디아 경기병을, 좌익에는 켈트족과 이베리아 중장기병을 배치했으며, 하스드루발과 마하르발(Maharbal)이 지휘를 맡았다. 그리고 가장 치열하게 싸우면서 많은 희생자가 발생할 보병대열의 중앙에 한니발이 위치하여 병사들의 사기를 북돋우고자 했다.

치열한 전투의 시작

전투는 경보병들이 투창, 투석 등 투발무기를 서로 교환하면서 시작되었다. 그러나 경보병의 공격은 서로 간에 별다른 위력을 발휘하지 못했고, 이들이 2선으로 빠지면서 중장보병들 간의 격전이 시작되었다. 특히 한니발은 부대를 동쪽에 배치하여 전투에 돌입했는데, 아침에 자신들은 해를 등지고 싸우는 반면, 로마군은 눈부신 해를 바라보며 싸우게 하기 위해서였다. 특히 카르타고 보병대는 초승달 대형으로 2배나 많은 적들을 유인하여 자신들은 최대한 방어를 하면서 뒤로 물러남으로써 중앙

●●● 칸나이 전투에서 한니발. 독일 화가 하인리히 로이테만(Heinrich Leutemann)의 1877년 작품. 〈Public Domain〉

에서 충분한 시간을 벌 수 있었다.

이렇게 중앙에서 보병이 격돌하는 사이 기병대 간에 전투가 벌어졌다. 파울루스는 기병대를 우익에 배치하면서 아우피두스 강의 지형을 이용하겠다는 생각으로 최소한의 병력만을 배치했다. 막상 실전에 돌입하자, 파울루스의 기병대는 훨씬 더 많은 이베리아와 켈트족 중장기병을 상대할 수 없었다. 심지어 파울루스는 말에서 떨어지기까지 했다. 파울루스의 기병대는 순식간에 무너져버렸다.

한편 바로가 지휘하는 로마군 좌익의 기병은 상황이 조금 나은 듯했다. 좌익의 동맹국 기병대는 한니발의 누미디아 기병을 상대로 싸우고 있었다. 누미디아 기병은 말을 타고 투창을 던진 뒤 후퇴하는 치고 빠지기 공격을 반복하며 바로의 기병을 압박하고 있었다. 그러나 바로의 목표는 로마군 본대가 적의 중앙을 무너뜨릴 때까지 버티면서 시간을 버는 것이었으므로 별다른 문제가 없어 보였다. 하지만 로마 기병을 격파한 이베리아와 켈트족 기병이 로마군의 후위를 돌아 바로 기병대의 뒤통수를 덮쳤고, 이들은 전투를 견디지 못하고 도주하고 말았다.

이렇게 로마군의 좌우익 기병대가 모두 궤멸되어가고 있는 동안에도 로마군 중앙의 보병대는 초승달 대형을 밀어붙이고 있었다. 보병대는 자신들이 승기를 잡았다고 생각하고 계속 밀어붙였지만, 사실 로마군은 한니발이 쳐놓은 덫으로 스스로 걸어 들어가고 있었다. 로마군은 중앙 돌파에 집중한 나머지 자신들이 카르타고 보병의 양익을 지나치고 있다는 것을 모르고 있었다. 점차 초승달 대형은 U자형으로 바뀌었고, 로마군은 얼마 지나지 않아 한니발 군에게 포위당하고 말았다.

전투가 아닌 학살

로마군은 측면을 내주었지만, 매우 밀집한 상태로 전진이 시작되자 되돌릴 방법은 없었다. 측면과 후방까지 노출되면서 공격을 받기 시작하자, 로마군의 대형은 정지하게 되었다. 대형이 정지하자, 로마군은 더욱 어려운 입장이 되었다. 로마군은 병사들끼리 너무 밀집되어 있어 무기를 휘두를 수조차 없었다. 그야말로 진퇴양난에 빠진 것이다.

반면, 한니발에게는 기다려왔던 기회가 찾아왔다. 이렇게 멈춰선 로마 보병을 카르타고 보병들이 둘러싸기 시작했고, 바로 그때 카르타고 기병들이 돌아와 로마군의 후위까지 완전히 차단해버렸다. 결국은 초승달 대형은 원으로 바뀌었으며, 기병까지 투입되면서 이중으로 포위망을 구축했다.

●●● 로마는 집정관 파울루스를 포함하여 무려 4만 8,000여 명의 전사자를 기록하며 칸나이 전투에서 처참하게 패배했다. 미국 화가 존 트럼불(John Trumbull)의 1773년 작품 〈파울루스의 죽음〉. 〈Public Domain〉

　　이제 남은 것은 원 안에 갇힌 로마군을 처리하는 일이었다. 먼저 포위망 가장 바깥쪽에 있던 로마군부터 차례로 죽임을 당했다. 살아남은 병사들은 더 안쪽으로 도망가려고 대열로 파고 들어가기 시작했고, 그로 인해 그나마 비좁았던 대형에는 더 큰 혼란이 일어났다. 땅에 머리를 묻고 죽은 로마 병사들도 있었고, 도망치다가 압사한 병사들까지 있었다.

　　이렇게 학살당한 병사는 4만 8,000여 명에 이르렀고, 그중에는 집정관인 파울루스도 포함되어 있었다. 후세의 분석에 의하면 1분에 600명의 로마군이 죽었다고 하는데, 이는 1초에 10명이 사살된 것으로 전투가 아니라 일방적인 학살에 가까웠다. 포로로 잡힌 로마군도 2만여 명에 이르렀다. 이에 반해 카르타고군의 사망자는 8,000여 명에 불과했다.

　　그러나 로마는 많은 병력을 잃은 것보다 더한 타격을 입었다. 로마의 사기는 최악으로 떨어졌고, 한니발의 침공 이후 17세가 넘는 남성 성인

●●● 자마 전투에서 카르타고의 전투코끼리들이 로마 보병과 싸우고 있는 모습. BC 202년에 카르타고 남서 지방에 있는 자마(Zama)에서 벌어진 자마 전투는 로마의 결정적인 승리로 끝났고 이어 종전 협상에서 카르타고는 항복했다. 〈Public Domain〉

인구의 5분의 1이 전사했다. 특히 칸나이 전투(Battle of Cannae)의 패배로 로마 내에는 친척 중에 전사자가 없는 집이 없을 정도였다. 그러나 더욱 커다란 타격은 종주국으로서 로마의 위상이 크게 하락했다는 점이다. 칸나이 전투 패배 이후 마케도니아가 카르타고와 동맹을 맺었고, 남부 이탈리아 지역의 로마 동맹 도시국가들도 한니발에게 동조하기 시작했다.

전쟁 그 이후

칸나이 전투에서 한니발에게 크게 패배한 로마군은 이후 10년여간 청야

전술(淸野戰術: 주변에 적이 사용할 만한 모든 군수물자와 식량 등을 없애 적
군을 지치게 만드는 전술)을 활용하면서 지연전을 펼쳐야만 했다. 이탈리
아에서 한니발의 세력이 고립되면서 전세가 호전된 이후에야 로마군은
본격적인 승리를 하게 되었으며, 이후 카르타고 본국을 지키기 위한 자
마 전투(Battle of Zama)에서 한니발이 패배하면서 2차 포에니 전쟁은 다
시 한 번 카르타고의 패배로 막을 내리게 되었다. 비록 전쟁에는 패배했
지만, 한니발의 알프스 산맥 횡단과 칸나이 전투는 군사작전의 놀라운
선례를 만들면서 현대에까지 커다란 영향을 주었다.

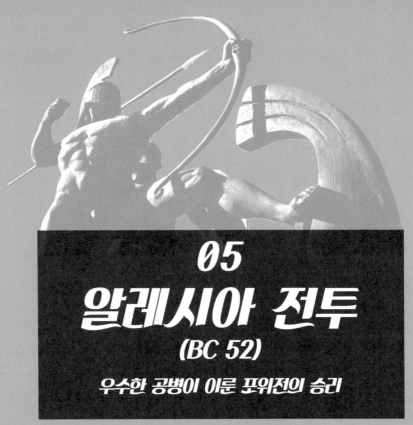

05
알레시아 전투
(BC 52)
우수한 공병이 이룬 포위전의 승리

BATTLE OF ALESIA

"행운은 많은 일 가운데 특히 전쟁에서 중요한 요소다.
행운이 있으면 적은 힘으로도 많은 변화를 가져올 수 있다."

- 가이우스 율리우스 카이사르

BC 59년 가이우스 율리우스 카이사르(Gaius Julius Caesar)는 집정관으로 선출되었다. 그는 자신의 지위와 정치적 연줄을 이용하여 갈리아 치살피나(Cisalpine Gaul), 갈리아 트란살피나(Transalpine Gaul), 일리리쿰(Illyricum) 지역을 자신의 임지에 포함시켰다. 원래 스위스 지역에 거주하던 켈트족의 하나인 헬베티(Helvetii) 부족은 이미 BC 61년부터 갈리아(Gaul) 서남부로 이주하려고 결심했다. 스위스 산악 지형 속에서는 늘어나는 인구가 먹고살 것이 없었을 뿐만 아니라 서진하고 있는 게르만족의 위협을 느꼈던 것이다. 헬베티 부족은 BC 58년 봄에 자신들의 마을을 불태워버림으로써 이주의 결의를 다진 후에 마차 수천여 대로 갈리아를 향해 출발했다.

한편 이 소식을 들은 로마 원로원은 헬베티 부족의 등장이 갈리아 지역의 동맹과 속주에게 영향을 미쳐, 결국 힘의 균형을 흔들 것으로 내다봤다. 이에 따라 로마는 부족의 이동을 저지할 것을 결정했고, 집정관 카이사르는 로마의 요청에 따라 군사를 이끌고 이동했다. 그러나 갈리아 부족들은 이를 군사적 개입이라고 생각하고 두려워하기 시작했다. 그리고 갈리아인들의 걱정은 틀리지 않았다.

갈리아 전쟁의 시작

애초에 카이사르는 갈리아 지역 전체를 정벌하려는 확신까지는 없었던 듯하다. 로마 중앙 정계에서의 성공을 위해서는 군사적 명성을 쌓아야 했고, 군대를 이동시킨 것도 그러한 맥락이었다. 그는 BC 58년 초여름 론(Rhone) 강 유역을 따라 무려 30킬로미터에 이르는 요새를 구축하여 헬베티 부족의 이동을 저지한 후에 아르메시(Armecy)에서 겨우 4개 군단으로 25만여 명의 적군을 정벌했다. 이에 자신을 얻은 카이사르는 이후 갈리아 전역을 정벌하기 시작했다. 우선 알자스(Alsace)를 정벌하여 게르만 침입자들을 몰아냈다.

한편 로마 군단의 침입에 북부 갈리아 지역의 게르만 부족 연합체인 벨가이(Belgae)는 30만의 병력을 동원하여 엔(Aisne) 강에서 로마 군단과 충돌했다. 벨가이 연합체는 싸울 때는 용맹했지만 내부의 불화로 결속력이 약했다. 이를 간파한 카이사르는 부족들을 하나씩 격파해나갔다. 그리하여 BC 56년 말이 되자 갈리아 지역은 중앙 산맥을 제외하고는 모두 로마에게 정복되었다. 이후 카이사르는 BC 55년~BC 54년에는 브리타니아(Britannia: 현재의 영국)를 두 차례나 원정했고, BC 53년에는 갈리아 지역으로 돌아와 반란을 진압했다.

BC 52년이 되자 갈리아인들 사이에서 로마인에 대한 반감은 높아져만 가고 있었다. 그런 와중에 저항의 시작은 카르누테스(Carnutes) 부족의 도시국가인 케나붐(Cenabum: 현재의 오를레앙)에서 일어났다. 카이사르는 갈리아 지역을 로마화하기 위해 로마 상인들의 교역을 장려했고, 케나붐에는 많은 로마 시민들이 거주했다. 이들 가운데는 로마 군단의 군량미를 거래하는 사람들이 있었는데, 이들이 카르누테스 부족에게 죽임을 당한 것이다.

이 사건은 갈리아인들의 독립 열망이 반영된 사건이기도 했다. 특히 아르베르니(Arverni) 부족의 카리스마 넘치는 젊은 족장 베르킨게토릭스(Vercingetorix)는 엄격한 규율을 바탕으로 갈리아 부족들을 하나로 모아 상당한 병력의 갈리아군을 구성했다. 베르킨게토릭스는 우선 로마와 동

●●● 카이사르는 로마의 정치가이자 장군으로, 로마에서 커다란 권력을 얻기 위해 갈리아 전쟁을 시작했다. 항상 운명의 여신이 함께하고 있다고 확신한 카이사르는 "인사(人事)를 다하고 운명의 여신의 도움을 바라야 한다"고 주장했다. 오스트리아 빈 미술사박물관에 있는 카이사르 흉상. 〈Wikimedia Commons / CC-BY-SA 2.5 / Andrew Bossi, 2007〉

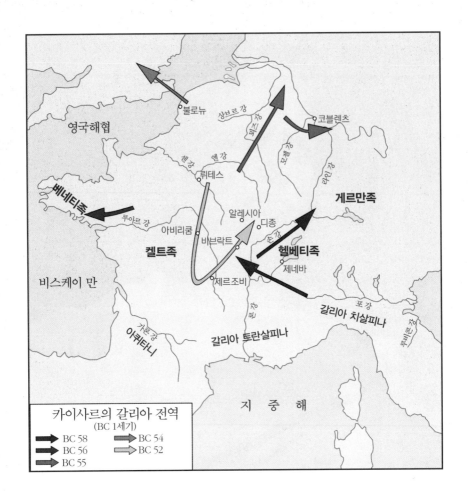

영국해협

불로뉴

상브르강

코블렌츠

뫼즈강

라인강

모젤강

베네티족

라인강

엔강

뤼테스

게르만족

루아르 강

알레시아

아비리쿰

디종

바브락트

헬베티족

켈트족

제르조비

제네바

비스케이 만

손 강

포 강

가론 강

론 강

루비콘 강

아퀴타니

갈리아 트란살피나

갈리아 치살피나

지 중 해

카이사르의 갈리아 전역
(BC 1세기)

BC 58   BC 54
BC 56   BC 52
BC 55

맹관계를 유지하던 보이(Boii) 부족의 수도를 공략했다. 그러나 이탈리아에서 속주 관리를 하고 있던 카이사르는 신속히 반응했다. 갈리아 전체가 반란에 가담하는 사태만큼은 막아야만 했기 때문이다. 카이사르는 소규모 병력만을 대동하고 돌아와서는 갈리아군을 몰아냈다.

공격자와 방어자

한편 카이사르는 갈리아 마을을 공격하여 식량을 확보하고자 했다. 이런 행위를 본 베르킨게토릭스는 카이사르의 군수지원체계에 문제가 있음을 간파하고 카르타고의 침략에 대항했던 로마의 장수 파비우스처럼 지연전을 활용하기로 했다. 갈리아군은 로마 군단과의 결전을 피하는 한편, 자신들의 도시를 요새화하여 침략을 허용하지 않음으로써 식량과 물자를 제공하지 않으려 했다. 또한 기회가 될 때마다 로마군의 보급품 호송대와 식량 징발대를 공격했다.

카이사르는 여전히 갈리아의 도시국가들을 공략하면서 전장으로 끌어내려고 했다. 그는 비투리게스(Bituriges) 부족의 영토로 들어가 수도인 아바리쿰(Avaricum)을 공격했다. 아바리쿰은 강과 소택지로 둘러싸여 있는 지형으로 천연의 장애물로 보호받고 있었다. 로마군은 이를 극복하기 위해 공병의 힘을 활용하기로 했다. 로마군은 갈리아인들의 방해공격에도 불구하고 불과 25일 만에 폭 100미터 높이 24미터짜리 공성용 테라스(공성탑)를 건설하는 데 성공했다.

로마군의 공격이 조직적으로 준비되자, 베르킨게토릭스는 비투리게스 부족에게 도시를 버리고 후퇴하도록 설득하려 했다. 그러나 그들은 자신의 영토를 지킬 수 있다고 확신했다. 하지만 로마군은 비투리게스 부족의 예상을 깨고 비바람이 치던 날에 기습을 감행했다. 폭우로 경계가 느슨해진 틈을 타서 공성탑을 배치하여 성벽에 침투했다. 이로써 카이사르는 도심지에서 위험천만한 시가전을 치르지 않고도 요새를 장악할 수 있었다.

이후 카이사르는 군단 6개를 동원하여 게르고비아(Gergovia)의 수도

●●● 아바리쿰 공성전에서 로마군은 공병 능력을 최대한 활용하여 공성전을 승리로 이끌었다. 〈Wikimedia Commons / CC-BY-SA 3.0 / Rolf Müller, 2006〉

아르베르니로 향했다. 아르베르니는 말할 것도 없이 중요했기 때문에 베르킨게토릭스는 사력을 다해 지켜내고자 했다. 아르베르니는 언덕에 위치했기 때문에, 카이사르는 도착하자마자 근처의 언덕을 점령하고 요새를 구축했다. 그러고는 또 다른 언덕을 점령하여 소규모 숙영지를 만들고 요새와 숙영지 간에 배수로를 만들었다. 카이사르는 또한 도시로 접근하는 작은 언덕 하나가 거의 방어병력 없이 방치된 것을 보고는 소규모 부대를 보내 성벽 인근에서 기만교전을 하는 사이 쉽게 언덕을 점령했다.

그러나 손쉬운 성공에 흥분했던 것인지, 아니면 카이사르의 오판에 따른 것인지 몰라도 로마군은 성벽에 대한 공격을 계속했다. 로마군은 갈리아군의 격렬한 반격으로 후퇴할 수밖에 없었다. 그 과정에서 엄청난 사상자까지 발생했는데, 특히 백인대장(centurion)들의 희생이 컸다. 이렇게 되자, 카이사르는 더 이상 공성전을 할 수 없다고 판단하고 게르고비아로부터 철수했다.

카이사르의 철수는 베르킨게토릭스에게는 커다란 기회였다. 카이사르에게 마지막까지 충성하던 갈리아 부족들조차 이젠 편을 바꾸었다. 자신감이 생긴 베르킨게토릭스는 부족들로부터 병력을 지원받아 대규모 기병대를 만들고는 로마군의 보급을 차단하기 시작했다. 물론 카이사르도 놀고 있지만은 않았다. 배신으로 인한 병력 부족을 극복하기 위해 그는 게르만 기병대와 경보병을 자신의 편으로 끌어들였다.

게르만 기병대까지 증강되자 베르킨게토릭스는 자신의 병력으로는 카이사르에게 정면으로 맞설 수 없다는 것을 깨달았다. 그는 알레시아[Alesia: 오늘날의 디종(Dijon) 인근 지역]로 후퇴하여 전열을 가다듬으면서 게르고비아의 승리를 재현하고자 했다. 카이사르는 베르킨게토릭스를 쫓아 알레시아까지 도달했다. 사상 최대의 공성전이 벌어지기 직전이었다.

결전을 대비하다

BC 52년 여름 베르킨게토릭스의 지휘 하에 8만여 명의 갈리아군은 알레시아에 요새를 구축하여 1.8미터 높이의 성벽과 도랑으로 둘러쌓았다. 알레시아 요새는 마름모꼴의 고원에 자리 잡았으며, 고각의 경사면 양 측면에는 강이 흐르는 천혜의 요새였다. 게르고비아에서의 패배로 더 이상 공세가 어려운 베르킨게토릭스에게는 봉쇄작전을 펼치기에 최적의 지형이었다.

요새를 직접 공략하는 것은 어렵다고 판단한 카이사르는 공병을 동원하여 적군을 포위하기 위해 7개의 공세용 보루를 구축했다. 카이사르가 보루를 구축하는 동안 베르킨게토릭스는 기병대를 보내어 공사를 방해하려고 했다. 그러나 게르만 기병대로 보강한 로마 군단에게 갈리아 기병대는 처참하게 패배했다. 그러자 베르킨게토릭스는 밤에 기병대를 보내어 포위망을 돌파하도록 했다. 포위망을 빠져나간 병사들은 본국으로 돌아가 증원군을 요청할 터였다.

갈리아 기병대가 도주하고 적 증원부대가 도착할 것이 예상되자, 카이사르는 포위전의 양상을 바꾸었다. 우선 로마군은 알레시아 방향으로 6미터 깊이의 도랑을 파서 로마군의 보루 건축작업을 갈리아군이 방해하지 못하도록 했다. 또한 2개의 도랑을 더 파서 안쪽에는 강물을 끌어와서는 해자(垓字)를 만들었다. 그 뒤에는 3.6미터 높이의 보루를 세우고, 판 위에는 날카로운 말뚝을 박아 함부로 넘을 수 없도록 했다. 방어를 강화하기 위해서 보루 사이에는 감시탑들을 만들어놓았다. 이렇게 세워진 봉쇄선은 무려 16킬로미터에 이르렀다.

로마군이 보루를 짓는 동안 베르킨게토릭스는 알레시아로부터 유효하고도 조직화된 기습공격을 여러 차례 성공했다. 기습공격을 받은 로마군은 보루 건설을 방해받았을 뿐만 아니라 기습부대에 대한 보복을 가

●●● 알레시아 공략을 위해 로마군이 만든 보루는 현재 알리즈 생트 렌느(Alise-Sainte-Reine)에 재현되어 있다. 〈Wikimedia Commons / CC-BY-SA 2.5 / Christophe.Finot, 2004〉

할 수도 없었다. 이에 대한 대책으로 카이사르는 3열로 함정을 만들어 적군의 기습이 어렵게 만들었다. 함정은 날카로운 나무 말뚝 5열로 구성되었으며, 그 앞에는 0.9미터 깊이의 웅덩이를 만들어 바닥에 역시 날카로운 말뚝을 박아놨고, 다시 그 앞에는 쇠 편자와 목괴를 깔아놓았다.

한편 로마군은 자신들이 포위한 베르킨게토릭스의 갈리아군뿐만 아니라, 그를 구원하러 올 증원군이 자신들을 포위할 것에 대비해야만 했다. 이에 따라 포위선 외곽으로 총 길이 28킬로미터의 보루를 구축했는데, 로마군이 충분히 기동할 수 있는 공간까지 확보한 것이었다. 또한 카이사르는 병사들에게 1개월분의 식량과 사료를 확보하도록 했다.

로마군의 예측대로 알레시아 내부에서는 결국 물자가 부족해졌다. 갈리아군은 전투원이 아닌 주민들을 로마군 진영으로 보냈다. 그러나 카이사르는 이들을 받지 않고 오히려 적의 물자를 더욱 축내도록 알레시아로 돌려보냈다. 이렇게 사정이 나빠지자, 갈리아군의 사기는 나날이 떨어져만 갔다.

결전의 3일

갈리아 증원군은 도착하자마자 로마군 진영에서 2킬로미터도 떨어지지 않은 곳에 숙영지를 선택했다. 갈리아 증원군 사령관인 코미우스(Commius)의 지시에 따라 기병대가 기동하면서 알레시아 전투(Battle of Alesia)가 시작되었다. 갈리아 기병대에는 궁수와 경보병이 섞여 있었으며, 갈리아군의 최정예병력인 기병대를 주력인 보병이 호위했다. 베르킨게토릭스의 갈리아군은 증원군 기병대의 기동을 보자, 마을에서 나와

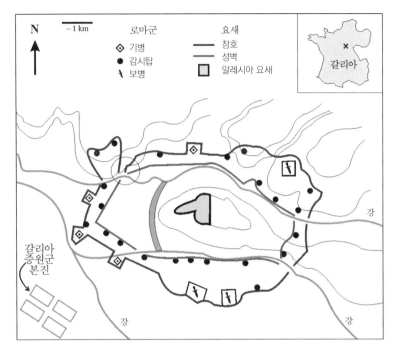

●●● 알레시아 전투(BC 52) 상황도

1. 베르킨게토릭스가 약 7만 명의 병사와 함께 알레시아 요새에서 농성
2. 알레시아를 향해 안과 밖으로 동시에 보루를 건설
3. 로마군은 알레시아를 약 두 달간 포위함
4. 갈리아군 증원군이 도착했으나 3일간 전투 후 패퇴하자 알레시아는 투항

장작단을 참호 위로 올리면서 공격을 준비했다. 카이사르는 모든 보병을 성벽으로 배치하고 자신의 위치와 임무를 숙지시켰다. 또한 로마군의 연합군으로 참전한 갈리아와 게르만 기병대를 보내어 적 기병대와 결전을 치르도록 했다.

 기병대의 싸움은 치열했는데, 특히 보병의 지원을 받는 갈리아 기병대는 우세하게 싸울 수 있었다. 보병과 기병의 연계작전에 익숙하지 않았던 로마군은 열세에 몰렸다. 전투는 정오부터 해질 무렵까지 계속되었다. 처음에는 다소 열세인 듯했으나, 카이사르는 게르만 기병대를 한곳으로 집결시켜 갈리아 기병대를 격파함으로써 승기를 잡았다. 갈리아 기병대가 도주하자 이를 지원하던 갈리아 보병들은 숙영지로 후퇴하면서 게르만 기병대에 의해 학살당했다. 반격을 준비하던 알레시아의 갈리아군은 증원군이 무참히 패배하는 모습을 지켜보면서 다시 알레시아로 퇴각했다.

갈리아 증원군은 다음날 주공을 위한 장비를 준비하면서 하루 종일을 보냈다. 성벽을 오르기 위한 사다리와 갈고리에 더하여 도랑을 극복하기 위한 장작단 등이 준비되었다. 그리고 자정에 이들은 로마군의 포위망에 은밀히 접근하여 함성을 지르며 공격에 나섰다. 이와 함께 베르킨게토릭스도 자신의 병사를 이끌고 동시에 로마군 진영을 공격했다. 이로써 로마군은 앞뒤 양방향으로 적과 대적하게 되었다.

갈리아 병사들은 장창과 투석기 등 기타 투발무기로 로마군에게 적지 않은 피해를 주었다. 그러나 로마군이 성벽 앞에 설치해놓은 함정과 장애물은 야간에 돌파하기 매우 어려워서 반대로 갈리아군에게 엄청난 피해를 안겨주었다. 결국 갈리아군은 로마군의 진영으로 침투해 들어가지도 못하고 역습을 두려워하여 퇴각하고야 말았다.

갈리아군은 전쟁회의를 열어 전술을 수정했다. 보병의 주력이 로마군의 포위망을 향해 대치하는 동안 6만 명의 부대가 알레시아 북쪽을 포위하는 로마군 기지를 공격하기로 한 것이다. 북쪽은 2개 군단이 방어하고 있었지만, 지형적 특징으로 인해 성벽의 바깥에 위치하고 있었다. 물론 베르킨게토릭스도 다시 병사를 이끌고 나와 공격을 가하면서 로마군이 동시에 앞뒤로 싸우도록 할 예정이었다.

포위와 역습

전투 3일째, 갈리아 병사들은 밤새 행군하여 공격 장소에 이르렀다. 그리고 정오가 되자 공격을 시작했다. 동시에 베르킨게토릭스는 병사들을 이끌고 포위망 안쪽에서 공격을 시작했다. 그러자 몇몇 지점에서 로마군의 방어는 붕괴 직전까지 이르렀다. 한편 갈리아군 6만 명의 공격을 받고 있는 북쪽 요새가 위험하다는 보고를 받은 카이사르는 자신의 가장 믿음직스러운 부사령관인 티투스 아티우스 라비에누스(Titus Atius Labienus)와 6개 대대를 파견했다. 카이사르는 라비에누스에게 요새를 최대한 방어하되, 방어가 불가능하다고 판단될 경우에는 역습에 나서라고 지시했다.

그사이 베르킨게토릭스는 내부 포위선에서 가장 가파른 부분의 성벽을 뚫고 들어가기 시작했다. 로마군이 미처 요새화를 마무리 짓지 못한 곳을 뚫고 들어간 것이다. 카이사르는 이곳에 병력을 증원하라고 지시했다. 카이사르 자신이 직접 부대원을 이끌고 싸울 정도로 치열한 전투를 치르고 나서야 방어선을 다시 유지할 수 있었다. 이때까지만 하더라도 로마군의 상황은 절망적이었고, 북쪽 요새의 라비에누스는 카이사르가 명령한 마지막 반격을 각오하고 있었다.

취약 지대 방어를 마친 카이사르는 겨우 4개 대대를 이끌고 반격에 나섰다. 그러나 동시에 기병대 병력에게는 갈리아군의 후방을 공격하도록 명령했다. 지금까지 아주 의연하게 싸우던 갈리아 병사들은 후방에 로마군 기병대가 나타나자 도주하기 시작했다. 도주하는 갈리아 병력을 상대로 로마군 기병대가 무자비한 공격을 가하여 엄청난 사상자가 발생했다. 포위작전을 펼치던 갈리아군은 결국 패배를 인정하고 알레시아로 돌

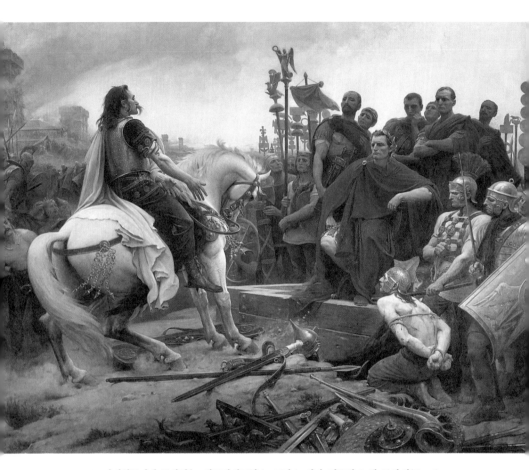

●●● 카이사르에게 투항하는 베르킨게토릭스. 프랑스 화가 리오넬 노엘 루아예(Lionel Noel Royer)의 1899년 작품. 〈Public Domain〉

아갔다.

　증원군마저 패배하자, 알레시아의 갈리아군에게 남아 있는 선택은 단하나밖에 없었다. 전면적인 항복이었다. 베르킨게토릭스는 스스로 카이사르에게 투항했다. 투항자들 가운데 일부는 각 부족이 로마에 다시 충성을 맹세하는 데 기여하기 위해 활용되었다. 그러나 대부분은 로마군의 노획물이 되어 노예로 전락했다. 베르킨게토릭스의 항복에 대해 고대로마의 그리스인 철학자이자 저술가인 플루타르코스(Plutarchos)는 이렇게 기록했다.

　"수장인 베르킨게토릭스는 그가 소유한 가장 좋은 갑옷을 입고 그의말에 가장 화려한 마구를 입힌 뒤 성문 밖으로 나왔다. 그는 높은 자리에 앉아 있는 카이사르의 주위를 말을 타고 몇 바퀴 맴돌았다. 이어서말에서 내린 그는 갑옷을 벗고 카이사르의 발밑에 조용히 앉았다. 카이사르는 경비병을 시켜 그를 끌어냈고, 개선행진에 전시하기 위해 감금했다."

패자와 승자

알레시아 전투의 승리를 기점으로 갈리아 지역의 저항은 결국 와해되기 시작했다. 이후로도 2년간 카이사르는 정복을 계속하면서 갈리아 지역을 평정해야만 했다. 반란의 주도자인 베르킨게토릭스는 약 6년간 포로로 지내다가 카이사르가 로마로 개선하면서 압송되어 공개 처형을 당했다.

　한편 카이사르는 갈리아 정벌을 통해 군사적 명성을 바탕으로 엄청난

●●● 평생 권력을 추구하던 카이사르는 드디어 최고 권력자가 되었지만 암살로 최후를 맞았다. 그림은 빈첸초 카무치니(Vincenzo Camuccini)의 작품 〈카이사르의 죽음〉. 〈Public Domain〉

대중적 인기를 끈 정치세력가로 자리매김했다. 이전까지 카이사르는 마르쿠스 리키니우스 크라수스(Marcus Licinius Crassus)와 그나이우스 폼페이우스 마그누스(Gnaeus Pompeius Magnus), 이 2명의 거물 정치인과 연정을 구성하여 '1차 삼두정치'를 통해 수년간 로마 정계를 장악해왔었다. 그러나 BC 53년 카라이 전투(Battle of Carrhae)에서 크라수스가 전사하면서 정계가 개편되자, 카이사르와 폼페이우스의 대결로 치닫게 되었다.

원로원의 지원을 얻고 바다를 지배하던 폼페이우스에 대항하여 대중적 지지를 받던 카이사르는 군사적 결단을 내렸다. BC 49년 1월 그는 수년간 갈리아를 정복한 베테랑 군단을 동원하여 루비콘(Rubicon) 강을 건너 남쪽으로 진격함으로써 내전을 일으켰다. 물론 군사적인 우위는 카이사르에게 있었으며, 약 1년의 군사행동으로 폼페이우스를 제압했다.

클레오파트라(Cleopatra)와의 로맨스로 시간을 보냈을 뿐만 아니라 잔당 소탕에 많은 시간이 걸렸던 카이사르는 BC 45년에 이르러서야 에스파니아의 문다(Munda)에서 폼페이우스의 잔당을 소탕했다. 그는 로마로 돌아와서는 무소불위(無所不爲)의 권력자가 되었으며 스스로를 종신 독재관에 임명했다.

그러나 로마를 평생 지배하고자 했던 카이사르의 꿈은 이뤄지지 못했다. 통치가 인기가 없었던 것은 아니지만, 카이사르는 공화정을 복고하고자 하던 브루투스(Marcus Junius Brutus)와 카시우스(Caius Longinus Cassius)에게 BC 44년 3월 암살되었기 때문이다. 권력을 위해서는 무자비하고 비도덕적이기까지 했던 카이사르는 결국에는 그렇게 바라던 최고의 권력자가 되었지만 이를 누리지 못하고 비명횡사했다. 위대한 정복자치고는 초라하고 안타까운 종말을 맞은 것이다.

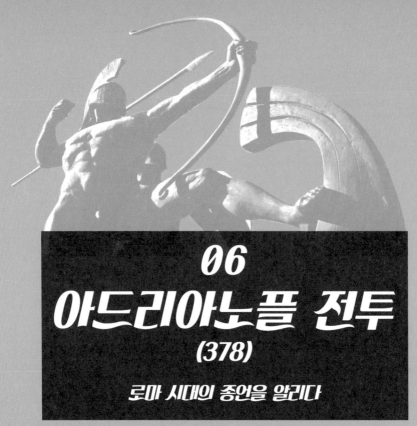

06
아드리아노플 전투
(378)

로마 시대의 종언을 알리다

BATTLE OF ADRIANOPLE

"조국은 돈이 아니라 무기로 되찾아야 한다."

– 마르쿠스 푸리우스 카밀루스, 로마 공화정 전기의 독재관

카이사르가 암살당한 이후 로마는 잠시 내전의 혼란에 빠졌다. 그러나 내전을 평정한 옥타비아누스(Octavianus Gaius Julius caesar)가 원로원으로부터 아우구스투스(Augustus)라는 칭호를 받으면서 황제가 되었고, 로마는 제정기(帝政期)로 접어들었다. 그리하여 거대 제국으로 팽창한 로마는 5현제를 거치면서 역사상 인류가 가장 행복했던 시기라고 평가하는 팍스로마나(Pax Romana)를 실현했다. 그러나 칼리굴라(Caligula)나 네로(Nero) 등 폭군이 등장하면서 황제의 권위가 실추되었다. 이에 따라 무력을 휘두르는 군인이 제위를 차지하면서 황제들은 권력다툼으로 단명했으며, 군부의 충성을 얻기 위해 재정을 남발하면서 로마는 위기로 내몰렸다.

가이우스 디오클레티아누스(Gaius Diocletianus: 245년~316년)가 황제가 되면서 로마 제국은 4등분되어 통치되었다. 1명의 황제가 통치하기에 제국이 너무 크고 복잡하다는 이유에서였다. 그러나 공동 황제에 의한 통치에도 불구하고 로마의 혼란은 가라앉지 않았다. 이민족들이 국경을 넘어 침입해왔고, 페르시아가 강해지면서 소아시아(Asia Minor) 국경이 무너지자, 로마 제국은 쇠퇴하기 시작했다.

고트(Goth)족은 원래 게르만족의 일파로, 2세기 무렵에는 포메른(Pommern: 현 폴란드) 지역에 살고 있었으나, 이후 우크라이나 지방으로 이동하면서 3세기경에는 흑해 서북쪽 해안에 정착한 동고트(Ostrogoth)족과 도나우(Donau)강 하류의 북쪽 기슭에 정주한 서고트(Visigoth)족으로 나뉘었다. 여기서 사르마티아(Sarmatia) 등 동방계 기마민족의 영향으로 고트족은 기마민족화하게 되었으며, 이에 따라 기동력에 바탕한 포위전을 구사하는 방법까지 터득하게 되었다.

　한편 스텝지대의 유목민족인 훈(Hun)족이 서진하면서 기존에 거주하던 고트족이나 게르만족을 몰아내기 시작했고, 고트족의 영토는 불안해졌다. 서고트족장인 프리티게른(Fritigern)과 알라비부스(Alavivus)는 376년 도나우 강을 건너 로마 영토에 정착할 수 있도록 발렌스(Valens) 동로마 황제에게 허락을 청했다. 발렌스는 다키아(Dacia)에서 도나우 강을 건너와 모이시아(Moesia) 남부(현 불가리아)에 정착하라고 이주를 허락했

●●● 도나우 강 하류에 침입한 게르만족과 싸우는 로마군의 모습을 새긴 '그란데 루도비시(Grande Ludovisi)'로 불리는 고대 로마의 석관 부조. 〈Public Domain〉

다. 단, 여기에는 두 가지 중요한 조건이 붙었는데, 비무장으로 이주하는 것과 이주 후에는 기독교로 개종하는 것이었다.

발렌스의 입장에서도 서고트족이 이주하면 득이 될 만한 점이 있었다. 우선 부족한 로마 제국군의 인원을 이주민으로 충원할 수 있었다. 이미 4세기에 이르러서는 로마군 자체가 많이 쇠약해져 있었을 뿐만 아니라 병사들 상당수가 이민족에서 충원되었다. 또한 서고트족의 이주로 지

●●● 발렌스 황제는 서고트족의 이주 요청을 처음에는 받아들였다. 〈Public Domain〉

역 내에 동원할 수 있는 인력이 늘어남에 따라 재정적으로도 커다란 지원이 될 터였다. 이에 따라 376년 말 약 7만 5,000여 명의 서고트족이 도나우 강을 건너 로마의 영토로 들어왔다.

배신당한 고트족

발렌스 황제는 서고트족에게 경작할 토지를 주고, 정착하기 전까지는 지방 정부가 이들을 지원할 것을 명했다. 그러나 불행히도 로마의 지방

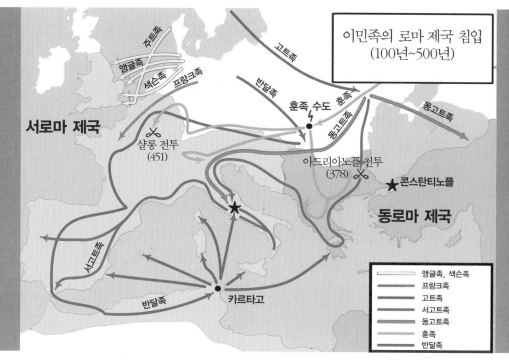

주트족
앵글족
색슨족
프랑크족
고트족
반달족
훈족 수도
훈족
동고트족

서로마 제국

샬롱 전투
(451)

동고트족

아드리아노플 전투
(378)

★ 콘스탄티노플

동로마 제국

서고트족

반달족
카르타고

	앵글족, 색슨족
	프랑크족
	고트족
	서고트족
	동고트족
	훈족
	반달족

●●● 로마 제국을 침범한 이민족들. 고트족은 우크라이나 지역으로 이동 후 서고트족과
동고트족으로 나뉘어 이동했다.

행정관들은 황제의 명령에 따르지 않았고, 정착을 위한 지원물품은 전
혀 전달되지 않았다. 특히 탐욕스러운 행정관들은 서고트족의 소유물을
착취하고, 개고기와 같은 표준 이하의 식량을 높은 가격에 팔았으며, 서
고트족 여성들을 희롱했다. 더 나은 생활을 찾아 이주한 서고트족은 당
연히 분노했다.

그런데도 서고트족의 이주는 계속되어 트라키아(Thrace: 발칸 반도의
남동부 지역)까지 깊숙이 들어갔다. 그러다가 이들은 동고트족과 만나게
되었다. 로마인들이 서고트족의 도나우 강 도하 문제에 신경이 쏠려 있

는 사이에 동고트족은 로마 황제의 허락 없이 도나우 강을 건너서 로마의 영토로 들어온 것이다. 한편 행렬이 마르키아노폴리스(Marcianopolis)에 다다르자, 지역 총독인 루피키누스(Lupicinus)는 프리티게른과 알라비부스 등 서고트족장들을 연회에 초대했는데, 실은 이들을 살해하려고 했던 것이다. 프리티게른은 무사히 살아나왔지만, 알라비부스는 그 후에 본 사람이 없는 것으로 보아 살해당했던 모양이다.

프리티게른이 무사히 귀환하자, 서고트족은 이제는 말로 해선 통하지 않는다는 것을 알았다. 프리티게른의 부족은 곧바로 전투에 돌입했고 루피키누스의 로마군 부대를 마르키아노폴리스 인근에서 격파했다. 전투에 승리하자 다른 고트 부족들도 프리티게른의 부대에 합류하기 시작했다. 그리하여 고트 군대가 현장에서 급조되었다. 고트군은 곧바로 아드리아노플(Adrianople)을 향해 공격을 개시했다. 로마군은 치열한 방어로 고트군을 몰아냈지만, 매우 위험한 상황에 처한 로마군에게는 증원군이 필요했다. 발렌스 황제는 페르시아 원정을 위해 정예 야전군을 이끌고 안티오크(Antioch)에 머물고 있었는데, 일단 증원부대를 트라키아로 파견했다. 한편 발렌스의 조카이자 서로마 황제인 그라티아누스(Gratianus)도 증원부대를 파견했다.

급조된 군대라고는 하지만 고트군의 위력은 상당했다. 상대적으로 불리한 로마군은 동서의 증원군이 도착할 때까지는 파비우스식의 지연 전술을 채용했다. 특히 식량을 통제하는 방식이 유효했다. 물자 부족에 시달리는 고트군이 식량을 구하기 위해 여기저기로 분산하여 약탈을 일삼았는데, 이러한 공백을 이용하여 로마군은 지속적으로 기습을 가했다. 중과부적이던 로마군은 이런 기습공격으로 어느 정도 고트군을 통제할 수 있었다. 하지만 연말이 되자 고트족은 새롭게 알라마니 (Alamanni)족과 훈족과 함께 동맹을 맺고, 로마군의 봉쇄를 뚫고 나왔다. 그리하여 이들은 트라키아 대부분을 장악했고, 도나우 강 북쪽은 물론이고 지금의 불가리아, 그리스, 터키 지역까지 진출했다.

싸울 것인가, 기다릴 것인가

378년이 되자 발렌스는 페르시아 원정을 정리하고 안티오크를 떠나 콘스탄티노플(Constantinople)로 향했고, 그라티아누스는 고트족에 맞서 합동작전을 펼치기 위해 라인(Rhein) 강으로 진군했다. 발렌스는 고트족을 격멸할 수 있을 것으로 확신했다. 하지만 진격하던 그라티아누스는 비슷한 시기에 시작된 알라마니족의 침공에 대응해야만 했다. 결국 그라티아누스의 증원군이 도착하려면 한참 더 걸려야만 할 터였다. 발렌스가 콘스탄티노플에 도착한 것은 같은 해 5월이었다. 그는 헬레스폰트 해협에서 유럽 쪽 땅에 병력을 주둔시켰고, 기병대를 파견하여 주공에 앞서 적군의 위치를 정찰하도록 했다. 그는 천천히 병력을 전진하여 아드리아노플에서 가까운 도시인 니케(Nike)를 향해 전진했다. 로마군이 전진하자 고트군은 후퇴했는데, 기병대가 이들을 추적했다.

한편 그사이에도 그라티아누스의 원정군은 이동을 계속하여 병력의 일부를 배편으로 도나우 강을 따라 파견했다. 발렌스는 아드리아노플로 이동하여 조카와 서부 증원군을 기다리기로 결정했고, 고트군은 로마군 남동쪽의 니케에 자리를 잡았다. 아드리아노플에 주둔하면서 발렌스는 그라티아누스의 증원군이 트라키아에 도착했으며, 곧 도착할 수 있을 것이라는 전갈을 받았다. 한편 발렌스는 정찰대로부터 고트군이 약 1만 여 명 규모로 집결해 있다는 보고를 받았다. 이렇게 적의 위치와 규모를 정확히 알게 된 발렌스는 증원군을 기다리느냐 아니면 공격하느냐 결단을 내려야만 했다.

그는 고급지휘관들을 불러 회의를 소집했다. 지휘관들 중에는 신중하게 움직일 것을 주장하며 그라티아누스의 증원군을 기다리자는 목소리도 있었다. 엄청난 수적 우세에 바탕하여 고트군을 확실히 격멸하자는 것이었다. 그러나 대부분의 지휘관들은 위치를 안 이상 당장 공격해도 좋다고 주장했다. 특히 조카의 힘을 빌리지 않고 혼자서 고트군을 격파한다면, 그 모든 공로는 발렌스 황제 혼자만의 것이 될 터였다. 발렌스 황제는 이러한 정치적 승리가 필요했다. 또한 고트군이 여러 번 로마군의 공격에서 벗어난 바 있었기 때문에, 그들이 또다시 도망가기 전에 기습해야 할 필요가 있었다. 발렌스는 곧바로 공격할 것을 결심하고 진군 명령을 내렸다. 로마군의 공격이 임박했음을 감지한 프리티게른은 기독교 성직자를 사절로 보내 협상을 시도했다. 그러나 발렌스는 협상을 거부했다.

발렌스의 군대는 약 2만여 명의 병력으로 구성되어 있었다. 물론 그에게는 더 많은 야전군 병력이 있었지만 아드리아노플과 보급선의 방어를 위해 병력 상당수를 잔존시키고 자신은 몇 개의 로마 군단만을 이끌고 나왔다. 로마 군단의 병력 상당수는 이전부터 전쟁을 수행하고 있었으며, 황제의 야전군답게 우수한 자질을 갖추고 있었다. 전력은 궁수를 포함하는 로마 군단과 예비대로 구성되었으며, 물론 기병대도 포함되어 있었다. 이에 반해 고트군은 창병과 궁수가 섞여 있었고, 마차를 이용해 숙영했다. 고트군의 실제 병력은 로마군에 보고된 것과는 달리, 1만 5,000여 명이었다. 하지만 로마군 정찰대는 약 4,000여 명의 기병대 병력을 파악하지 못했다. 알라테우스(Alatheus)와 사프락스(Saphrax)가 이끄는 고트 기병대가 식량과 물자를 보충하기 위해 인근을 약탈하러 나섰기 때문이다. 이런 실책은 이후 전투에 커다란 영향을 끼칠 터였다.

아직 싸울 준비가 안 되었다

8월 9일 동이 트자마자 발렌스는 로마 군단의 행렬을 이끌고 진군을 시작했다. 행렬의 선두와 후미에는 기병대가 위치했고, 보병이 중앙에 위치했다. 즉, 기병대의 호위 속에 보병이 이동한 것이다. 매우 더운 날이었는데, 약 13킬로미터 거리를 몇 시간 동안 이동하자, 드디어 고트군의 숙영지가 보이기 시작했다. 마차 여러 대를 둥글게 둘러친 원진(圓陣)들이 여기저기 펼쳐져 있었는데, 로마군의 등장에 고트군도 대응하기 시작했다. 로마군은 선두의 기병대가 좌익이 되어 고트군의 우측으로, 후미의 기병대가 우익이 되어 좌측으로 이동하며 공격에 나설 계획이었다. 그러나 후미의 기병대는 중앙의 보병들이 모두 배치되기 전까지는 이동할 수 없었기 때문에, 실제로 배치되기까지는 상당한 시간이 걸릴 터였다.

한편 고트군은 기병대의 엄호 없이 많은 수의 적과 싸워야만 했다. 프리티게른은 신속히 보병들을 전방으로 배치하는 한편 기병대에게 신속하게 귀환할 것을 명령했다. 한편 기병대가 돌아올 때까지 시간을 벌기 위해 프리티게른은 발렌스 황제에게 사절을 보냈다. 로마 측은 고트족 사절이 너무 지위가 낮다는 이유로 협상을 거절하고 족장급인 사절을 보내라는 답을 보냈다. 프리티게른은 병사를 전령으로 보내어 로마 측이 고위인사를 인질로 보낸다면 그리하겠노라고 답했다. 이에 따라 로마 측에서는 지휘관 중 한 명인 리코메레스(Richomeres)가 인질이 되기를 자원했다. 실은 발렌스 황제도 후미의 기병대가 배치될 때까지 시간이 필요했기 때문에 이러한 지리멸렬한 협상 요구에 응했던 것이다.

이런 와중에 로마군 일선의 긴장과 피로도는 극에 달하고 있었다. 무더운 날에 행군을 해온 병사들은 더위와 갈증과 배고픔에 지쳐갔고, 여기에다가 고트군이 인근의 덤불에 일부러 불을 놓자 로마군의 불쾌감은 더욱 높아져만 갔다. 이런 상황에서 리코메레스가 협상을 위해 고트군 숙영지로 한참 이동하고 있던 와중에 급작스러운 교전이 발생하고야 말았다. 좌익에서 고트군과 대치 중이던 기병대가 갑작스럽게 전투행동에 돌입하게 되었다.

기병대란 원래 치고 빠지는 전술에 익숙하고, 적과의 백병전이 일어나더라도 반드시 보병과 연계하여 교전해야만 성과를 거둘 수 있었다. 교전이 시작된 시점에서 로마군은 완전한 배치가 끝나지 않은 상황이었다. 싸움에 임한 부대는 황제의 친위대 소속 엘리트 기병대인 스쿠타리(Scutarii) 기병대였지만, 아무리 뛰어난 부대일지라도 불리한 전황을 바꿀 수는 없었다. 이들은 무모하게 덤벼든 것만큼이나 허무하게 무너져버리고는 도주했다.

일방적인 살육

이렇게 밀려나던 스쿠타리 기병대는 또 다른 결정적인 타격을 입는다.

프리티게른의 전갈을 받고 신속히 복귀한 고트 기병대가 로마군에게 일격을 가한 것이다. 고트 기병대는 높은 지형인 고트군 숙영지 쪽에서 화살처럼 아래로 내달리면서 마주치는 모든 적을 격파해나갔다. 특히 스쿠타리 기병대는 완전히 전열을 갖춘 채 공격을 했다가 후퇴한 것이 아니었기 때문에, 병력의 집중도가 떨어져 비교적 손쉽게 격퇴되었다. 좌익의 기병대가 격파당하자, 그 피해는 여전히 전열을 짜고 있던 주공의 보병에게 전달되었다.

좌익의 기병대가 무너지자 로마군 전열에는 커다란 공백이 발생했다. 고트 기병대는 빈 공간으로 치고 들어왔다. 이때 로마 보병의 최일선은 고트 보병과 교전 중이었다. 원진 밖에 배치된 고트 보병들이 압박을 가하기 시작했던 것이다. 좌익 기병대가 무너지자 로마 보병대는 전면과 좌익에서 동시에 공격받게 되었다. 또한 배치조차 되지 못했던 우익 기병대도 고트 기병대에게 분쇄되었다. 그러나 훈련이 잘된 로마 보병대는 그런 상황에서도 의연하게 싸웠다. 특히 최일선이 전면과 좌측에서 동시에 밀리면서 로마군은 너무도 빽빽이 밀집한 나머지 병사들은 칼을 뽑거나 휘두를 수조차 없는 지경에까지 이르렀다.

상당 기간 양측은 치열하게 싸웠다. 어느 쪽이 우세하다고 할 수 없을 정도로 호각(互角)의 싸움이었다. 그러나 이렇게 반복되는 공격의 와중에 로마군의 전열이 무너지기 시작했다. 싸움이 계속되면서 더위와 허기와 갑옷의 무게에 병사들이 지쳐갔던 것이다. 물론 황제의 직속군단인 란시아리(Lanciarii)와 마티아리(Mattiarii)는 혼란의 와중에서도 끝까지 자리를 지켰다. 그러나 로마군은 정예인 바타비안(Batavian) 예비대조차 도주하기 시작했다. 상황에 여기에 이르자 로마군은 반격조차 할 수 없

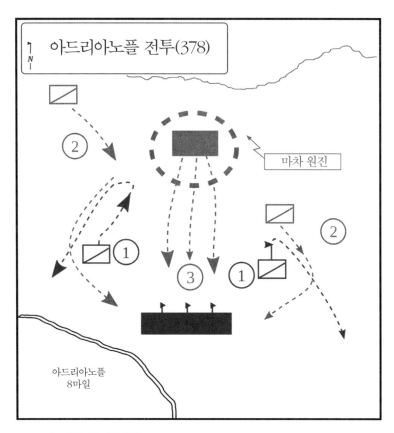

아드리아노플 전투(378)

마차 원진

아드리아노플
8마일

●●● 아드리아노플 전투 상황도
① 로마군의 우익 기병대가 보병대의 전개를 엄호하는 동안 좌익 기병대는 고트군 진지를 공격한다.
② 고트 기병대가 기습을 가하자 좌우익의 로마 기병대는 모두 도주한다.
③ 고트 보병대가 로마 보병대의 전면을 공격하는 사이 고트 기병대가 양익으로 공격한다.

이 살육을 당하고야 말았다. 고트군이 강하게 압박하기 시작하자, 로마군 전력의 3분의 2가 그 자리에서 붕괴되었다.

발렌스 황제도 병사들과 운명을 함께했다. 전열이 붕괴하면서 발렌스 황제도 화살에 맞아 부상을 입었다. 결국 그는 전장에서 사망하고 말았는데, 그의 시신은 발견되지 않았다. 전해지는 얘기에 따르면, 호위병들이 부상당한 발렌스를 인근의 2층짜리 농가로 이송하여 방어진지를 구축했다고 한다. 고트군은 결국 이 농가를 공격했으며, 호위병들이 치열하게 저항하자 결국 농가에 불을 질러 황제와 호위병들을 타죽게 만들었다고 한다.

고트족, 중원을 차지했나?

아드리아노플 전투(Battle of Adrianople)에 투입된 로마군은 3분의 2가 전사했다고 당대 로마의 역사가이자 군인이었던 아미아누스 마르켈리누스(Ammianus Marcellinus)는 사건 연대기에 기록하고 있다. 발렌스 황제가 전사한 것은 물론이고, 트라이아누스(Traianus)와 세바스티아누스(Sebastianus)와 35명의 대대장도 포함한 고급지휘관들이 대부분 전사했다. 또한 협소한 공간에서 포위되어 섬멸당한 점과 보병대를 지켜줄 기병대가 도주했다는 점을 들어, 아미아누스는 아드리아노플 전투를 칸나이 전투와 비교할 만한 전투라고 평가하고 있다.

동부 야전군이 사실상 괴멸하자, 고트군은 다음날 아침 아드리아노플로 전진하여 공성전을 실시했다. 탈영병으로부터 발렌스 황제의 황실 휘장과 국고가 아드리아노플에 있다는 사실을 알았기 때문이다. 그러나 발렌스가 수비를 위해 남겨둔 로마 군단이 지키는 견고한 성곽을 고트군이 공략하는 것은 사실상 불가능했다. 대신 이들은 인근의 비옥한 농경지대를 황폐화시킨 후에, 콘스탄티노플을 공격하기로 했다. 그러나 역시 정예병력이 지키고 있는 성곽을 공략하는 것은 불가능한 일이었다.

●●● 발렌스를 이어 황제가 된 테오도시우스에 의해 로마 제국은 영원히 동서로 갈라졌다. 안토니 반 다이크(Anthony van Dyck)의 작품 〈테오도시우스가 밀라노 성당에 출입하는 것을 막는 암브로시우스 주교〉. 〈Public Domain〉

결국 고트군은 주요한 마을이나 도시를 점령하지 못했다. 뒤늦게 도착한 그라티아누스 황제는 원정을 포기하고 서방으로 돌아간 뒤 379년 1월 19일에 테오도시우스(Theodosius)를 동로마 황제로 임명했다. 테오도시우스가 주축이 되어 동로마 야전군은 다시 결집했으며, 고트족과의 전쟁은 4년간 지속되었다. 결국 어느 쪽도 우위를 점하지 못하고 양측은 협상에 들어갔다. 테오도시우스는 고트족에게 로마군에 복무하는 대가로 트라키아의 토지를 주었다. 결국 고트족은 성곽을 공략할 능력이 없어 지배자가 될 수는 없었지만, 자신들이 원하는 대로 트라키아에 정착할 수 있게 되었다. 고트족은 아드리아노플 전투에서 이기면서 정착에는 성공했으나 동로마 제국을 차지할 수는 없었다.

한편 이렇게 테오도시우스의 군대가 된 고트족은 그라티아누스를 살해하고 제위를 찬탈한 막시무스나 이후 서로마의 황제를 자처한 유게니우스(Eugenius) 등을 정벌하는 데 앞장서게 되었다. 결국 이렇게 로마 제국의 유일한 황제가 된 테오도시우스가 395년에 사망하자, 제국은 그의 어린 아들 2명에게 분할되어 아르카디우스(Arcadius)가 동로마를, 호노리우스(Flavius Honorius)가 이탈리아를 맡으면서 동서로 갈라졌다. 이탈리아, 이베리아 반도와 북아프리카를 지배했던 서로마 제국은 476년에 멸망했지만, 소아시아 지역을 지배했던 비잔틴 제국(동로마 제국)은 1453년까지 존속했다.

07
투르-푸아티에 전투
(732)
중세의 핵심 제도인 봉건제의 계기가 된 싸움

BATTLE OF TOURS-POITIER

"칼 마르텔의 위대한 승리로 인해 아랍의 서유럽 정복은 저지되었고,
기독교는 이슬람으로부터 구원되었으며,
고대의 유물과 현대 문명의 기원이 보존될 수 있었다."
- 에드워드 셰퍼드 크리시 경, 19C 영국의 사학자

투르-푸아티에 전투(Battle of Tours-Poitier)는 서유럽 문명의 흐름을 결정한 전투로 평가되고 있다. 무슬림 정복의 추세를 제지한 것이 바로 이 전투였으며, 이후 세계사의 흐름에 커다란 영향을 주었다고 유럽인들은 평가하고 있다. 그러나 투르-푸아티에 전투의 진정한 의미는 봉건제를 가져온 본격적인 계기가 되었다는 데 있다.

무슬림, 스페인을 장악하다

서로마 제국이 476년에 게르만 용병대장 오도아케르(Odoacer)에 의해 멸망하자, 유럽은 작은 왕국과 부족국가들로 쪼개졌다. '암흑시대'가 시작된 것이다. 그러나 이런 명칭과는 달리 실제로는 다양한 문화와 문명이 각 지역에서 번성했다. 물론 혼돈의 시대였고, 로마 권력의 후계자를 주장하는 많은 이들이 서로 치열하게 싸웠으며, 국경에서는 이민족들과 전투가 이어졌다.

700년경에 이르자, 어느 정도 규모를 갖춘 왕국들이 등장했다. 스페인은 동쪽에서 이주한 서고트족에 의해 점령되었다. 프랑스 남부는 아키텐 공작령(Duchy of Aquitaine)이었다. 로마 멸망 이후 흥망성쇠한 수많은 게르만 왕국 가운데서 당시 가장 큰 세력을 가진 것은 메로빙거 왕조(Merovingian dynasty)의 프랑크 왕국(Kingdom of the Franks)으로, 영국해협과 북해로부터 지중해에 이르기까지 현재 서유럽의 대부분을 장악했다.

다른 유럽 국가들과 마찬가지로 프랑크 왕국도 기독교 국가였다. 군대는 정예 중장보병을 중심으로 강력한 육군을 보유했는데, 정예부대의 지

●●● 우마이야 왕국은 아라비아와 북아프리카, 스페인까지 포함된 넓은 지역을 차지하고 있었다.

휘관은 신앙과 가족관계로 엮어 끈끈하게 부대를 이끌었다. 병력의 나머지는 경보병으로 구성되었다. 유럽의 전쟁에서 아직 중장기병은 주류가 아니었고, 기사들의 등장은 좀 더 이후의 일이었다.

프랑크족은 거세고 호전적이었다. 이베리아의 서고트 왕국도 그에 못지않게 전투적이고 강력했다. 하지만 서고트 왕국은 매우 곤궁하여 국내 몇몇 지역은 기근에 시달렸고, 귀족 간에 싸움이 벌어지고, 중앙집권은 무너졌다. 로데리크(Roderick) 왕의 반대파들에게는 정권을 전복할 좋은 기회였다. 로데리크의 경쟁자들은 당대의 초강대국이던 이슬람 제국 우마이야 왕조(Umayyad Caliphate)에게 원조를 요청했다. 우마이야 왕국은 아프리카 북부에서 이집트를 거쳐 아라비아 반도를 차지하고는 메소포타미아까지 펼쳐져 있었다.

711년 탄지에(Tangier: 스페인을 마주보고 있는 모로코 해안도시)의 총독인 타리크 이븐 지야드(Tariq ibn Ziyad)는 1만 명의 병력을 보냈다. 이들이 서고트족 협력자들의 도움으로 지브롤터에 상륙하자, 이베리아에 대한 무슬림 정복이 시작되었다. 전투에서 로데리크를 패배시킨 후, 무슬림 군대는 왕국의 대부분을 신속하게 점령했다. 그러나 애초의 계획과는 달리 로데리크의 반대파들이 정권을 장악하기는커녕 무슬림 정복자들이 이베리아의 지배자가 되었다.

이제는 유럽을 정복하라

정복이 끝나자 우마이야 왕조의 일원인 무사 이븐 운사이(Musa Ibn Unsay)가 타리크를 대신하여 지휘를 맡았다. 그와 함께 대규모 병력이 이베리아로 들어왔고, 무슬림들은 이베리아를 이제 '칼리프(Caliph)' 지역으로 불렀다. 무르시아(Murcia) 공국 같은 몇몇 지역은 점령당했어도 어느 정도 자치를 유지했고 종교적 자유도 누렸다. 반면, 아스투리아스(Asturias) 같은 지역은 끝까지 버티기도 했고, 우마이야 왕조에 반란을 일으킨 지역도 있었다.

스페인과 프랑스의 경계에 있는 피레네 산맥 지역은 이러한 저항의 근거지 가운데 하나였다. 무슬림은 원정대를 보내어 저항군을 지원하고 있다고 의심되는 작은 왕국들을 침공했다. 무슬림들이 본격적으로 산맥을 넘어 유럽으로 침입해오자 우려의 목소리가 들리기 시작했다. 720년에 이르자, 무슬림들은 프랑스 남부에 아주 작게나마 발판을 마련하고 정복지를 확장하고자 했다. 심지어는 론 계곡(Rhone Valley)까지 기습공격

●●● 730년~732년 파리 외곽까지 침입한 무슬림 군대. 율리우스 슈노르 폰 카롤스펠트(Julius Schnorr von Carolsfeld)의 작품. ⟨Public Domain⟩

을 감행하기도 했다.

내부의 갈등과 이베리아의 반란으로 무슬림이 유럽을 공략하기까지는 다시 수년이 걸렸다. 그리고 730년이 되자 스페인 총독인 압둘 라흐만 알 가피키(Abdul Rahman Al Ghafiqi)가 이끄는 원정대가 북부의 위협을 제거하기 위해 아키텐을 침공했다. 아키텐 병사들을 보르도(Bordeaux)에서 무찌른 라흐만의 군대는 아키텐 공작령을 헤집고 다니며 거점지를 파괴하고 국가를 무너뜨렸다.

이웃의 프랑크 왕국에는 다양한 직함을 가진 왕자들이 있었는데, 그중에 가장 뛰어난 것이 프랑크 왕국을 실질적으로 지배하고 있던 칼(Karl)이었다. 이후 이어지는 전투에서 그는 '마르텔(Martell)'이라는 칭호를 얻게 되는데, 이는 망치를 뜻한다. 지금은 벨기에로 불리는 아우스트라시아(Austrasia) 왕국의 헤르스탈(Herstal)에서 궁재(왕국의 수상)인 피핀 2세(Pepin II)의 아들로 태어난 칼 마르텔은 왕위계승 쟁탈전을 막으려는 자들에 의해 투옥되기도 했었다. 그러나 그는 감옥을 도망쳐 나왔고, 이후 발생한 내전을 통해 군수지원의 소중함을 깨닫게 되었다.

시작은 불안했으나, 칼은 지금의 기준에서도 놀랄 만큼 현대적인 지휘관으로 성장했다. 전투를 이길 능력이 있는 병력을 데리고 전투에 임한다는 것이 그의 전략 중 일부였다. 그는 또한 기습의 중요성을 이해했고, 필요한 경우에는 관습을 무시할 줄도 알았다. 또한 다양한 전투를 통해 다양한 전술을 체험했다. 이러한 군사적 천재성으로 인해 칼 마르텔은 통일된 왕국을 만들고 지배했으나, 자신이 왕이 되려고 하지는 않았다. 732년에 이르자 칼은 유럽 최고의 권력자가 되었다. 또한 교황은 그를 기독교의 정복자라며 반기기도 했다.

사실 칼만큼 침략자와 외래 종교를 물리치고 기독교도인 프랑크족을 지켜낼 적임자는 없었다. 사실 그는 수년 전부터 그런 준비를 해왔다. 720년부터 732년까지 그는 다양한 전투를 치르면서 전략적 기반을 쌓았다. 특히 남동부에서 시작된 무슬림의 위협을 엄중하게 바라보며 이를 격파하기 위한 군대를 양성하기 시작했다. 이런 태도는 그다웠다. 그는 결코 적과 싸우기 위해 서두르지 않았다. 대신 전투에 나서기 전에 적을 어떻게 격파할지 철저히 준비했다.

무슬림 침입자에 대한 칼의 핵심 전략은 정예 중장보병을 양성하여 연간 내내 훈련을 통해 전문성을 키우는 것이었다. 이는 당시의 관례와는 전혀 다른 것이었다. 일반적인 관례에 따르면, 전투가 없는 때에는 소수의 경호병력만을 남겨놓고 전투를 위해 양성한 병사들은 집으로 돌려 보내 농사를 짓게 했다.

  칼은 정예병사에게 아낌없이 장비를 지급했고, 훌륭한 갑옷을 제공하여 자신감을 높였다. 병사들을 잘 훈련시키고, 전투에서 경험을 쌓게 함으로써 자신감과 안정감을 높여주었다. 당시에 유럽에서는 기병이 전투에서 잘 활용되지 않았기 때문에 기마병력은 소수에 불과했고 등자도 부족했다. 게다가 프랑크의 기마병력은 뛰어난 무슬림 기병의 적수가 될 수 없었다. 그들은 기동예비대로 활용되거나 전투 시에는 말에서 내려 싸웠기 때문에 진정한 기병이라고 할 수 없었다.

전투의 개시

무슬림 군대는 사기가 하늘을 찔렀다. 여태까지 자기들의 진격로를 막아서는 유럽의 모든 병력을 손쉽게 격파했고, 유럽의 '야만인'들을 전사나 혹은 군대로 취급조차 안 했다. 비록 직전의 원정에서 툴루즈(Toulouse) 성벽에서 패배하기는 했지만, 무슬림군은 유럽에서 의미 있는 저항이 있을 것이라고 생각하지 않았다.

  721년 툴루즈 전투(Battle of Toulouse)를 승리로 이끌었던 아키텐의 에우도(Eudo) 공작은 가론(Garonne) 강에서 무슬림군과 대치하면서 침공을 막고자 했다. 그러나 이번 전투는 유럽에 불리했다. 베르베르족과 아랍의 기병대들이 에우도의 군대를 산개시키면서 추적하여 격파시켰다. 가론 전투에서 에우도의 군대는 엄청난 사상자를 기록하면서 패배했고, 더 이상 전투에 영향을 미칠 수 없는 전력으로 전락했다. 무슬림군은 전진을 계속했다.

그러나 가론 전투에서와 같은 승리들이 거듭되자, 무슬림들의 확신은 점점 도를 넘어섰다. 그들은 정찰을 게을리 하고, 승리를 노력하여 쟁취하려고 하는 대신 당연한 것으로 받아들였다. 그 덕분에 칼은 자기에게 유리한 지형을 택할 수 있었고, 프랑크군의 규모와 실력을 모르는 적에게 기습의 효과를 안겨줄 수 있을 터였다. 칼은 무슬림들이 투르(Tour)로 향하고 있다는 것을 파악하고 병력을 보내 기습하도록 했다. 로마 도로망을 이용하면 아주 쉽게 접근할 수 있었지만, 적이 기동로를 감시할 것을 우려하여 다른 길을 택했다. 전투가 벌어진 정확한 위치는 역사에 기록되어 있지 않지만, 대략 푸아티에(Poitiers)와 투르 사이의 지역이었던 것으로 보인다.

진군하던 무슬림군은 프랑크군이 차단선을 구축한 것을 보고 놀라 당황했다. 정찰대로부터 아무런 보고도 받지 못했는데, 프랑크군이 갑자기 진로를 가로막고 선 것이었다. 무슬림군의 지휘관인 압둘 라흐만은 공격하기를 주저했고, 갑자기 나타난 적이 어떠한 존재인지 알고자 했다. 무슬림군은 무려 6일이나 진군을 멈추고 적정을 파악하기 위해 정찰대와 분견대를 보내어 관찰하고자 했지만, 이는 오히려 프랑크군에게 도움이 되었다. 무슬림군은 자신들의 고국보다 훨씬 추운 기후에서 활동해야 한 반면, 프랑크군은 이곳이 홈그라운드였던 것이다. 라흐만 장군은 장기간 버틸 여력이 없어 공격할 수밖에 없었고, 프랑크군은 만반의 준비를 한 채 방어에 유리한 지형을 선점하고 계속 지키고 있었다. 라흐만은 공격하든지 되돌아가든지 양자 간에 결정해야만 했다.

무슬림 돌격하다

라흐만의 휘하에는 약 4만~6만 명의 기병대가 있었다. 여태까지 이들은 마주치는 상대마다 돌격하여 격파했다. 이전에 격파했던 적들도 지금 눈앞에서 방어진을 펼친 프랑크군 보병과 다를 바 없었다. 고지에 단단한 방어선을 구축한 적에게 돌격하는 무모함을 라흐만이 우려했을 법도 했지만, 자신의 기병대에 대한 신뢰가 더 컸다. 혹은 여기까지 와서 되돌아간다는 것을 스스로 용납하지 못했을지도 모른다.

이후에 벌어진 전투에서는 군기가 잘 잡히고 자신감에 찬 군대가 얼마나 중요한지 다시금 입증되었다. 상식에 의하면, 보병은 기병을 이길 수 없다. 그러나 칼의 프랑크군은 이런 상식이 사실이 아님을 입증했다. 프랑크군은 엄청 커다란 팔랑크스(Phalanx: 고대 그리스에서 만들어진 중장보병의 밀집전투대형)와 유사한 방진을 구축하고 중앙에 예비대를 배치했다. 보병 방진의 능력은 투르에서 명확하게 입증되었다.

무슬림군 지휘관인 라흐만의 기병대에 대한 신뢰는 절대적이었다. 그의 명령에 따라 기병대는 칼의 방진에 수차례 돌격을 감행했다. 기병대는 무거운 갑옷과 높은 경사각을 극복하며 올라갔지만, 평탄하지 못한 지형과 나무들 탓에 대형은 무너졌다. 이들의 공격은 계속해서 좌절되었다.

하지만 몇 차례 무슬림 기병들이 방진 안으로 뚫고 들어갔다. 만약 그 안에 교두보를 마련할 수만 있다면, 싸움은 무슬림 측의 승리가 될 터였다. 방진 내부와 외부에서 동시에 공격하게 되면, 프랑크군은 응집력을 잃고 산개해 쫓기게 될 것이었다. 그러나 방진 내부의 예비대는 그런 일말의 여지도 주지 않았다. 보통 상황이라면 중장기병을 상대로 보병대가 싸우는 것은 상상하기도 어려운 일일 것이다. 그러나 프랑크군 보병이 자신감을 가지고 무슬림 기병대를 공략해 방진 밖으로 몰아내면서 승리의 여신은 프랑크군에게 미소를 지어 보였다.

방진에 대한 공략은 사방에서 계속되었다. 프랑크군은 매번 잘 버텨냈지만, 시간이 지나면서 얼마나 버틸 수 있을지는 의문이었다. 그러나 그러한 우려를 하기도 전에 무슬림군의 압박은 잦아들기 시작했다. 무슬림 병사들은 자신들의 숙영지로 후퇴했다. 방진은 비록 잇단 공격에 시달리기는 했지만 아직은 굳건한 상태였다.

라흐만 전사하다

이렇게 전투가 한창인 사이 칼의 정찰대는 무슬림군 숙영지로 침투했다. 적의 성의 없는 정찰활동과 지나친 자신감을 충분히 이용한 덕분이었다. 침투한 정찰대는 포로들을 석방하고 숙영지를 난장판으로 만들었다. 후방이 혼란에 빠진 데다가 프랑크족에게서 힘들게 빼앗은 노획물을 빼앗길까 우려하여 라흐만은 기병대 병력을 숙영지로 복귀시켰다. 그러나 기병대 복귀는 커다란 혼란을 가져왔고 프랑크군 방진에 대한 공격에 방해가 되었다. 무엇보다 기병대가 물러나는 것이 무슬림 보병의 입장에서는 패배하여 후퇴하는 것처럼 보였던 것이다.

라흐만은 이러한 후방의 혼란을 막기 위해 백방으로 노력했다. 이 과정에서 라흐만의 경호 대열이 흐트러졌다. 바로 이때를 노린 프랑크군 병사들이 라흐만을 향해 기습을 가했다. 라흐만은 그 자리에서 절명했다. 갑작스런 지휘관의 죽음에 무슬림 병사들은 절망했고, 곧 혼란에 빠졌다. 이 틈을 노려 프랑크군은 진영을 재정렬하고 방어진을 재구축했다.

무슬림군은 라흐만을 승계하여 지휘할 후임자가 명확하지 않아서 지휘권을 놓고 또다시 혼란에 빠졌다. 부대는 이베리아를 향해 후퇴하기 시작했다. 처음에 프랑크군은 적의 후퇴 사실을 몰랐다. 사실 무슬림군은 여전히 프랑크군을 패배시킬 만큼 강했지만, 의지가 꺾였을 뿐만 아니라 주요 지휘관들이 총사령관을 누구로 할지 합의하지 못해 되돌아가는 길을 선택했다. 이미 상당한 노획물자를 확보했으니 그것만으로도 충분했다. 괜스레 더 싸워봐야 얻어갈 것도 없었다. 무슬림군 지휘관들은 그런 식으로 자기합리화를 했을지 모른다. 사실 라흐만의 원정은 프랑스를 정복하고 피레네 북쪽까지 이슬람권으로 만들겠다는 대전략에 기반을 둔 것이 아니었기 때문이다.

한편 뒤에 남겨진 이들의 운명은 처참했다. 상처를 입고 죽어가는 말 수천 마리가 뒹굴었고, 무기를 빼앗긴 채 죽거나 부상을 입은 무슬림 병사들도 부지기수였다. 부상자들은 대부분 그 전에 푸아티에에서 살인과 약탈을 저질렀다는 이유로 포로로 잡히지 못하고 처형당했다.

칼이 전투에서 승리한 이유는 우선 원정군(공격자)이 아니라 수비군(방어자)의 입장이었기 때문이다. 사실 프랑크군이나 무슬림군이나 병력 규모는 비슷했는데, 이 경우에는 방어자가 압도적으로 유리했다. 또한 양쪽 모두 로마식 쇠미늘갑옷을 입고 강철로 된 칼을 사용했으나, 프랑크군의 갑옷과 무기가 더 강력했다. 또한 칼은 익숙한 지형의 이점을 최대한 살려 유리한 위치를 선점하고 보병을 밀집 배치하여, 기마병이 주력이 적이 측면으로 우회하거나 포위하는 전술을 구사할 수 없도록 했다. 무엇보다도 프랑크군은 밀집대형을 유지하기 위해서 전투가 끝나도 적 기동을 추적하는 대신 대형을 유지할 정도로 강한 기강이 세워져 있었다.

●●● 732년 투르-푸아티에 전투에서 칼 마르텔(왼쪽 말을 탄 인물)이 압둘 라흐만(오른쪽)을 상대하고 있다. 베르사유 궁전에 있는 샤를 드 스토이벤(Charles de Steuben)의 작품으로, 당시 중장보병의 근접 전투가 잘 묘사되어 있다. 〈Public Domain〉

봉건제와 중세의 기반이 된 전투

투르-푸아티에 전투는 유럽이 아랍 제국에 정복되지 않고 무슬림 국가가 되지 않은 중요한 원인이라고 알려져 있다. 이것은 과장된 말이다. 무슬림의 이베리아 점령은 이후에도 수세기 동안 계속되었으며, 이에 따라 남서부 유럽에서는 무슬림과 기독교 부대들 간에 충돌이 계속되었다. 그래서 이 전투로 무슬림의 침공을 막아냈다는 평가는 맞지 않다. 나스로 왕조가 1492년 유럽에서 축출되고 난 후에야 서유럽에서 이슬람이 사라졌다.

그러나 칼이 마르텔(망치)이라는 별명을 갖게 된 것만큼은 전혀 과장이 아니었다. 칼의 혜안으로 무슬림의 확장이 효과적으로 제압되었다. 투르는 유럽의 무슬림 침입에 중요한 기점이 되었다. 물론 무슬림은 이후에도 피레네 산맥을 넘어 침공해왔고, 칼 마르텔은 여생을 그 공격을 막으면서 보냈다. 이후 칼의 아들인 피핀이 메로빙거 왕조의 허울뿐인 왕을 폐위하고 자신이 프랑크 왕국의 왕이 되었으며, 그리하여 카롤링거 왕조의 시대가 열렸다.

사실 중세에서 봉건제도가 시작된 것도 바로 무슬림 공세 때문이었다. 중장보병을 자랑했지만 결국 무슬림의 우수한 기병대를 목격한 칼은 큰 충격을 받았다. 미래에 무슬림이 또다시 침공해온다면 기병대 없이는 승리를 보장할 수 없을 터였다. 그러나 문제는 당시 기병 하나를 무장시키기 위해 필요한 갑옷이나 무기 등이 너무도 비싸서 아무리 왕이라도 혼자서 그 비용을 감당할 수 없었다. 그래서 칼은 교회로부터 땅을 빼앗아 신하들에게 나눠주고 거기서 거둬들인 비용으로 기병대를 양성하도록 했다.

●●● 베르사유 궁전에 있는 칼 마르텔의 동상. 칼 마르텔은 교회로부터 땅을 빼앗아 신하들에게 나눠주고 거기서 거둬들인 비용으로 기병대를 양성하도록 함에 따라 군사제도인 기사제와 경제체제인 봉건제가 시작되었다. 〈Public Domain〉

결국 국방비용을 왕 혼자 부담하는 게 아니라 신하들과 나누겠다는 시도였다. 그리하여 기병이 본격적으로 양성되었으나, 왕이 나눠준 땅도 신하가 죽으면 그 자손들에게 상속되었다. 이렇게 군사제도인 기사(knight)제와 경제체제인 봉건제가 자리를 잡아가면서 중세가 형성되었다. 이처럼 투르-푸아티에 전투는 중세를 만드는 계기가 되었다.

08
헤이스팅스 전투
(1066)

합동 전력으로 영국을 점령하다

BATTLE OF HASTINGS

"나는 이유 따윈 상관없이 거주민들을 박해해왔다.
귀족이든 평민이든 나는 그들을 잔혹하게 제압해왔다.
특히 요크 지방에서는 많은 군중이
기근이나 나의 칼로 인해 사라져갔다."

- 정복자 윌리엄

노르만족과 색슨족은 원래 덴마크인을 조상으로 하는 같은 핏줄이다. 덴마크인은 5세기부터 11세기까지 영국을 침략하고 그곳에 정착했는데, 이들 중 한 무리가 프랑스로 흘러 들어와 정착한 것이 바로 노르만족이었다. 노르만족 기마전사들은 앵글로-색슨의 방벽 진영에 맞서 중세 초기의 역사상 가장 길면서도 치열한 전투를 벌였다. 정복자 윌리엄(William the Conqueror)이 승리함에 따라 영국의 역사는 바뀌었고, 또한 유럽의 전장에서 본격적인 기사 전성시대를 여는 계기가 되었다.

몇몇 역사의 기록에 따르면, 영국의 해럴드(Harold II) 왕은 약속을 깨는 것으로 유명했고, 정복자 윌리엄은 불한당 같은 사람이라고 한다. 어쨌거나 이 둘은 능력 있고 거칠 것 없는 지도자들로, 각기 장단점을 가지고 있었다. 윌리엄은 본디 노르망디 공작의 서자(庶子)였는데, 공작 작위를 지키기 위해 1035년부터 치열하게 싸웠다. 그 결과, 윌리엄은 노르망디 공국을 프랑스와 북서유럽 지역에서 가장 영향력 있는 지역으로 만들었고, 브르타뉴(Bretagne)나 메인과 같은 지역은 속국이 되어버렸다. 그의 영향력은 파리(Paris)까지 닿아 젊은 필리프(Philip I) 왕을 좌지우지했으며, 보두앵 5세(Baldwin V) 백작의 딸 마틸다(Matilda)와 혼인함으로써 플랑드르(Flanders)와의 동맹을 유지했다.

윌리엄이 영국의 왕위를 요구한 데는 어떠한 법적 근거도 없었다. 윌리엄은 정적인 해럴드 고드윈슨(Harold Godwinson)으로부터 참회왕 에드워드(Edward the Confessor)의 후계자로 자신을 인정한다는 서약까지 받아냈다. 그러나 해럴드는 협박과 위협으로 자신에게 강요된 억지스러운 서약을 지킬 생각이 없었다. 고드윈슨 가문이 죽도록 싫었던 에드워드 왕은 윌리엄을 포함한 다양한 사람들에게 자신의 후계자를 제안해놓았

●●● 참회왕 에드워드의 뒤를 이어 해럴드 고드윈슨이 잉글랜드의 왕위를 계승했지만, 이를 두고 주변에서 논란이 일었다. 참회왕 에드워드는 1161년에 교황 알렉산데르 3세 (Pope Alexander III)로부터 성인으로 추대되어 웨스트민스터, 고아, 방랑자들의 주보성인이 되었다. 〈Public Domain〉

던 것이다.

그러나 에드워드 왕은 결국 후계자를 지정하지 못했고, 처남인 해럴드 가 가장 정당한 후계자였다. 그리고 1066년 1월 5일, 에드워드가 죽자 해 럴드는 웨스트민스터 사원에서 왕위를 물려받았다. 물론 해럴드도 알고 있었다. 야심가인 윌리엄이 '서약'을 '위반'했다는 것을 이유로 침공할 것 이란 점을 말이다. 5월까지도 침공은 없었다.

의외의 침략자를 토벌하다

윌리엄은 여름이 되자 침공 준비를 시작하여 500척의 배를 모아 6,000여 명의 병력으로 영불해협을 건널 준비를 했다. 이에 대응하여 해럴드는 4,000여 명의 왕실근위대 '후스칼(húskarl)과 색슨족 민병대 징집병(fyrd)들을 동원했다. 징집병은 충분한 시간과 자원과 돈을 들일 경우에는 이론상 최대 1만 5,000~2만 명까지 모을 수 있었으나, 1066년 여름에 모을 수 있었던 인원은 4,000명을 넘지 못했다. 해럴드는 8,000여 명의 병력을 남부 해안에 배치하고 노르만족의 침공에 대비했다. 그러나 징집병의 징집해제는 9월 8일로 예정했는데, 이때까지는 돌려보내야 추수를 할 수 있기 때문이었다.

그러나 갑작스러운 변수가 생겼다. 영국의 국왕 선정 문제를 놓고 처음으로 개입한 것은 윌리엄이 아니라 노르웨이의 왕 하랄드 하드라다(Harald Hardrada: 하랄 3세로 불리기도 함)였다. 하드라다는 왕위계승에 불만을 갖고 있던 해럴드의 동생 토스티그(Tostig) 백작과 함께 함선 300여 척과 9,000여 명의 병력을 이끌고 영국 북부에 상륙했다. 소식을 들은 해럴드가 우선 머시아(Mercia)의 에드윈(Edwin) 백작과 노섬브리아(Northumbria)의 모카(Morca) 백작에게 방어를 명하자, 에드윈 백작 형제는 병력을 데리고 출동했다. 9월 20일 요크(York) 지방의 마을인 펄퍼드(Fulford)에서 앵글로-색슨의 방어군과 노르웨이의 바이킹 군대가 마주쳤다. 색슨군은 초반에는 바이킹군을 우익에서 밀어내는 등 분전했다. 그러나 사기가 충천한 바이킹군에게 색슨군은 크게 패배했다.

한편 해럴드는 황급히 징집병들을 재동원하고, 집결한 병사들을 이끌고 300킬로미터의 로마 가도를 따라 4일간 행군하여 요크에 도달했다.

●●● 해럴드의 왕위계승을 문제 삼아 노르웨이의 왕 하랄드 하드라다가 영국을 침략했다. 그러나 하랄드는 스탬퍼드 브리지 전투에서 전사하면서 파란만장한 인생을 마감한다. 페터 니콜라이 아르보(Peter Nicolai Arbo)의 1870년 작품. 〈Public Domain〉

하룻밤을 쉰 해럴드의 군대는 다음날인 9월 25일 바이킹 군대를 찾아 공격을 개시했다. 한편 비교적 손쉽게 적군을 격파하고 의기양양하던 하드라다는 해럴드의 증원군을 전혀 예측하지 못했다. 이들이 마주친 것은 스탬퍼드 브릿지(Stamford Bridge)였다.

초기에 바이킹군은 다리를 점령한 후에 뒤의 평원에다 진을 치고 대기했다. 응원부대를 부르기 위해서 시간을 벌어야만 했기 때문이다. 한동안 다리를 건너지 못하고 우왕좌왕하던 색슨군은 결국 배를 이용하여 다리를 공략하면서 공격의 물꼬를 텄다. 이후의 교전은 일방적인 학살이 전개되었다. 절대적으로 수적 우위에 있던 1만 5,000여 명의 색슨군은 바이킹 침략자들을 용서하지 않았다. 물론 배신자 토스티그는 물론이고 하드라다도 전사했으며, 하드라다의 아들들은 다시는 영국을 침략하지 않겠다는 서약을 한 후에야 노르웨이로 석방되었다.

정복자 윌리엄의 영국 상륙

한편 프랑스에서 윌리엄은 노르망디에서 때를 기다리면서 병력을 모았다. 귀족들은 지원의 대가로 영국에서 정치적 지위를 약속받았고, 일반병사들은 보상금과 전리품에 더하여 토지까지 받는 조건으로 원정에 참여했다. 교황이 이 원정에 축복을 내렸기에 개중에는 성전(聖戰) 수행의 목적으로 참여한 자들도 있었다.

윌리엄은 9월 12일 솜(Somme) 강변의 생발레리(St. Valery)까지 이동했다. 여기서 하루면 해협을 건너 영국으로 갈 수 있었다. 그러나 문제는 변덕스러운 바람이었다. 병력이 진작에 모였으나 북풍 때문에 무려 8주

동안이나 배를 띄울 수 없었기 때문이다. 9월 27일이 되어서야 남풍이 불어주기 시작했고, 이에 따라 윌리엄의 함대는 북쪽으로 이동할 수 있었다. 침략군은 다음날 아침 페븐시 만(Pevency Bay)에 상륙하여 병력과 물자를 정비하면서 본격적인 침공 준비를 시작했다.

윌리엄의 상륙 소식이 해럴드에게 전해진 것은 10월 1일이었다. 이때 해럴드는 스탬퍼드 브리지 전투(Battle of Stamford Bridge)의 승리를 자축하며 여전히 요크 지방에 머물러 있었다. 해럴드는 런던으로 향하면서 가능한 한 많은 징집병과 기존 병력을 규합해나갔다. 그리하여 10월 11일 런던에서 다시 나갈 때는 7,000여 명의 병력을 거느리게 되었다. 색슨군은 이동할 때는 말을 이용했지만 전투할 때는 말을 타지 않았다. 기마전술을 활용할 줄 몰랐던 것이다. 무장은 칼과 창에 둥근 방패를 썼으며, 일부는 무지막지한 바이킹 도끼를 들기도 했다.

헤이스팅스 지역에 다다른 해럴드는 10월 13일 늦은 오후에 센락(Senlac) 언덕을 전투 장소로 정했다[최근에는 캘드백(Caldback) 언덕이 전투 장소라는 학설이 유력하다]. 이전에 웨일스 반란 전쟁 때 진압을 하면서 헤이스팅스 지역에서 전투를 한 바 있었기 때문이었다. 센락은 경사가 심하지 않은 언덕으로, 남쪽은 개천이 흐르는 습지이고 동쪽과 서쪽은 잡목이 가득 찬 협곡으로 막혀 있었으며 북쪽은 더욱 가파른 언덕으로 인해 적군이 뒤로 돌아 기습해올 가능성은 없었다.

윌리엄은 재빨리 해럴드가 이끄는 색슨군의 도착과 배치를 보고받았다. 색슨군은 오후 늦게 도착했기 때문에 이후에는 휴식을 취하다가 아침 일찍 공격을 가할 것이 분명했다. 윌리엄은 자신의 노르만군을 5시에 기상시킨 후에 6시까지 색슨군을 맞이할 준비를 마쳤다. 전투에 앞서 윌

GVLIELMAS . CONQISTE

리엄은 군사들에게 이렇게 말했다.

"우리는 승리만을 위해서가 아니라 생존을 위해서도 싸워야 한다."

다소 감성적으로 들릴지 모르지만, 이는 냉정한 현실이었다. 적지인 영국 땅에서 색슨군에게 패배한다면 이들은 노르망디까지 살아서 돌아갈 수 없을 터였다.

전열을 가다듬다

윌리엄의 군대는 크게 3개로 나뉘어 이동했다. 브르타뉴 부대가 첨병으로 제일 앞에 나섰고, 그 뒤를 플랑드르 부대가 따랐다. 윌리엄은 노르만 부대를 이끌며 뒤따라갔다. 윌리엄은 집결지를 블랙호스 언덕으로 정했고, 07시 30분에 브르타뉴 부대가 이곳에 도착했다. 이곳에서 윌리엄은 병사들로 하여금 물자를 내려놓게 한 후에 말 뒤에 묶어놓았던 사슬갑옷을 입도록 했다. 이렇게 준비를 마친 노르만군은 색슨군을 바라보며 북쪽으로 이동했다.

윌리엄은 조망하기 좋은 곳에 자신의 표범 문장을 휘날리며 자리를 잡고 부대들의 이동을 지시했다. 브르타뉴의 알랑 백작이 이끄는 브르타뉴 부대가 왼편을 맡아 개천을 따라 색슨군 우익을 바라보면서 위치를 잡았다. 불로뉴(Boulogne)의 외스타슈(Eustace) 백작이 이끄는 플랑드

●●● (왼쪽 그림) 왕위계승을 두고 서약까지 받아두었던 윌리엄은 해럴드가 왕이 되자 당장 원정대를 조직했다. 서자 출신으로 노르망디 공작으로 파란만장한 인생을 살아온 윌리엄에게 거칠 것은 아무것도 없었다. 〈Public Domain〉

르 용병대는 우익이 되어 센락 언덕을 향해 색슨군 좌익과 대치했다. 윌리엄의 노르만 부대는 앙주(Anjou)와 메인(Maine)에서 보낸 예비대와 함께 중앙에 자리 잡았다. 궁수와 석궁수들이 맨 앞에 위치했고, 그 뒤에는 중장보병이 위치했으며, 맨 뒤에는 기마병들이 대기했다.

해럴드의 입장에서는 시간이 안타까웠다. 그는 노르만군이 이미 오전 8시부터 움직이고 있다는 것을 보고 받았다. 비가 내리고 땅이 젖어서 노르만군의 이동이 몇 시간 동안 지연된다면 센락 언덕에 충분한 방어 진영을 구축할 수 있을 터였다. 그러나 날씨는 나빠지지 않았고 땅은 굳어 있었다. 색슨군은 우선 개천에서 도로까지 약 500미터가 넘는 거리에 방패를 든 병사들을 일렬로 세워 방패의 벽을 만들었다. 색슨군의 방진은 약 10열의 깊이로 앞뒤로 약 2보씩 떨어져 있었다. 즉, 6,000여 명의 병력이 배치된 것이었다.

노르만군은 가장 강력한 부대가 중앙에 배치되어 있었다. 색슨군도 이에 대응하여 가장 노련한 후스칼을 가운데 배치했다. 한편 징집병 가운데는 경보병이나 중장보병을 좌우익에 배치했다. 또한 이들 앞에는 방어를 위해 날카롭게 끝을 세운 목책을 세워놓았다. 색슨군의 방진은 만일 방패의 벽 중 일부가 무너지면 그 배후의 열에서 다시 방패를 든 자가 나와 벽을 유지하는 형태로 운용될 터였다. 그러나 이들 병력은 바로 며칠 전에 바이킹과의 전투를 치른 상태라 이미 피로에 지칠 대로 지쳐 있었다.

전투 개시

1066년 10월 14일 오전 9시, 비 없이 맑은 날 전투는 시작되었다. 양쪽은 모두 사기가 충천해 있었다. 색슨군은 이미 스탬퍼드 브리지에서의 승리로 사기가 높았고 새로운 침략자를 수장시켜버리겠다는 결의에 차 있었다. 노르만군은 정복자로서 차지할 지위와 노획물을 떠올리며 역시 사기를 높였다. 44세의 해럴드나 38세의 윌리엄이나 모두 커다란 전쟁을 수행하여 전공을 세운 우수한 지휘관들이었다.

선공에 나선 것은 노르만군으로, 기병대가 돌진해 들어갔다. 이들은 진군 나팔소리에 맞추어 100미터가 넘는 거리를 돌진해 올라갔다. 전방의 궁수들이 화살을 쏘아 올렸지만, 그다지 효과는 없었다. 활시위를 가슴 부분 정도밖에 당길 수 없었고 석궁도 권양기(windlass) 없이 맨손으로 장전했기 때문에, 색슨군의 방패를 관통할 수 없었다. 색슨군은 투창, 장창, 도끼를 들고 돌진해오는 노르만군을 상대해야 했다.

경사가 가장 완만한 좌익에 있던 브르타뉴 부대가 제일 먼저 적진에 도착했다. 그러나 노르만군 가운데 가장 경험이 적고 약한 병력이었던 이들은 색슨군의 강렬한 저항에 밀려 후퇴했다. 공격이 돈좌되고 궁수의 공격도 효력이 없자, 경험이 일천한 브르타뉴 부대는 10시에서 10시반 사이에 후퇴하고야 말았다. 그러나 브르타뉴 부대만큼이나 경험이 적은 징집병으로 구성된 색슨족의 우익은 결정적인 실수를 저질렀다. 이들은 방진을 보호하는 대신에 후퇴하는 브르타뉴 부대를 쫓아가기 시작한 것이다.

이를 지켜보던 윌리엄은 기병대 병력을 모아 후퇴하던 브르타뉴 부대의 구원에 나섰다. 말을 탄 기사들이 장창을 앞세우고 돌진해 들어오자

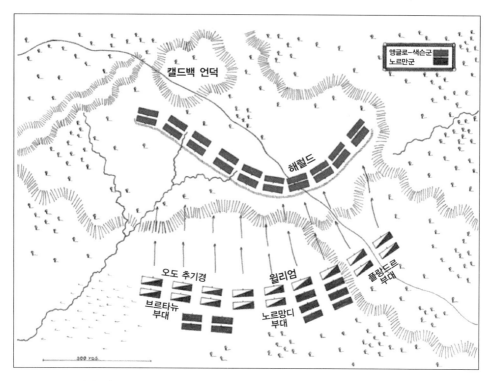

앵글로-색슨군
노르만군

캘드백 언덕

해럴드

오도 추기경

윌리엄

플랑드르 부대

브르타뉴 부대

노르망디 부대

300 YDS

●●● 헤이스팅스 전투의 배치 상황

색슨군 징집병들은 당황했다. 개활지에 선 경보병은 기병대에게는 손쉬운 상대였다. 우익의 추적대는 마지막 한 명까지 모두 학살당하고 말았다. 이것이 브르타뉴 부대의 유인술인지 혹은 실수인지는 명확하지 않지만, 이후에도 노르만군은 색슨군을 유인하여 공격하는 전술을 몇 차례고 반복했다.

두 번째 돌격

윌리엄은 시의적절한 판단으로 좌익의 궤멸을 막을 수 있었지만, 브르타뉴 부대의 사기는 매우 낮았다. 그는 공격을 30분간 중지하고 전열을 가다듬었다. 이번에는 기병의 돌진 속도를 늦추고 궁수의 지원사격과 보병의 이동에 맞추도록 했다. 윌리엄이 직접 이끄는 두 번째 공격은 11시에 시작되었다. 이전의 공격으로 지면은 더욱 미끄러웠고, 거기에다 병사와 말의 사체가 나뒹굴어 돌진 속도는 더욱 늦어졌다.

색슨군의 방진에 대한 공격은 2시간 동안이나 지속되었다. 지속적인 공격으로 방진에 작은 틈들이 생겨났지만, 해럴드와 그의 두 동생 리오핀(Leofwin, 켄트 공작)과 거스(Gyrth, 앵글리아 공작)는 차분히 병사들을 독려하면서 방진을 지켜냈다. 해럴드는 직접 방진 대열의 가운데를 지키면서 병사들을 독려했다. 결국 오후 1시경에 이르자 우익의 플랑드르 부대가 공격을 멈추고 물러나기 시작했다. 지휘관인 외스타슈 백작이 직접 병사들에게 전투로 복귀할 것을 명령했지만 소용없었다.

윌리엄은 전투 도중에 자신의 스페인산 군마를 잃고 도보로 싸워야만 했다. 그런데 이것을 두고 윌리엄이 죽었다는 소문이 병사들 사이에 돌기 시작했다. 그러자 윌리엄은 다시 말 한 마리에 올라서는 자신의 모습을 병사들에게 드러냈다. 그는 병사들이 자신을 알아볼 수 있도록 헬멧을 벗어버린 후에 외쳤다.

"날 보거라! 난 멀쩡히 살아 있다! 신의 은총으로 나는 승자가 될 것이다!"

사실 노르만군은 전투에서 유리한 상황은 아니었다. 만약 색슨군이 계속해서 방진을 유지하고 언덕을 방어할 경우, 윌리엄은 헤이스팅스로

●●● 오후가 되어서도 전투는 판가름 나지 않았다. 결국 윌리엄은 세 번째이자 마지막 공격에 모든 병력을 집중하여 방진을 격파했다. 궁병, 보병, 기병의 합동전술이 이룬 승리였다. 프랑스 화가이자 삽화가인 필립 제임스 드 루테르부르(Philip James de Loutherbourg)의 1804년 작품으로 데이비드 흄의 영국사(Hume's History of England, 1804)에 게재된 삽화이다. 〈Public Domain〉

후퇴한 후에 해협을 건너 노르망디로 돌아가야만 했다. 2시가 되자 윌리엄은 병력을 다시 불러들였다. 병사들을 재집결시킨 후 약간의 휴식과 함께 점심식사를 하도록 했다. 물론 해럴드도 잠깐의 휴식시간을 활용하여 이전보다 얇아진 방진을 재정비했다. 병력의 감소는 있었지만 언덕 아래에서 공격하는 노르만군보다 언덕 위에서 지키는 색슨군이 상대적으로 여유가 있었다. 그러나 방진의 중심에 있던 중무장의 정예병사인 후스칼은 줄어들고 그 자리를 경무장의 농민 징집병들이 대신하게 되었다.

마지막 돌진

병력의 4분의 1을 잃고 5시간 동안 연속된 싸움에도 색슨군은 여전히 방진을 유지했다. 치열한 전투에서 이미 많은 군마를 잃었기 때문에, 노르만 기마병 가운데 도보로 싸우는 이도 많았다. 밤이 되면 전투를 하기 어려운 데다가 색슨 함대가 도착할 수도 있었기 때문에 윌리엄은 이제 최후의 결단을 내려야만 했다. 그는 전군의 병력을 한데 모아서 단일대형으로 공격에 나서기로 결심했다.

노르만군의 세 번째 돌격은 3시에 시작되었다. 이번에는 전군이 전진하는 가운데 궁수가 후방에서 지원사격을 했다. 전진 속도는 매우 느렸다. 윌리엄은 궁수에게 최대한 높이 사격하여 색슨군의 전면이 아니라 상면을 맞히도록 지시했다. 보병과 말을 잃은 기사, 그리고 여전히 말에 탄 기사들은 방진을 향해 최후의 일격을 가했다. 그리고 집중 공격이 가해지자 드디어 색슨군의 방진에 구멍이 뚫렸다.

●●● 헤이스팅스 전투에서 해럴드는 후스칼과 함께 끝까지 전선을 지키다가 최후를 맞이했다. 그의 죽음에 대해서는 이견이 많은데 눈에 화살을 맞아 죽었다는 설과 마지막 공격에서 돌진해온 기사에게 칼을 맞고 죽었다는 설이 충돌하고 있다. 1864년 제임스 윌리엄 에드먼드 도일(James William Edmund Doyle)의 작품 〈헤이스팅스 전투 당시 해럴드의 죽음〉. 〈Public Domain〉

　구멍 난 방진을 향해 노르만의 기사들이 밀려 들어가서는 색슨군을 중심으로부터 파괴하기 시작했다. 오후 4시가 넘자 색슨군이 이 구멍을 막는 것은 불가능해졌다. 이제 더 이상 진영의 싸움이 아니라 치열한 백병전이 되었다. 치열한 싸움은 1시간이 넘게 이어져 5시 반까지 계속되었다. 황혼이 깔리자, 징집병들은 후퇴하여 도망가기 시작했고, 후스칼은 끝까지 남아 싸우다가 장렬한 최후를 맞이했다.

전투를 결정지은 것은 역시 지휘관의 죽음이었다. 해럴드의 형제이자 주요 지휘관인 거스와 리오퓐은 후스칼을 이끌며 싸우다가 최후를 맞이했다. 해럴드도 후스칼과 함께 끝까지 전선을 지키다가 최후를 맞이했다. 그의 죽음에 대해서는 이견이 많은데 눈에 화살을 맞아 죽었다는 설과 마지막 공격에서 돌진해온 기사에게 칼을 맞고 죽었다는 설이 충돌하고 있다. 어느 경우건 해럴드의 죽음으로 왕위계승전쟁의 승리는 이미 갈리게 되었다.

궁병, 보병, 기병의 합동성으로 이룬 승리

헤이스팅스 전투로 색슨군과 노르만군 양측은 각각 2,000여 명의 희생자를 냈다. 특히 노르만군은 무려 병력의 3분의 1을 이 전투에서 잃고 말았다. 양측이 비슷한 병력으로 전투를 수행했고, 특히 색슨군의 경우에는 방어자인 데다가 익숙한 지형이라는 이점이 있었음에도 불구하고 패배한 것을 두고 몇 가지 사항이 지적된다.

우선 계속된 침략에 대비하지 못한 점이다. 노르웨이의 하랄드 왕의 공격 직후에 윌리엄의 공격에 대비하지 못한 점이 문제다. 애초에 징집병을 9월 8일까지만 모아놓기로 한 것도 패배의 요인으로 지적된다. 게다가 노르만군을 막기 위해 빨리 달려간 점도 아쉬운 점으로 지적된다. 며칠간 더 시간을 가지고 병력을 더 모은 뒤에 싸움에 나섰더라면 충분히 이길 수 있었다는 의견도 있다. 또한 색슨군에게는 기병이 없었다는 점 또한 중요한 패인이다.

그러나 이는 반대로 노르만군의 우수성을 증명하는 것이기도 하다.

궁병와 보병, 기병 등 다양한 병과를 조합하여 싸울 경우에는 막강한 전력을 발휘할 수 있다는 사례를 보여준 것이다. 노르만군이 보여준 궁병, 보병, 기병의 합동전술에 비해 수비에만 집착한 색슨군은 이미 전술 자체에서 패배하고 있었다.

헤이스팅스 전투의 승리 이후, 윌리엄은 노르만 정복전쟁을 계속 이어 나갔다. 헤이스팅스 인근에서 병사를 징집하면서 2주간을 기다린 윌리엄은 색슨족 영주들에게 항복을 권고했다. 그러나 누구도 항복에 응하지 않자, 그는 런던을 고립시키고자 파죽지세로 진격했고, 결국 버컴스테드(Berkhamsted)에서 잉글랜드의 주요 지도자들의 항복을 받았다.

윌리엄은 1066년 성탄절에 웨스트민스터 사원에서 왕위에 올랐다. 1071년까지 곳곳에서 토착민이 반란을 일으켰는데, 가장 극심했던 노섬브리아 반란(1069년~1070년)은 윌리엄이 직접 진압했으며, 뒤이어 군사를 몰아 드넓은 북부 지역을 제압했다. 그리고 곳곳에 많은 성채를 지어 잉글랜드를 완전히 정복했다.

정복자 윌리엄이 영국을 장악하자, 영국은 스칸디나비아와 유대를 끊는 대신 서유럽과 밀접한 관계를 맺게 되었다. 또한 윌리엄은 4,000명이 넘는 기사를 봉건영주로 승격시켜 상류계급에 대변혁을 일으켰다. 왕은 기사 봉사에 대한 대가로 노르만인 180여 명에게 대부분 토지를 내렸고, 이들은 자신의 봉신들에게 영지를 다시 나누어주었던 것이다. 노르만 정복의 결과, 영국도 본격적인 중세를 맞이하게 된 것이다.

09
하틴 전투
(1187)
십자군 붕괴의 계기가 되다

BATTLE OF HATTIN

"나는 당신들에게 피를 흘리고 그것에 탐닉하는 것을
습관으로 삼지 말기를 경고한다.
피는 결코 멈추지 않기 때문이다."

- 살라딘, 하틴 전투 당시 이슬람의 지도자

미소간의 냉전이라는 이념 대립이 끝난 현대에도 전쟁은 여전하다. 시리아, 레바논, 이스라엘, 이라크 등 세계의 화약고인 중동에서는 종교 간의 대립으로 전투와 학살이 이어지고 있다. 그러나 이는 전혀 새로운 현상이 아니다. 종교와 인종 간의 대립은 인류 역사 속에서 계속되어왔다. 특히 그러한 전쟁 가운데 가장 상징적인 것이 십자군 전쟁이다.

십자군 전쟁에서는 전혀 다른 2개의 군 운용체계가 서로 충돌했다. 십자군에게 결정적 전력은 귀족 기사들이 중심이 된 중장기병대였다. 적과 조우할 수만 있다면, 이들 기병대는 적 전열을 무너뜨린 후 적병을 짓이길 수 있는 막강한 전력이었다. 이런 막강한 기병대를 지원하는 것은 보병이었다. 창병과 석궁병으로 구성된 보병은 사회적 계층이 낮은 이들이 주가 되었으며, 귀족 중심의 기사단으로부터 존중받지 못했다. 십자군은 전투 방식이 공격적이고 용맹하기는 했지만, 군대의 규율이 확립되지 못했으며 병력 간 공조가 잘 이뤄지지 않았다.

이렇게 강력하지만 어설픈 십자군에 맞선 사라센 군대는 색깔이 전혀 틀렸다. 이들은 경량에 기동성이 뛰어난 병사들로 십자군에 비해 훨씬 군기도 잘 확립되어 있었고 훈련도 잘 되어 있었다. 사라센의 기병대는 이집트와 시리아 출신의 아스카리가 주력으로, 사슬갑옷을 입고 활과 기병창, 방패 등으로 무장했다. 이들은 숙련된 척후병이자 백병전의 전문가로, 치고 빠지기 식의 기습전에 능통했다. 아스카리 기병대는 정기적인 급여를 받는 직업군인들이었으며, 인근의 베두인족이나 쿠르드족, 투르크족 등으로 구성된 비정규 기병대의 지원을 받았다. 물론 사라센군에도 대규모 보병부대가 있었다. 보병은 대다수가 궁병과 창병으로 구성되었으며, 방패도 휴대했다.

무슬림 측은 통일된 군 지휘부를 구성하고 있었다. 반면에 기독교 측은 십자군의 기치로 유럽 전역에서 모여들었고, 서로 정치적으로 반목하는 이들끼리 모이는 경우도 많았다. 게다가 유럽 각국에서 모이다 보니 언어가 달라 상호간 소통조차 원활하지 못했다.

통합되지 못한 십자군

1071년 8월 셀주크 제국(Seljuk Empire)이 비잔틴 제국(Byzantine Empire)을 격파하면서 만지케르트 전투(Battle of Manzikert)에서 승리하자, 기독교인들은 자신들의 성지를 무슬림에게 빼앗겼다고 느끼게 되었다. 비잔틴 제국이 더 이상 동방 교회와 중동의 기독교 순례자들에 대한 보호자로 활동할 수 없다고 판단한 교황 우르바누스 2세(Urbanus Ⅱ)는 성지 회복을 주장하며 십자군 원정을 제안했다.

하지만 십자군 원정은 단순히 종교활동만은 아니었다. 외부의 침략을 막기 위해 새롭게 대두한 군사 지배계급인 기사(knight)들은 약육강식의 법칙에 따라 서로 사적인 전쟁을 벌였고, 이들을 규제할 법적 조직이나 규제 수단은 없었다. 교회는 기사들을 중세 체제의 위협으로 보고 기사들 간의 충돌을 억제하고자 했다. 그리하여 고안된 대책이 평화운동이었지만, 별반 효과를 얻지 못했다. 하지만 교회는 십자군 원정이라는 완벽한 전투의 형태를 직접 제공함으로써 호전적인 귀족계급에게 폭력을 분출할 무대를 제공했던 것이다.

그리하여 1096년부터 1차 십자군 원정이 시작되었으며, 이후에도 주요한 대규모 원정과 그사이의 소규모 원정이 간헐적으로 이어졌다. 그러나

●●● 십자군 원정 출정을 앞둔 기사의 모습. 당시 전쟁에 참가한 기사들이 가슴과 어깨에 십자가 표시를 했기 때문에 이 원정을 십자군 원정이라고 부르게 되었다. 〈Public Domain〉

●●● 기 드 뤼지냥은 어린 국왕
을 대신하여 공동 왕으로 추대되
었으나, 기독교 세력들 사이에서
정통성을 인정받지 못했다. 프랑
수아-에두아르드 피코(François-
Édouard Picot)의 작품. 〈Public
Domain〉

이런 원정들은 아무리 성스럽고 종교적인 목적에서 시작되었더라도 결
국은 참가한 원정군의 약탈로 끝이 났다.

한편 이렇게 원정군이 성지를 회복하기 위해 나타나자, 그 지역을 점
령하고 있는 현재의 이슬람 세력과 충돌은 불가피했다. 그리하여 간헐적
인 전쟁이 계속되었다. 간혹 십자군의 전력이 강력할 때는 성지를 점령
하기도 했지만, 완전히 격멸되기도 했다. 조약과 협상이 계속되었지만, 일
원적인 지휘계통이 없던 십자군에게 이러한 조약들이 의미 있을 리 만
무했다. 한 무리가 협상을 타결하고 나면 다른 무리가 와서 뒤엎곤 했다.
조약을 지키고자 해도 지킬 수 없는 구조였다. 결국 하틴 전투(Battle of
Hattin)가 벌어진 것도 이런 배경 때문이었다.

●●● 살라딘으로 불리는 무
슬림 명장의 본명은 '살라흐
앗딘 유수프 이븐 아이유브'
로, 티크리트(Tikrit: 현재 이라크
북부) 출신의 쿠르드족 무슬
림 장군이자 전사였으며, 이
집트, 시리아의 술탄이다. 그
는 이집트, 시리아, 예멘, 이라
크, 메카, 헤자즈 등지를 아우
르는 아이유브 왕조(Ayyubid
dynasty)를 세웠다. 이탈리아
화가 크리스토파노 델알티시
모(Cristofano dell'Altissimo)의
작품. 〈Public Domian〉

1186년 십자군 지휘관 중 한 명인 르노 드 샤티옹(Raynald of Châ-
tillon)은 다마스쿠스(Damascus)와 이집트를 오가는 마차 행렬을 기습하
여 엄청나게 많은 노획물과 포로를 획득했다. 당시 십자군의 총사령관격
인 예루살렘 왕국의 국왕 기 드 뤼지냥(Guy de Lusignan)은 약탈물과 포
로를 무슬림 측에 돌려주라고 르노에게 지시했다. 또한 당시 그 지역의
무슬림 측 지휘관이던 살라딘(Saladin)도 역시 반환을 요구했다. 물론 르
노는 이를 거부했다. 르노는 이전에도 이와 비슷한 약탈을 하여 전쟁을
일으킨 적이 있었다. 결국 살라딘은 십자군에 전쟁을 선포했고, 병력을
모아 포위를 시작했다.

패배의 시작, 크레송 전투

사라센 측은 6,500여 명의 정찰부대를 파견하여 십자군의 병력 규모나 위치, 의도 등에 관한 정보를 최대한 모으기 위해 노력했다. 그리고 이러한 노력은 성과를 거두었다. 운이 좋았던 탓도 있지만, 십자군의 방만함으로 인해 손쉽게 정보를 획득할 수 있었다.

당시 십자군 안에서 제일 중요하고 권위 있는 집단은 템플 기사단(Knights Templar)과 성 요한 기사단(Knights Hospitaller)이었다. 두 핵심 조직의 기사단장들은 모두 겨우 기사 130여 명과 보병 350여 명을 데리고, 기 왕과 트리폴리 백작 레몽 3세(Raymond III) 사이의 분쟁을 해결하기 위해 머무르고 있었다. 그러다가 이들은 곧 사라센군이 인근에 있다는 소식을 듣고 소탕을 위해 출동했다.

사라센 정찰대는 기손(Kishon)에 주둔하고 있었고, 기사단장들은 이들을 공격하기로 결심했다. 중과부적임에도 불구하고 이들은 보병을 남겨놓은 채 기사들만이 돌진했다. 기사들을 자극하여 기병과 보병을 분리시키려는 투르크식 유인전술에 속아 넘어간 것이다. 130명 대 6,500명의 싸움을 자청한 것이다. 결과는 자명했다. 템플 기사단장을 포함하여 단 3명만이 살아남았다. 승리한 사라센 정찰대는 계속 정보수집 임무를 수행했다. 나사렛(Nazareth)에 위치하던 십자군 기지도 이들 정찰대에 의해 초토화되었다.

그사이 십자군은 전열을 정비하기 시작했다. 르노가 휴전을 어겼기 때문에 십자군은 전쟁으로 내몰렸지만, 그의 동료들은 여전히 르노를 지지했다. 어차피 살라딘은 르노의 병력에게만 전쟁을 선포한 것이 아니라 십자군 전체에 전쟁을 선포했기 때문이다. 뭉치면 살고 흩어지면 죽

●●● 1187년 5월 1일 나사렛 인근 크레송 샘에서 벌어진 크레송 전투(Battle of Cresson). 이 전투에서 템플 기사단과 성 요한 기사단은 살라딘의 아들 알아프달(Al Afdal)에게 패했다. 프랑스 화가 장 콜롱브(Jean Colombe)의 작품. 〈Public Domain〉

을 터였다.

십자군은 아크레(Acre)에 집결했는데, 그 병력은 기사 2,200여 명에 이르렀다. 성 요한 기사단과 템플 기사단의 기사 40여 명과 80여 명도 참가했으며, 다른 십자군 왕국의 기사 700여 명도 모였다. 그 외의 기사들은 한탕 잡으러 성지를 찾은 용병이나 기회주의자들이었다. 물론 이들도 전문적이고 뛰어난 싸움꾼들이었지만, 십자군 사령관들에게 충성을 맹세한 기사들에 비해 신뢰성은 떨어질 수밖에 없었다. 또한 현지 투르코폴레스(Turcopoles: 동부 지중해 기독왕국들에서 모집한 투르크족 궁수들)로 구성된 기마궁사 4,000여 명과 3만 2,000여 명의 보병이 지원 병력으로 구성되었다.

특히 십자군은 '예수의 십자가(True Cross: 성십자가로도 불림)'를 가지고 있었다. 예수 그리스도가 매달려 죽은 바로 그 십자가 말이다. 따라

●●● 1291년 아크레 공성전에서 사라센군이 십자군이 다스리던 도시 아크레를 함락했다. 아크레 공성전은 이 시기 가장 중요한 전투 중 하나로 평가되며, 아크레 함락은 사실상 동지중해에서 십자군 운동의 종결을 뜻했다. 프랑스 화가 도미니크 파프티(Dominique Papety) 작품. 〈Public Domain〉

서 이 십자가의 존재는 십자군 가운데 신앙심 깊은 이들에게는 엄청난 힘이 되었다. 예수의 십자가를 세우고 싸우는 군대는 무적이라는 믿음이 있었다. 그러나 십자군은 종교와 신성한 힘에 너무도 기댄 나머지, 실제 전술과 전략에 있어서는 현명한 선택을 하지 못했다.

성급함이 자초한 실수

사라센군은 레몽 백작의 부인 에쉬바(Eschiva)가 방어를 담당하고 있던 티베리아스(Tiberias) 요새를 위협했다. 요새의 방어태세는 견고했다. 인근 마을에서 약탈이 자행되기는 했지만, 레몽은 당분간 자신의 요새와 부인이 안전할 것이라고 생각했다. 십자군이 서두르지 않고 충분히 시간을 갖고 대기하고 있으면, 적군이 어쩔 수 없이 십자군에게 다가올 것이며, 그 와중에 지칠 것이라고 판단했다. 그리하여 결국 레몽은 지구전을 주장하며 세포리아[Zippori: 아랍명 사푸리야(Saffuriya)]에서 수비전을 펼칠 것을 주장했다. 하지만 십자군은 이런 레몽의 현명한 판단을 받아들이지 못했다. 기 왕은 한걸음에 티베리아스로 달려가서 사라센군을 최대한 빨리 격파하고자 했다.

십자군은 티베리아스에서 14킬로미터 떨어진 세포리아에 집결했다. 적군을 향해 직선상으로 공격하려면 물이라곤 찾을 수 없는 토란 평야를 지나야만 했다. 수천 마리의 말과 수만 명의 병사로 구성된 군대가 물없는 건조한 지형을 지난다는 것은 명청한 짓이었다. 게다가 자신들이 올 것을 뻔히 알고 기다리고 있는 적군을 향해서 진군하는 것은 명청함을 넘은 자살행위나 다름없었다. 그럼에도 불구하고 기 왕은 돌진할 것을 주장했다.

　이렇게 기 왕의 판단력이 흐려진 데에는 역시 르노 드 샤티옹과 제라르 드 리드포르(Gerard de Ridefort: 템플 기사단장)의 도발적인 발언이 크게 기여했다. 신중함은 집어치우고 기독교의 기사답게 싸워야만 한다고 주장했던 것이다. 기 왕은 와디 하만(Wadi Haman)을 거쳐서 이동하자고 주장하기는 했다. 직선 코스는 아니지만 그나마 물을 얻을 수 있는 곳이었기 때문이다. 하지만 살라딘의 정찰대가 이러한 움직임을 파악해 적시에 보고함으로써 십자군은 이미 패배한 것이나 다름없는 싸움에 돌입한 셈이었다.

　1187년 7월 3일 십자군은 이동하기 시작했다. 레몽이 선봉을 맡았고, 기 왕이 본대를 이끌었으며, 기타 기사단과 르노 드 샤티옹이 후위를 맡았다. 그러나 7월의 엄청난 더위 속에서 이들의 이동은 괴로움의 연속이었고, 기사들은 뜨거운 갑옷으로 인해 살갗이 타들어갈 것 같았다. 하루면 이동을 완료할 수 있을 것이라고 생각했지만, 실제로는 8킬로미터 정도 이동한 것이 고작이었다.

　행렬이 와디에 도착할 때쯤 십자군의 척후대와 후위대가 모두 재빠른 무슬림 척후병들에게 기습을 당했다. 이런 공격에 대항할 수 있는 유일한 부대는 경장비를 갖춘 투르코폴레스뿐이었다. 물론 이 점을 알고 있던 사라센군은 우선 투르코폴레스를 격파하는 데 집중했다. 나머지 십자군은 천천히 파괴해도 되었다. 이렇게 소중한 투르코폴레스의 전력이 소진되고 있는데도, 십자군 보병은 이러한 사라센군의 공격에 반격하기는커녕 '소중한' 기사와 말을 지키기 위해 방어대형을 취할 뿐이었다.

　전투 지역을 약 2킬로미터 앞두고 십자군은 행렬을 멈추고 숙영을 준

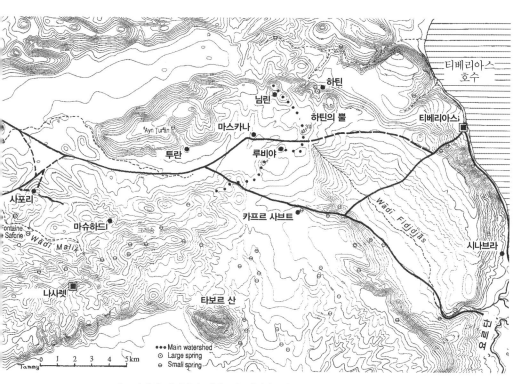

●●● 세포리아에 집결했던 십자군은 엄청난 7월의 더위에도 불구하고 티베리아스까지 이동하기 시작했다. 그러나 결국 티베리아스에 이르지 못하고 하틴에서 사라센군과 전투를 벌이게 되었다.

비했다. 물이라고는 조금도 찾을 수 없었고, 더 이상 전진할 힘도 없었다. 뜨거운 열기와 계속된 사라센 척후병의 공격으로 인해 강력하던 십자군은 조금씩 갉아 먹히고 있었다. 특히 후위 방어대의 경우는 최악의 상황이었다. 레몽은 물 없는 지역에서 행군을 멈추는 것은 자살행위라고 반대를 표했지만, 귀를 닫은 기 왕에게는 소용없었다.

하룻밤을 물 없이 숙영한 십자군은 다음날도 역시 똑같은 괴로움을 당해야만 했다. 이젠 돌아가고 싶어도 그럴 수도 없는 상황이었다. 코앞에 목적지가 있을 뿐만 아니라 무엇보다도 물을 구하는 것이 급선무였다. 유일한 해답은 전진뿐이었다. 그리하여 십자군은 결의를 굳히고 아침 일찍 출발했다. 목적지는 가장 가까운 수원지였던 마레스칼리아 (Marescallia) 마을이었다. 그러나 꾸준한 보급으로 전투력을 유지해온 사라센군의 본대가 이들의 이동을 막아섰다.

결전의 시작

전쟁은 이겨놓고 싸우는 것이라는 격언에 살라딘은 충실했다. 십자군은 스스로를 지치게 만든 후 자신의 퇴로를 스스로 막고 흐트러진 대형으로 휴식을 취하고 있었다. 그때까지 살라딘은 극소수의 척후병을 보내 십자군을 괴롭혔을 뿐이다. 결정적인 기동을 하지 않았는데도 적은 이미 괴멸 직전의 상태였다. 적을 향해 살라딘의 부대는 반달 대형으로 전진했다. 그러나 적과 조우하기 직전에 멈추었다. 그러고는 지친 적들에게 화살을 퍼부었다.

화살이 날아들자, 십자군은 또다시 어찌할 바를 몰랐다. 물론 십자군은 자신들의 주특기를 발휘하여 기병 돌격을 할 수도 있었다. 그러나 사라센군이 화살 공격 후 즉시 퇴각했기 때문에 돌격해봐야 허공에 삽질하는 격이었다. 반면 십자군은 아무것도 안 하고 가만히 있는 선택을 할수도 있었다. 그러나 이 경우에도 십자군은 여전히 열기와 갈증으로 고통을 받는 데다가 날아오는 화살로 인해 소중한 말들이 부상을 입게 되었다. 그야말로 진퇴양난이었다.

사실 어려움은 십자군 보병에게 더했다. 갈증으로 고통받고 화살에 노출된 보병들은 멀지 않은 곳에 있는 갈릴리 해(Sea of Galilee: 티베리아

●●● 살라딘의 사라센군은 하틴 전투에서 대승리를 거두어 대부분의 십자군 장군들과 병사를 죽이거나 사로잡았고, 이 전투의 패배로 군사력을 상실한 예루살렘 왕국은 결국 예루살렘을 이슬람에게 내주게 된다. 〈Public Domain〉

스 호수)를 향해 이동하고자 했다. 그러나 역시 사라센군이 이들의 길을 막고 있었다. 결국 이들이 찾은 곳은 가장 동쪽에 있는 2개의 언덕이었다. 이곳이 바로 '하틴의 뿔(Horns of Hattin)'이란 이름으로 불리는 장소였다. 바로 하틴의 뿔에서 십자군은 포위당한 것이다. 전술적으로는 하틴의 뿔이라는 지역은 싸우기 유리한 곳이었다. 그러나 문제는 십자군에게 식수가 없다는 것이었다. 이제 오직 한 가지 방법밖에 없었다. 돌진하여 포위를 뚫고 나가는 것이었다.

레몽을 중심으로 모인 약 200여 명의 기사들이 선봉대가 되어 전선을 돌파하기 위해 돌진했다. 그러나 이전과 마찬가지로 사라센군은 십자군 기병의 돌진을 피하면서 오히려 돌진해오는 이들의 측면에서 화살 공격을 감행했다. 날아온 화살로 인해 많은 기사들이 죽거나 다치고 레몽 본인도 세 군데나 부상을 입었다. 자신의 말까지 부상을 입은 데다가 멍청한 사령관으로 인해 더 이상 의미 없는 죽음을 맞이할 수 없다고 판단한 레몽은 남은 병력을 이끌고 전선을 이탈했다. 살라딘은 도주하는 이들을 추적하지 않았다.

물론 나머지 십자군 기사들도 사라센군을 향해 돌진했다. 다른 곳에서도 결과는 동일했다. 기동성이 높은 사라센군은 십자군의 무딘 돌격을 매번 피했을 뿐만 아니라, 화살 공격으로 기병을 공략했다. 말에서 떨어진 기사들은 사라센 보병들의 공격에 참혹한 최후를 맞이했다. 이렇게 돌진하는 사이에 기병과 보병은 서로 갈리어 싸움에 임하게 되었다. 기사들은 약 300명 정도가 아크레로 도주했지만, 대부분은 처참한 최후를 맞았으며, 오직 남은 일부만이 하틴의 뿔에서 서쪽 능선에 모여서 방어선을 펼쳤다. 기 왕은 능선 꼭대기에 천막을 세우고 최후의 항전을 시도했다.

살라딘의 승리

이미 전투에서 승리한 것은 누가 봐도 살라딘이었다. 기병과 나뉘어 하틴의 뿔 동쪽 능선으로 모여들었던 십자군 보병은 이미 전멸했고, 서쪽 능선에 기 왕을 포함한 기사들이 최후의 방어선을 펼치고 있었다. 그러

●●● 하틴 전투에서 살라딘이 이끄는 사라센군은 압도적인 승리를 거두었으며, 십자군
은 기 왕까지 생포되는 치욕을 당했다. ⟨Public Domain⟩

나 이들 십자군에 대한 공격을 감행할 경우, 자신의 병력도 많은 손실을
입을 것을 염려한 살라딘은, 공격을 감행하는 대신 적을 식수 없는 장소
에 포위한 채 화살 공격으로 조금씩 제거해나갔다. 십자군은 국왕의 천
막을 지키기 위해 사력을 다했다. 이미 소진한 병력으로나마 사라센군
을 향해 반격을 가했지만, 단 한 차례도 성공하지 못했다.

　게다가 살라딘은 최후의 수를 더했다. 병사들에게 언덕 주변에 있던
관목에 불을 지르게 한 것이다. 뜨거운 열기와 연기가 언덕 위로 치솟자,

이미 갈증과 전투피로로 지쳐 있던 십자군은 이성의 끈을 놓기 시작했다. 패배할 것이 뻔한데도 불구하고 조금씩 내려와 대항하다가 죽음을 맞게 된 것이다. 이렇게 점점 병력이 줄어들자, 사라센군에게 기회가 열렸다. 사라센군은 지치고 소진된 십자군 최후 병력을 향해 그렇게 자제하던 총공격을 가했다.

기 왕의 천막은 아주 쉽게 점령되었다. 십자군은 최후의 저항을 하는 대신 투항했던 것이다. 무능한 지휘관인 기 왕, 전쟁을 일으킨 원흉인 르노, 그리고 지략이 부족한 제라르 등 150여 명의 기사들이 생포되었다. 물론 동쪽 능선에서 저항하던 보병들도 대부분 사살되거나 포획되었다. 사라센군은 잡아갈 포로가 너무 많아서 이들을 옭아맬 로프가 부족할 정도였다고 한다.

살라딘은 이렇게 포획한 포로들 중에서 가장 극악한 자들을 먼저 참수했다. 무고한 무슬림을 공격한 르노 드 샤티옹이 1순위였다. 그리고 템플 기사단과 성 요한 기사단의 기사들도 무슬림의 참수형에서 벗어나지 못했다. 한편 투르코폴레스도 중동의 지역민들 입장에서는 모두 배신자들이었기 때문에 숙청되었다. 이외에 대부분의 십자군 병사들은 노예로 팔려갔는데, 얼마나 그 수가 많았는지 노예시장에서 노예 가격이 급락했을 정도였다고 한다.

물론 살라딘은 조금이나마 자비를 베풀어 기 왕은 살려두었으며, 티베리아스 요새를 넘겨주는 조건으로 레몽의 부인 에쉬바에게 퇴로를 열어주었다. 기 왕은 성십자가와 함께 다마스쿠스로 후송되었다가 석방금을 내는 조건으로 풀려나게 되었다.

하틴 전투 이후

하틴 전투는 십자군에게는 몰락의 시작이었다. 하틴 전투 패배로부터 1년 내에 십자군은 무려 30여 개의 성채를 사라센군에게 내어주었다. 그리고 결국에는 1차 십자군 원정으로 확보했던 예루살렘을 잃었을 뿐만 아니라, 이후에도 다시는 회복할 수 없었다. 심지어는 기 왕에 대한 석방금을 대신하여 11개의 도시까지 살라딘에게 내어주게 되었다.

예루살렘의 함락으로 3차 십자군 원정이 시작되어, 영국의 사자심왕 리처드 1세(Richard I), 프랑스의 존엄왕 필리프 2세(Philippe Ⅱ), 신성로마 제국의 바르바로사(Barbarossa) 프리드리히 1세(Friedrich I)까지 참가하는 드림팀이 구성되었다. 그러나 최후까지 싸웠던 리처드까지도 살라딘으로부터 예루살렘을 탈환하지는 못했다.

적이 실수하고 있을 때는 방해하지 말라는 군사 격언이 있다. 살라딘은 적이 스스로를 옭아매고 있는 사이에 자신은 차분히 군수지원을 유지하고 매번 올바른 전술적인 판단을 함으로써 최소한의 희생으로 최대한의 효과를 얻어낼 수 있었다. 하틴 전투는 "승리는 준비된 자에게만 찾아온다"는 격언이 입증된 전투였던 것이다.

10
타넨베르크 전투
(1410)

무패의 튜튼 기사단을 몰락시키다

BATTLE OF TANNENBERG

"독일군과는 마주치는 대로 싸워라.
적의 차량을 공격하고 정보를 제공하여 폴란드군과 소련군을 도우라.
해방된 땅에서는 동원령을 수행하고 폴란드군에 입대하라.
그리하여 10월의 패배를 보복하고,
연합군과 함께 독일군에게 또 다른 그룬발트를 안겨줄 것이다."
- 1944년 7월 22일 폴란드 국가해방위원회 선언문

타넨베르크 전투(Battle of Tannenberg)는 1410년 폴란드-리투아니아 연합군이 튜튼 기사단(Teutonic Order)과 치른 전투다. 패배를 모르고 거침없이 동진하던 튜튼 기사단을 맞아 폴란드-리투아니아 연합군은 진격을 성공적으로 막아내면서 놀라운 승리를 거두었다. 이후 1차 대전에서도 타넨베르크에서 전투가 벌어지는데, 혼동을 막기 위해 1410년의 타넨베르크 전투를 그룬발트 전투(Battle of Grunwald)라고 부르기도 한다.

1190년 아크레[Acre: 오늘날의 이스라엘 아코(Akko) 지역]에서 창설된 튜튼 기사단은 성 요한 기사단이나 템플 기사단처럼 성직자이자 군인의 집단으로, 주로 지금의 독일 지역 성직자들로 구성되었다. 그러나 십자군 원정을 위해 중동으로 향했던 두 기사단과는 달리, 튜튼 기사단은 동유럽에서 자신의 세력을 넓혀왔다. 물론 튜튼 기사단도 애초에는 다른 기사단들처럼 종교적 명분과 경제적 실리를 찾아 십자군 원정에 나섰다. 튜튼 기사단이 공격의 방향을 바꾼 이유 중 하나는 바로 폴란드 때문이었다.

한때 하나의 왕국이었던 폴란드는 13세기에 이르러 여러 독립영지들로 나뉘어 서로 반목을 반복했으며, 특히 주변의 이민족으로부터 끊임없는 침략을 받아왔다. 인근의 리투아니아가 몽골이 지배하던 서부 러시아를 점령하면서 기독교로 개종하고 폴란드의 우방국이 되었지만 이것만으로는 충분하지 않았다.

폴란드 마조비에츠키의 콘라트(Konrad I of Mazowiecki) 공은 잔혹하고도 야만적인 프로이센의 공격에 노출되었지만, 이런 공격으로부터 자신을 방어할 자산도 의지도 없었다. 특히 1230년에 이르러 프로이센의 공격이 너무도 강력해지자, 콘라트는 결국 튜튼 기사단에게 도움을 요청했

HERMANNUS de Salza Nobilis Thuringa eligitur A°.
1220. Innoc: III. S.P. et Ottone IV. R.I. Vir summæ apud omnes existimationis gravissima inter Honor. III. S.P. et Frider: II. R.J. dissidia ut arbiter composuit: à Conrado Majoviæ Duce contra Borussos gentiles, cosoù præprimis J. Ordini plenissima jure terrâ Culmeni in partem periculi et prœmÿ vocatus, atÿ, à Frider: II. per speciale Diploma in quo Homo Petens mœre et sermone compellari meruit Borussiam velut vetus et debitum jus Imperÿ, acquirendi A° 1226. facultate nactus magnam hujus partem occupavit adÿ, fidem Catholicam perduxit. Ordinem Ensiferorum in Livoniâ cum omnibus ditionibus et reditibus S. Pont: et Imp: consensu Ordini suo incorporavit hunc, multis in Armeniâ. Apuliâ. Allemaniâ. Hungariâ Bohemiâ et Livoniâ bonis augere vidit. pro quibus gubernandis 3. sibi Magistros Provinciales substituit: in Germaniâ et Italiâ unum, alterum in Livoniâ 3.um in Prussiâ quam multis urbibus et arcibus à se ornatam in + Episcopatus Culmensem. Pomesaniensem. Warmiensem et Sambiensem divisit. Post 30. regiminis annos à restitutione Ordinis in Syriâ reducem obÿt sub vix. Barleti in Apuliâ. 20 Julÿ 1240. ibÿ, sepultus. Inclytus ordinis ampliatter qui initio regiminis sui perpauces, moriens bis mille Confratres numeravit. 3tô. M. Magister ut Honor. III. et Frider. II. una cum successorib, suis ad dignitates et prœrogativas à Principum evectus est famâ, ordinis in Rymâ agutâ decorata sunt.

●●● 튜튼 기사단의 4대 기사단장 헤르만 폰 잘차(Hermann von Salza). 튜튼 기사단은 가톨릭을 전파한다는 명분으로 발트 해 지역을 휩쓸었지만, 그들이 원한 것은 권력과 부였다. 〈Public Domain〉

고, 이에 따라 4대 기사단장이던 헤르만 폰 잘차(Hermann von Salza)는 기사들을 이끌고 폴란드 비스툴라(Vistula) 강 유역의 헤움노(Chełmno)로 진입했다.

튜튼 기사단은 매우 빠른 시간 내에 프로이센을 진압했다. 반란군이라고 해봐야 아주 소수만이 남아 있을 뿐이었다. 이렇게 빠르게 진압이 이루어지자, 콘라트는 후회하기 시작했다. 자신들의 속국이라고 생각했던 프로이센을 튜튼 기사단에게 넘겨준 꼴이 되어버렸기 때문이었다.

동진을 계속하다

1283년에 이르자, 튜튼 기사단은 동프로이센과 서프로이센을 점령하고 단치히(Danzig) 항구까지 통제하기에 이른다. 단치히는 폴란드의 유일한 항구이자 서구로 향하는 유일한 창구였다. 이것만으로도 성이 차지 않았던 튜튼 기사단은 역시 독일계인 검의 형제 기사단(Sword Brethren)과 합병을 하여 발트 해 인근 국가들을 정복하기 시작했으며, 리가(Riga) 항까지 점령했다.

강력한 육군과 기병대를 보유한 튜튼 기사단은 이로써 발트 지역에서 가장 강력한 군사정치집단으로 자리 잡게 되었다. 튜튼 기사단의 등장으로 폴란드와 리투아니아, 노브고로드(Novgorod)는 커다란 위협에 노출되었다. 노브고로드는 1242년 검의 형제 기사단과 전투에서 승리함으로써 국가를 보존할 수 있었지만, 그 다음은 폴란드의 차례였다.

튜튼 기사단은 프로이센을 점령했을 뿐만 아니라 1310년에서 1350년 사이에 독일계 이주자들을 지역 내의 1,400여 개 마을에 정착시켰다. 튜

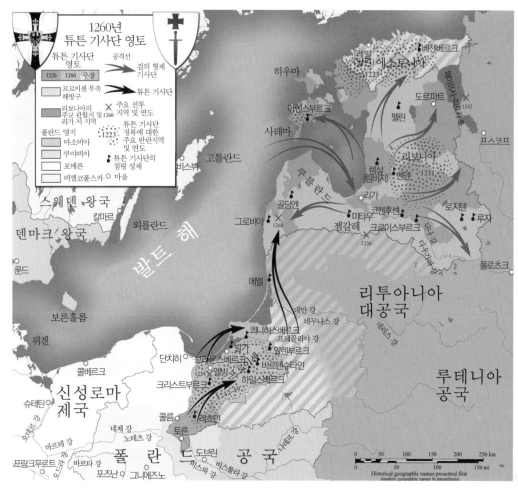

●●● 프로이센 지역에 발을 내딛은 튜튼 기사단은 순식간에 세력을 확장해나간다.

튼 기사단의 의도는 단순히 프로이센을 점령하는 것에서 그치는 것이 아니라 폴란드와 리투아니아조차도 식민지로 만드는 것이었다. 이 두 국가는 이미 충실한 가톨릭 국가였는데도 말이다. 튜튼 기사단에게는 더 이상 종교가 아니라 오직 영토와 약탈 재산이 중요했던 것이다.

튜튼 기사단의 위협이 줄어들 기미가 보이지 않자, 1320년 폴란드는 결국 다시 통일하여 부아디수아프 1세(Wladyslaw I)가 왕위에 올랐다. 그러나 1333년 부아디수아프가 아들을 남기지 못하고 사망하면서 폴란드는 다시 내전에 휩싸이고 말았다. 혼란의 와중에 1384년 부아디수아프의 손녀인 야드비가(Jadwiga of Poland) 공주가 여왕이 되었다. 겨우 11살에 불과했던 야드비가는 결혼을 통해 혼란을 극복하고자 했다. 혼인 대상은 1385년 26세의 나이로 리투아니아의 대공을 계승한 젊은 야기에우워(Władysław II Jagiełło)였다.

강력한 육군을 갖춘 리투아니아는 몽골을 패배시킬 만큼 최상의 전술과 장비를 갖춘 국가였다. 1386년 야기에우워와 야드비가가 결혼함으로써 폴란드-리투아니아 연방왕국이 성립되었다. 리투아니아는 이전까지만 해도 유럽권에서 유일한 비기독교 국가였으나, 야기에우워의 혼인과 함께 기독교로 개종했다. 한편 야기에우워는 연방왕국의 공동통치자로서 '부아디수아프 2세'로 명명되었다. 이로써 폴란드는 튜튼 기사단에 대항하여 단치히와 프로이센을 되찾을 수 있는 강력한 연합국이 생긴 것이다.

튜튼 기사단은 야기에우워가 폴란드의 왕관을 노리고 거짓으로 개종했다고 주장하고 리투아니아와 반목을 계속했다. 특히 튜튼 기사단이 노린 것은 리투아니아 서부에 있는 야기에우워의 영지 중 하나였던 사모기티아(Samogitia)였다. 이로써 튜튼 기사단과 폴란드-리투아니아 연방의 전쟁은 피할 수 없게 되었다. 그러나 야기에우워는 튜튼 기사단이 먼저 공격하기를 기다렸다.

●●● 리투아니아 대공 야기에우워는 폴란드의 야드비가 여왕과 혼인함으로써 폴란드-리투아니아 연합왕국의 패권자가 되었다. 〈Public Domain〉

각국 군대의 특징

1230년 이후 승승장구하던 튜튼 기사단을 격파하는 것은 결코 쉬운 일이 아니었다. 중장갑으로 무장한 기병대는 2,000~3,000명에 이르렀고, 당시 유럽에서는 가장 강력하고도 훈련이 잘된 부대였다. 독일계답게 군기가 철저하고 장비와 훈련의 수준도 높았을 뿐만 아니라 실전 경험까지 갖춘 튜튼 기사단을 이길 수 있는 유럽의 군대는 없었고, 발트 지역에서는 더더군다나 경쟁상대가 없었다.

게다가 무기체계와 기술이 발전함에 따라 튜튼 기사단도 새로운 전력을 편입시켰다. 영국의 장궁(Longbow) 사수부대, 제노바 석궁부대, 독일과 스위스 보병, 프랑스 포병 등 다양한 용병부대를 고용했다. 어느 모로 보나 튜튼 기사단은 사상 유례없는 강력한 군사조직이었다. 반면에 폴란드-리투아니아 연합군은 어떤 측면에서 봐도 튜튼 기사단에 비해 강점은 없었고 승리를 전혀 보장할 수 없었다.

우선 폴란드군은 전형적인 유럽식 중세의 군대로 뚜렷한 특징은 없었고, 아직까지 커다란 전과를 올린 적도 없었다. 프랑스 군대와 마찬가지로 폴란드 군대도 비자발적이고 동기가 없는 소작농을 징집해 구성되었다. 그러다 보니 전쟁 승리에 대한 확신이나 자존감이 없는 것은 물론이고, 군주의 명분을 위해 전쟁에서 싸우다 죽느니 농장에서 일하는 편을 더 선호했다.

만약 튜튼 기사단 보병대와 맞닥뜨린다면 폴란드군은 무모하게 돌진하여 싸우거나, 아니면 적의 제1파 공격에 혼비백산하여 도주할 것이다. 이에 반해 폴란드 기병대는 자부심 강하고 무모할 정도로 용감한 폴란드 귀족들로 구성되어 있어 장비도 우수했고 사기도 높았다. 1 대 1로

붙어서 싸우면 호각이 될 수도 있었겠지만, 결정적으로 폴란드 기병은 튜튼 기사단에 비해 경험이 많지 않았고 군기 면에서도 떨어졌다.

한편 리투아니아 군대는 오랜 기간 동안 몽골과 싸우다 보니, 외양이나 장비나 전술 면에서 유럽식이라기보다는 아시아식에 가까웠다. 즉, 중장기병이나 대규모 보병부대와 싸우는 것을 최대한 피하고 경기병이나 중기병 등으로 소규모 기동전을 펼치는 것에 능했다. 만약 제한된 공간에서 튜튼 기사단과 리투아니아 기병들이 마주친다면 어떤 결과가 나올지 예상하기 어려운 일이었다.

연합할 수 있다면 모두 아군

1409년 12월 야기에우워는 사촌인 리투아니아 총독 비타우타스 (Vytautas)와 협정을 맺어 양측의 군대를 비스와(Wisła) 강 인근의 체르빈스크(Czerwinsk)에서 합류하여 도강하기로 했다. 이곳에서라면 프로이센을 침공하여 튜튼 기사단을 격파하기 수월하다고 판단했기 때문이다.

사실 야기에우워와 비타우타스는 원래 리투아니아 대공의 자리를 두고 오랜 기간 반목해왔었는데, 빌뉴스(Vilnius) 조약에서 폴란드와 리투아니아는 공통된 외교정책으로 단단히 결속한다는 조건으로 야기에우워가 비타우타스를 리투아니아 대공으로 인정하면서 양측의 불화는 봉합되었다.

한편 야기에우워는 또 다른 아군을 끌어들였다. 헝가리 국왕 지기스문트(Sigismund of Hungary)에게 황금을 보냈던 것이다. 이미 튜튼 기사단과 동맹을 맺기로 약조했던 지기스문트였지만 뇌물 공세 속에서 폴란드-리투아니아 연합군을 치지 않겠다는 약속을 했다. 또한 연합군은 보헤미아의 얀 지슈카(Jan Žižka)를 끌여들였다. 이로써 연합군은 더 이상 남부와 북동부 전선에서 공격받는 일 없이 서쪽의 튜튼 기사단에게만 집중할 수 있게 되었다.

튜튼 기사단의 병력을 넓게 분산시키기 위해서 야기에우워는 포메라니아(Pomerania)와 메멜(Memel) 지역에 대한 기만공격을 지시했다. 그사이에 연합군은 무려 500미터에 이르는 기다란 가교를 이용하여 비스와 강을 도하한 후에, 6월 30일에는 체르빈스크에 집결했다. 그러고는 7월 2일부터 북쪽을 향해 진군하기 시작했다.

교만했던 튜튼 기사단

한편 튜튼 기사단장인 울리히 폰 융잉엔(Ulrich von Jungingen)은 적군의 전투능력이나 기술 수준을 얕잡아보고 충분한 준비를 하지 않았다. 애초에 '원시종족'인 폴란드인과 리투아니아인이 가교를 만들 능력이 있을 것이라고는 상상조차 하지 못했던 것이다. 이러한 오만함은 결국 이후 전투에 커다란 악영향을 미칠 터였다.

도하한 지 8일 만에 폴란드-리투아니아 연합군은 무려 90킬로미터를 이동했는데, 이는 중세의 군대에게는 상상도 못 할 일이었다. 1410년 7월 9일, 폴란드-리투아니아 연합군은 프로이센으로 진군하면서 대대적인 역공을 펼치기 시작했다. 연합군이 튜튼 기사단령의 수도인 마리엔부르크(Marienburg)로 진출하자, 기사단은 황급히 군대를 정비해 최종 방어선인 드르벵차(Drwęca) 강 유역 방어선을 강화했다.

연합군은 드르벵차 강을 지나기 위해 좀 더 동쪽으로 우회했고, 기사단은 연합군과 평행하게 강을 따라 이동했다. 그러다 강이 급격히 북쪽으로 꺾이는 지점에서 기사단은 강을 건너 방어적인 대형을 취했다. 이곳에는 프로이센 마을 세 곳이 삼각형 모양을 이루고 있었는데, 마을 이름은 타넨베르크(Tannenberg), 그룬발트(Grunwald), 그리고 루트비히스도르프(Ludwigsdorf)였다.

튜튼 기사단은 그룬발트 마을 근처에, 연합군은 타넨베르크 마을에 진을 쳤다. 기사단은 습지로 둘러싸인 지역에 진을 치고 전투를 준비했다. 연합군은 7킬로미터를 이동했고, 숲에 병력을 매복시킬 수 있는 지점을 손에 넣었다. 야기에우워가 동원한 부대는 보병 2만여 명에 기병 4만여 명이었던 반면, 기사단은 2만 1,000여 명의 기병에 6,000여 명의 보병이 전부였다.

그리고 1410년 9월 15일 여명이 밝자, 폴란드 기사이자 정찰대를 이끌었던 한코가 연합군 숙영지로 복귀해서는 야기에우워에게 적이 전투 준비를 마쳤음을 알렸다. 이때 울리히가 재빠르게 움직여서 폴란드군의 진영까지 밀고 들어갔다면 전쟁은 곧바로 끝날 수도 있었다. 하지만 울리히는 그 대신에 부하들에게 참호를 파게 한 후 보병은 2열로 배치시키도록 했다. 그러나 울리히가 선택한 곳은 시야가 훤히 뚫린 개활지로 언덕을 바라보는 지형이었기 때문에 전투하기 불리한 곳이기도 했다.

전투의 시작

그러나 막상 모든 준비를 마쳤건만 전투는 시작되지 않았다. 튜튼 기사

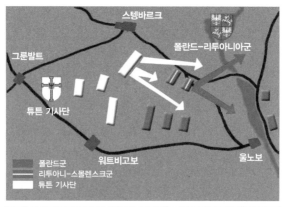

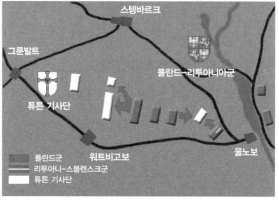

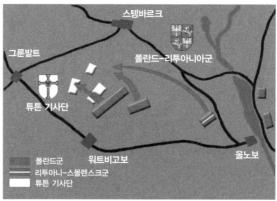

●●● 타넨베르크 전투 상황도. 전투가 개시되고 폴란드-리투아니아 연합군은 우익이 심하게 밀리는 듯했으나, 이후 반격에 성공하면서 결국에는 기사단 지휘부를 포위해 섬멸하기에 이른다.

단은 적이 먼저 움직이기를 바랐던 것이다. 그러나 침착하고 영민한 야기에우워는 이에 말려들지 않고 병력의 이동을 명령하지 않았다. 9월 초의 무더위에 적군을 노출시켜 체력을 고갈시키려는 속셈이었다.

아침 시간이 다 지나가자, 튜튼 기사단은 점점 침착함을 잃기 시작했다. 울리히는 겁쟁이 같은 폴란드-리투아니아 연합군을 더 이상 내버려 둘 수 없다고 생각했다. 그는 기사 2명을 보내어 야기에우워가 남자답게 싸우지 않는다고 비난했다. 그러고는 칼 2자루를 땅에 꽂으면서 자신들의 진영으로 돌아가버렸다.

그러자 야기에우워는 곧바로 도전에 응답했다. 비타우타스에게 공격을 명령한 것이다. 명령에 따라 좌익의 폴란드군은 차분히 전진해나갔다. 그러나 우익의 리투아니아, 러시아, 타타르 경기병들이 튜튼 기사단을 향해 무작정 돌진해 들어갔다. 기사단은 화포 공격으로 돌진해오는 경기병들을 제압한 후에, 자신들이 자랑하는 중장기병을 내보내어 우익을 궤멸시키고자 했다. 중장기병과 잠시 교전을 하던 좌익은 이내 방향을 바꾸어 숲 쪽으로 도주했다.

게다가 도망가던 연합군을 추격하던 기사단은 독수리가 그려진 폴란드 왕의 깃발 주변에 호위병력이 거의 없음을 눈치챘다. 울리히는 별동대를 보내어 야기에우워를 사살하거나 생포하도록 지시했다. 그리하여 소수의 병력이 돌진하여 폴란드 왕의 독수리 군기를 빼앗았다. 이때까지만 해도 승리의 여신은 튜튼 기사단에게 미소를 짓는 듯 보였다.

반전과 반격

그러나 우익의 연합군 경기병들이 무모하게 돌진한 것은 사실은 야기에우워와 비타우타스가 사전에 세밀히 준비한 책략이었다. 병력의 손실을 최소화하기 위해 경기병들을 먼저 보내 기사단의 화포들을 제거한 것이다. 게다가 기사단은 중장기병을 너무 빨리 내보내는 실책까지 범했다. 이제 연합군이 반격할 차례였다.

도망가는 듯하던 우익의 리투아니아군은 방향을 돌려 다시 공격하기 시작했다. 여기에 낮의 열기까지 더해지면서 오후 2시가 다 되어 더위가 정점을 찍자, 아침부터 대기하고 있던 튜튼 기사단은 이제 지쳐가기 시작했다. 싸움의 흐름이 바뀌는 것을 간파한 야기에우워는 아직까지도 전투에 투입되지 않은 기병예비대들까지 전투에 투입했다. 물론 울리히도 남은 병력을 쥐어짜내면서 기사단 총원을 투입했다. 전투는 치열한 백병전이 이어지면서 후끈 열기가 가열되었다.

오후 6시경에 이르자, 야기에우워는 보병을 전투에 투입했다. 보병의 무장은 빈약하여 곤봉과 같은 둔기가 전부였다. 그러나 마지막 순간에 튜튼 기사단 뒤쪽에서 나타나 이들을 포위함으로써 완벽하게 전략적 우위를 점했다. 탈출구 없이 연합군의 덫에 걸린 튜튼 기사단은 처참한 최후를 맞았다.

특히 보병은 튜튼 기사단의 습격과 약탈로 가족과 친지를 잃은 마을 주민이나 농민이 대부분을 차지했다. 제아무리 중장갑을 자랑하던 튜튼 기사단도 복수심에 불탄 보병들에게 포위당하자 남아날 재간이 없었다. 어설픈 우월의식으로 작전을 참패로 이끈 울리히 기사단장도 결국 최후를 맞고 말았다. 오후 7시 처참한 최후를 맞은 울리히 무리로부터 군기

●●● 결국 튜튼 기사단은 타넨베르크 전투에서 패배하면서 더 이상 회복할 수 없는 상태에 이르게 된다. 폴란드 화가 얀 마테이코(Jan Matejko)의 작품. 〈Public Domain〉

를 탈취하면서 전쟁은 폴란드-리투아니아 연합군의 승리로 끝났다. 튜튼 기사단은 8,000여 명이 전사했고, 나머지 1만 4,000여 명은 포로가 되었으며, 살아서 돌아간 자는 1,400여 명에 불과했다.

이후의 경과

기세를 탄 연합군은 기사단령의 수도 마리엔부르크도 공격했으나, 공성에는 실패하여 퇴각했다. 만약 연합군이 타넨베르크 전투가 끝난 직후 곧바로 마리엔부르크로 진격했다면 승산이 있었을 것이다. 그러나 승리에 도취하여 약탈을 자행하느라 하루에 겨우 15킬로미터밖에 전진하지 못했다. 결국 마리엔부르크에 도착하는 데 3일이 걸렸고, 그사이 튜튼 기사단의 잔존 병력이 수비태세를 완비하여 연합군은 공략에 실패했다.

이후 1차 토루인 조약(Treaty of Toruń)이 맺어져 튜튼 기사단이 전쟁 배상금을 지급하고 사모기티아(Samogitia)와 도브리진(Dobrzyń) 지방을 포기하면서 화평의 국면으로 전환되는 듯했다. 그러나 이미 튜튼 기사단은 군사력에 심각한 타격을 입었고, 그에 따라 권위와 재정도 동시에 추락하기 시작했다.

또한 이후로도 폴란드가 전쟁을 계속 벌이자, 더 이상 버티기 어려워졌고 봉신들이 폴란드에 가담하는 사태가 벌어지기도 했다. 명분을 잃은 튜튼 기사단에는 신규 기사가 들어오지 않고 용병들이 주를 이루었으나, 그나마도 수입이 줄어들자 용병조차 남기 어려운 상황이 되었다. 마침내 튜튼 기사단은 굴복했다. 1466년 기사단은 2차 토루인 조약을 맺고 포메른과 비스와 강 양안 및 바르미아[Warmia: 에름란트(Ermland)]의 주교 관할구를 폴란드에 넘겨주었다.

타넨베르크 전투는 민족적으로는 게르만족과 슬라브족이 본격적으로 충돌한 사건이기도 하다. 이러한 충돌은 500년 후인 1차 대전에 이르러 다시 반복되었다. 1914년 8월, 독일과 러시아가 다시 타넨베르크에서 전투를 벌이면서 국가와 민족의 싸움으로 재조명되기도 했다.

11
아쟁쿠르 전투
(1415)
지형 정보와 비대칭전력으로 중과부적을 극복하다

BATTLE OF AGINCOURT

"우리, 비록 수는 적으나
그렇기에 행복한 우리는 모두 한 형제(Band of Brothers)이니라.
오늘 이 전투에서 나와 함께 피를 흘리는 자는
내 형제가 될지니……"

– 셰익스피어의 희곡 『헨리 5세』 중에서

영국 헨리 5세(Henry V)는 소수의 지친 원정군을 이끌고도 장궁수 전력으로 절대 다수의 프랑스군을 격파함으로써 영국과 프랑스 사이의 지리멸렬한 백년전쟁(영국과 프랑스 간에 벌어진 전쟁으로서, 프랑스를 전장으로 하여 여러 차례 휴전과 전쟁을 되풀이하면서 1337년부터 1453년까지 116년 동안 계속되었다. 명분은 프랑스 왕위 계승 문제였고, 실제 원인은 영토 문제였다) 가운데 가장 주목할 만한 성과를 올렸다. 비록 화살의 역할이 크기는 했지만 여전히 격투전이 벌어졌고, 역사서에 서술된 것처럼 영국이 손쉽게 이긴 것은 아니었다. 열세한 소수 병력이 비대칭전력으로 전쟁을 승리로 이끈 사례이기에 주목할 만하다.

아르플뢰르를 공략하다

겨우 27세의 나이에 왕위에 오른 헨리 5세(Henry V)는 프랑스 북부를 통제하려는 원대한 야심을 가지고 있었다. 1415년 7월경까지 헨리 5세는 극비리에 1만 2,000여 명의 병사를 윈체스터(Winchester) 지역에 모아놓고 원정군을 보낼 수 있을 만한 크기의 배들을 모으기 시작했다. 8월 11일이 되자, 드디어 영국 원정군은 1,500여 척의 선단으로 출발하여 이틀 만에 센(Seine) 강 북부의 반도에 도착했다. 다음날인 8월 14일부터 영국군은 하역을 시작했다.

프랑스군 총사령관 샤를 달브레(Charles d'Albret)는 영국군이 파리를 곧바로 공격하기 위해서 센 강의 남쪽에 상륙할 것이라고 판단했다. 그러나 헨리 5세의 목표는 파리가 아니라 바로 항구도시 아르플뢰르[Harfleur: 현재의 르아브르(Le Havre)]였다. 센 강의 지류인 레자르드

●●● 헨리 5세(재위 1413년~1422년)는 프랑스에 대
한 영국의 권리를 보장하겠다며 프랑스를 침공한다.
〈Public Domain〉

(Lézarde) 강에서 1.6킬로미터를 따라 올라가면 있는 아르플뢰르는 지정 학적 중요성 때문에 철저히 요새화된 도시였다. 아르플뢰르의 방어에는 경험 많은 용장 라울 드 고쿠르 (Raoul de Gaucourt)의 지휘 아래 400여 명의 기사들이 투입되었다.

8월 19일이 되자 영국군은 아르플뢰르를 사방에서 공격했다. 헨리 5세 의 동생이자 보좌관인 클래런스 공작(Duke of Clarence)이 동쪽에서 출 입을 차단했다. 클래런스가 혹시라도 루앙(Rouen)에서 증원군이 올 경 우 이를 막는 역할을 수행하는 사이, 헨리 5세는 요새의 서쪽을 공략했 다. 헨리 5세는 포위 대열을 유지하도록 하고, 클래런스가 데려온 웨일즈 출신 광부들로 하여금 요새로 통하는 땅굴을 파도록 지시했으며, 밤낮 으로 계속 포격하라고 지시했다. 한 달이 넘도록 계속된 싸움에서 양측 은 모두 이질에 전염되어 피해가 컸고, 식량 부족으로 고생했다.

상황이 어려워지자 9월 17일 헨리 5세는 고쿠르를 만나 어르고 달 래가면서 항복을 종용했으나, 고집 센 프랑스인은 뒤로 물러서지 않았 다. 이미 5주간의 공성전으로 고쿠르는 수비병력의 3분의 1이나 잃었지 만, 여전히 항복할 생각을 않고 있었다. 그러나 고쿠르에게 최후의 희망 은 도팽(Dauphin: 프랑스 왕국의 왕위 계승자에게 붙이던 칭호로, 보통은 '왕 태자'로 번역함)이 데리고 올 증원군 병력뿐이었다. 그러나 비만한 데다가 나태한 겨우 18세 나이의 태자가 적군에게 포위된 도시를 구하는 것은 불가능한 일이었다. 영국군에게 학살될 것을 걱정한 영지 주민들은 고쿠 르에게 항복할 것을 간청했고, 결국 9월 22일에 아르플뢰르는 영국의 수 중으로 넘어갔다.

칼레를 향한 여정

클래런스 공작을 포함한 헨리의 보좌관들은 이제 승전을 거두었으니 국왕은 프랑스를 떠나 영국으로 돌아가야만 한다고 조언했다. 그러나 헨리 5세는 여전히 프랑스에 남겠다며 거절했다. 이에 따라 클래런스가 영국으로 돌아가 내정을 다지게 되었다. 헨리 5세는 무려 만 명이 넘는 원정군을 이끌고 왔는데, 아르플뢰르 같은 작은 도시를 정복했다는 것으로는 충분한 성과가 될 수 없었다. 프랑스군의 본진을 끌어내어 결정적인 전투를 벌인 후 패배시켜야만 진정한 승리라고 할 수 있었다.

그러나 문제는 겨울이 다가온다는 점이었다. 월동 준비를 하지 않고는 본격적인 싸움을 할 수 없었다. 이에 따라 헨리 5세는 10월 6일 아르플뢰르를 떠나 북프랑스의 영국군 거점인 칼레(Calais)까지 240여 킬로미터를 이동하기 시작했다. 헨리 5세는 약 5,000여 명의 궁사와 900여 명의 기사를 이끌고 그 거리를 8일 만에 이동하겠다고 결심했지만, 오랜 공성전과 이질 등의 전염병으로 인해 부대의 체력과 사기가 떨어질 대로 떨어진 상황에서 시간은 더 걸릴 수밖에 없었다.

한편 달브레가 이끄는 프랑스군은 솜 강을 따라 건너편에서 영국군의 움직임을 견제해나갔다. 특히 영국군이 블랑슈 타크(Blanche Taque)에서 도섭하려 하자, 프랑스는 6,000여 명의 병력을 보내 이를 막았다. 결국 헨리 5세는 솜 강의 남쪽 둑을 따라 이동을 계속해나가면서 칼레와는 더욱 멀어져갔다. 그리고 10월 15일이 되자, 칼레에 도착했을 거라는 헨리 5세의 낙관론과는 달리, 영국군이 도착한 것은 겨우 아미앵(Amiens)이었다. 이제 헨리 5세와 그의 참모들은 솜 강을 건널 수 있을지 스스로 의문을 갖게 되었다.

그러나 4일 뒤 영국군은 페론(Péronne)에서 프랑스군을 따돌리며 드디어 솜 강을 건너는 데 성공했다. 또한 영국군은 넬(Nesle)에 도달해서는 프랑스군이 배치되지 않은 교차로 2개소를 지나 북쪽으로 향했다. 그러나 접전을 피하겠다는 달브레의 태도가 겹쳐져 프랑스군은 신중한 자세를 취했다. 영국군이 빈손으로 칼레에 돌아가도록 만든 후에 아르플뢰르를 탈환하자는 것이었다. 그러나 오를레앙(Orléans), 부르봉(Bourbon), 알랑송(Alençon) 등 왕족들은 달브레의 의견을 무시했다. 프랑스 땅에서 영국군을 짓이겨서 국가적 자존심을 되살리겠다는 공명심에 불타고 있었다.

수세에 몰린 영국군

10월 24일이 되자 영국군이 두려워하면서도 기다리던 소식이 들려왔다. 프랑스군이 아쟁쿠르(Agincourt), 트람쿠르(Tramecourt)와 매종셀(Maisoncelle) 사이의 평야지대로 진입했다는 것이다. 헨리 5세는 자신의 충복이자 웨일즈의 귀족인 다피드 갬(Dafydd Gam)에게 적의 수가 얼마나 되는지 물었다. 그러자 갬이 대답했다.

"폐하, 죽일 자도 충분하고 사로잡을 자도 충분하며 도망갈 자 또한 충분하옵니다."

당시 병력 규모에 대해서는 오늘날 다양한 이견들이 있으나, 프랑스군이 약 6배의 병력, 즉 3만 6,000여 명 규모였던 것으로 알려져 있다(프랑스 측의 자료에 의하면 4 대 3 정도의 차이에 불과하다는 의견도 있으며, 영국 측 자료에는 3 대 1이라고 주장한 것도 있다). 프랑스군은 칼레로 향하는 도로를 봉쇄하기 위해 넓게 방어대형으로 배치되었다. 좌우 측면은 숲으로 둘러싸여 있어 기습의 우려도 상대적으로 낮았다.

한편 밤이 되자, 헨리 5세는 병사들 전원에게 침묵할 것을 지시했으며, 다들 귓엣말로 수군거리는 것이 전부였다. 한편 이상한 정적에 불안해진 프랑스군은 다음날의 결전을 피하기 위해 영국군이 도망가려는 책략이 아닐까 경계하기 시작했다. 그리하여 도로를 중심으로 일정한 간격으로 병력을 배치하여 불을 들고 영국군이 도망가지 않는지 감시하도록 했다. 한편 영국군도 프랑스군의 야간기습을 걱정하여 병력 대부분에게 경계태세를 취하도록 했다.

헨리 5세는 내일의 전투를 준비하며 잠을 이루지 못했으며, 정찰대를 보내어 프랑스군의 대비태세와 전장의 상황을 확인하도록 했다. 정찰대의 보고에 따르면, 전투를 할 장소의 땅이 진흙탕이 되어 전진이 어렵다고 했다. 이것은 이후 전투를 수행하는 데 가장 중요한 정보가 아닐 수 없었다.

양측의 전술

헨리는 영국군 전선을 매종셀과 트람쿠르 사이의 숲과 울타리 사이에 설정하기로 결심했다. 영국군이 목책을 박아놓고 전개할 전선 바로 앞에는 진흙탕이 형성되어 프랑스군의 공격 예봉이 전진하기 어려웠다. 또한 이렇게 전진이 어렵기 때문에 영국 장궁병에게는 절호의 공격 기회를 제공할 터였다. 어차피 말을 타고 전진하기 불가능한 지형이었기 때문에, 헨리 5세는 기사들에게는 말에서 내려서 싸우도록 하고 전열의 중앙에 위치하도록 했다. 좌우 측면에는 장궁병들을 배치하고, 기사들이 말을 타고 달려들어도 대형을 보호하도록 목책을 설치했다. 헨리 5세 본인은 중앙에서 기사들을 지휘했으며, 우익과 좌익은 각각 요크 공작(Duke of York)과 캐모이스(Camoys) 경이 맡았다.

그러나 이것은 헨리로서도 엄청나게 위험한 도박이었다. 영국군에게는 예비대가 없었을 뿐만 아니라 대비책 또한 없었다. 패배할 경우에 탈출할 경로도 없었다. 게다가 영국군의 전열도 얇아서, 프랑스군이 좌우 측면의 삼림지대를 우회하여 후방에서 타격할 경우에는 뾰족한 방법이 없었다. 게다가 프랑스군이 그냥 정공으로 밀어붙이더라도 엄청난 병력의 차이로 인해 패배할 공산이 높았다.

한편 프랑스에게 이 전투는 너무도 쉬운 전투처럼 보였다. 전력 차가 엄청났을 뿐만 아니라 사기의 차이도 컸다. 영국군은 무려 일주일을 넘게 도망치고 있는 반면, 프랑스군은 충분히 휴식을 취하면서 적군의 움직임을 견제해왔다. 전투계획도 이미 수일 전에 세워놓고 있었다. 프랑스 육군원수(Marshal of France)인 장 르 맹그르 부시코(Jean Le Maingre Boucicaut)와 총사령관 달브레가 8,000여 명의 기사, 4,000여 명의 궁수, 1,500여 명의 석궁수로 구성된 제1전열을 지휘할 예정이었다.

중앙 부대는 샤를 다르투아(Charles d'Artois) 왕자와 알랑송 공작이 지휘하며, 좌우익의 기사단은 부르봉과 리슈몽(Richemont)이 지휘했다. 후위대는 1,000여 명의 기사대로 구성된 본대와 200여 명의 소부대로 구성되었으며, 영국군의 군수마차를 기습하는 임무에 투입될 예정이었다. 중앙 부대는 애초에 궁수와 석궁수가 선제사격을 가한 이후 기사들이 돌진하도록 전열이 배치되어 있었다. 그러나 과거의 크레시 전투(Battle of

Crécy)와 푸아티에 전투(Battle of Poitiers)에서 조부나 부친을 잃었던 프랑스 귀족들은 복수심에 불타 선봉에 서고자 했다. 이는 이후에 커다란 재앙의 씨앗이 되었다.

절묘한 한 수

밤새 주룩주룩 내리던 비로 인해 원래 질척거렸던 땅은 더욱 진흙탕으로 변해버렸다. 태양이 뜨고 날이 바뀌어 1415년 10월 25일 금요일, 성 크리스핀 축일(Saint Crispin's Day)이 밝았다. 영국군은 개활지에서 밤을 지냈다. 이들은 중과부적의 상황에서 최후의 결전을 벌여야 함을 깨닫고 참회의 기도를 올리며 죽음을 각오했다. 그러나 이와는 정반대로 프랑스군은 숙영지에서 와인과 음식을 즐기고 막사에서 단잠을 잤다. 프랑스군은 손쉽게 이길 수 있으리라 자신했다.

날이 밝고 몇 시간이 지났지만, 대치하던 영국군과 프랑스군 사이에는 아무런 움직임이 없었다. 영국군은 소수인 데다가 진흙탕을 뚫고 달려들 프랑스군을 겨누어 이미 수비대형을 갖춰놓았기 때문에 돌진할 이유가 없다. 하지만 프랑스군에게는 더더군다나 돌진할 이유가 없었다. 시간이 지나면 지날수록 영국군은 피로감이 쌓이면서 전투력을 상실할 것이었다.

얼마 후에 프랑스군의 의도를 파악한 헨리 5세는 시

●●● 1415년 10월 25일 금요일, 성 크리스핀 축일(Saint Crispin's Day)이 밝았다. 영국 군은 개활지에서 밤을 지냈다. 이들은 중과부적의 상황에서 최후의 결전을 벌어야 함을 깨닫고 참회의 기도를 올리며 죽음을 각오했다. 에드먼드 블레어 레이튼(Edmund Blair Leighton)의 작품. 〈Public Domain〉

간이 자신의 편이 아님을 깨닫고는 병력을 전진시켰다. 병사들로 하여금 목책을 들고 프랑스군에게 사격을 가할 수 있는 거리(약 275미터)만큼 접근하도록 한 것이다. 사실 이는 위험한 도박이었다. 목책을 뽑아 이동하는 사이에 프랑스군이 돌진해온다면, 측면을 담당하는 장궁병들은 학살당할 것이고, 측면이 뚫리면서 본대도 참패할 것이기 때문이었다.

하지만 결과적으로 이 결정은 프랑스군의 의도를 분쇄한 절묘한 움직임이었다. 프랑스군은 영국군의 측면을 공략하여 돌파하고자 했으나, 영국군 장궁의 사정권 내로 들어가자 꼼짝없이 중앙에 대한 정면공격을 해야만 했다. 돌격을 시작한 프랑스군은 영국군을 향해 살짝 내려가는 듯한 지형이 오히려 자신들에게 불리함을 깨달았다. 뒤늦게 정찰대를 보낸 프랑스군은 땅이 진흙탕임을 돌격할 때가 다 되어서야 깨닫게 된 것이다. 그럼에도 불구하고 프랑스군은 애초의 계획대로 돌격을 시작했다. 복수에 불타는 기사들이 앞장서 궁수들의 지원사격도 없이 돌격을 시작했던 것이다.

프랑스군의 재앙

사기가 충천한 프랑스 기사들은 돌진을 감행했지만, 공격의 결과는 참혹했다. 약 1,200여 명의 기사가 말을 타고 있었는데, 그중 3분의 1 이상인 420여 명이 기병대 돌격에 참여했다. 이외에도 많은 기사들이 말에서 내려 도보로 돌진했다. 그러나 이들은 곧 당치않은 지형에 뛰어들었음을 깨닫게 되었다. 프랑스 기사들은 아르누아 드 장브(harnois de jambes: 다리용 갑옷)에다가 블랑 아르누아(blans harnois: 갑옷 한 벌)까지 갖추어 그야말로 갑주로 완전무장했다. 하지만 오히려 갑옷의 무게가 너무 무거워서 진흙범벅의 지형에서 움직일 수조차 없었다.

이렇게 무거운 갑옷 때문에 프랑스 기사들이 무릎까지 빠져 한 걸음을 내딛기 어려워지자, 드디어 영국군이 기다리던 기회가 열렸다. 장궁병들을 지휘하던 토머스 어핑엄(Thomas Erpingham) 경은 일제사격을 명령했다. 장궁병들은 있는 힘껏 활을 당겨 최대 각도로 일제사격을 가했다. 화살이 구름처럼 하늘 위로 떠올랐다가 지상으로 떨어지면서 표적을 하나둘 맞히기 시작했다.

강철로 만들어진 화살촉은 매우 단단하여 철갑도 관통할 수 있었으며, 충분한 힘만 더해진다면 갑주를 뚫을 수 있었다. 화살들은 일단 갑주의 보호가 약한 말들에게는 확실히 효과가 있었다. 활을 맞은 말들은 날뛰며 그 위에 탄 기사들을 진흙탕으로 떨구고는 프랑스군 진영으로 되돌아갔다. 이렇게 제일 먼저 말을 타고 달려나왔다가 진흙탕에 떨어진 기사들은 도보로 진격하던 프랑스군에게 오히려 장애물이 되었다. 그러나 계속되는 영국 장궁병의 일제공격에도 프랑스 기사들은 겁먹지 않고 과감한 진격을 계속했다.

하지만 그렇게 꾸역꾸역 전진하는 와중에도 프랑스군은 계속해서 희생자가 발생했다. 갑옷에서 가장 약한 부분이 얼굴 부분(눈구멍과 숨구멍)이었는데, 장궁병들이 아예 얼굴을 겨누고 직접 활을 쏘았기 때문에, 투구를 쓴 기사들조차 전진하면서도 고개를 들지 못했다. 프랑스 기사들은 진흙 때문에 한 발 한 발 옮길 때마다 엄청난 체력을 소모해야만 했고, 갑옷으로 인해 숨쉬기조차 어려운 상황이었다. 그야말로 자신의 갑옷에 갇혀버린 셈이었다.

치열한 접전

수백 미터의 진흙탕을 뚫고 화살 공격에 살아남아도 프랑스 기사들의 고난은 끝나지 않았다. 영국군의 본진에서는 체력을 보존하고 있던 기사들이 나와 움직임이 둔한 프랑스군을 학살했다. 특히 영국군은 일부 귀족을 제외하고는 대부분 가벼운 가죽갑옷을 입고 있었고, 물론 하반신 갑주를 갖추지 않아 훨씬 더 기동성이 뛰어났다. 병력 수는 프랑스군이 훨씬 더 많았지만, 전투력은 오히려 영국군이 높았던 것이다.

여기에 더하여 화살을 소진한 장궁병들도 근접전에 참가했다. 이들이 가지고 있던 무기들은 빈약했다. 이들이 휴대한 무기는 단검이나 목책을 만들기 위한 도끼 또는 나무망치가 전부였지만, 진흙으로 움직임이 크게 제약되는 상황에서는 오히려 매우 유효했다. 장검이나 장창으로 무장한 프랑스군은 너무도 밀집한 대형으로 진격하는 탓에 제1열만이 무장을 휘두를 수 있었고, 그 뒷열들은 실질적인 전투를 할 수 없었다. 게다가 밀집해 있던 프랑스군은 활을 가진 장궁병들에게는 아주 쉬운 표적이었다.

특히 영국 장궁병들이 전투에 임하는 태도는 오히려 귀족들보다도 더 진지했다. 중세의 전쟁에서 기사라면 귀족이기에 석방금을 기대하고 생포했지만, 평민에 불과한 장궁병들은 가치가 없으므로 그 자리에서 죽일 것이 명백했다. 이미 전투에 앞서 헨리 5세는 이런 사실을 병사들에게 주지시키면서 전투의지를 불태우도록 만들었다. 결국 석방금을 내면 자신도 풀려날 것이라고 생각한 프랑스 기사와 목숨을 걸고 싸운 영국 장궁병의 싸움은 후자의 승리로 끝났다.

치열한 전투는 내리 3시간 계속되었다. 프랑스군의 시체는 전장에 쌓

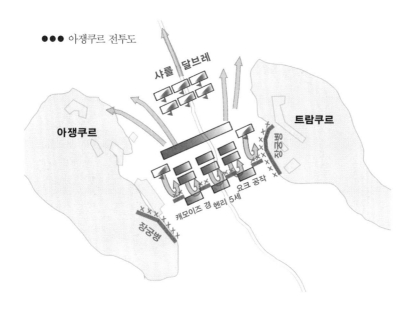

●●● 아쟁쿠르 전투도

사를 | 달브레

아쟁쿠르

트람쿠르

요크 공작

캐모이즈 경 헨리 5세

장궁병

포로수용

이기 시작했다. 물론 영국군도 지치기 시작했다. 접전을 벌이며 우세를 유지하고는 있었지만, 언제든 후방공격이나 증원군 공격으로 무너질 수도 있었다. 이때쯤 해서 브라방 공작(Duke of Brabant)이 이끄는 마지막 돌진이 계속되었으며, 영국군은 이 공격도 거뜬히 막아내며 공격을 이끌던 브라방 공작까지 사살했다. 이로써 전장은 어느 정도 정돈되었다.

그러나 프랑스군의 후위대 소부대가 영국군의 군수마차를 공격하자, 영국군에는 불안감이 감돌았다. 여전히 영국군은 취약했기 때문에 후방을 공격당한다면 절망적이었다. 포로로 잡은 프랑스군들도 후방 공격이 시작되면 다시 칼을 들고 영국군을 위협할 것이었다. 이런 상황까지 예측한 헨리 5세는 장궁병들에게 포로를 모두 사살할 것을 지시했다. 이는 당시의 기사도로서는 용서받기 어려운 일이었지만, 헨리 5세로서는 영국군을 지켜내기 위한 절망 속의 선택이기도 했다.

●●● 프랑스군은 무려 6배나 많은 전력으로 영국군을 공격했지만, 영국군의 수십 배가 넘는 엄청난 희생자를 기록하면서 참패했다. 〈Public Domain〉

셰익스피어도 묘사한 전쟁

이후에 프랑스군은 2차 돌격도 후방 기습도 없었다. 프랑스군은 여전히 병력이 우위였지만, 재집결 후 공격하기는커녕 영국군의 기세에 눌려 도망가고 말았던 것이다. 전투가 끝나자 프랑스군은 약 1만 명에 가까운 전사자를 기록했지만, 영국군은 겨우 112명이 죽었을 뿐이다. 아쟁쿠르 전투는 장궁이라는 비대칭전력과 지형 등에 대한 사전 정찰을 통해 획득한 전장 정보를 바탕으로 이끌어낸 영국군의 승리였던 것이다. 그야말로 서양사에서 지상군의 '명량전투'인 셈이다.

헨리 5세는 아쟁쿠르 전투로 프랑스를 제압한 결과, 1420년 트루아 조약(Treaty of Troyes)을 맺고 스스로 샤를 6세(Charles VI)의 딸 카트린(Catherine)과 결혼함으로써 자신의 프랑스 왕위 계승권을 승인시켰다. 그리하여 성 크리스핀 축일은 영국에게는 축하의 날로, 프랑스에게는 치욕의 날로 대대로 기억되고 있다. 특히 아쟁쿠르 전투를 앞두고 헨리 5세가 병사들에게 한 연설은 셰익스피어의 희극 『헨리 5세』(4막 3장)에 다음과 같이 묘사되고 있다.

"우리, 비록 수는 적으나 그렇기에 행복한 우리는 모두 한 형제(Band of Brothers)이니라. 오늘 이 전투에서 나와 함께 피를 흘리는 자는 내 형제가 될지니……."

이후에 소설과 TV영화로 나왔던 "밴드 오브 브라더스(Band of Brothers)"라는 제목도 바로 이 아쟁쿠르 전투가 기원이 되었던 것이다.

12
콘스탄티노플 전투
(1453)

대포에 무너진 천년의 요새

BATTLE OF CONSTANTINOPLE

"우리가 시작이라고 부르는 것들은 실제로는 끝이다.
그리고 끝낸다는 것은 시작한다는 것이다.
끝이야말로 우리가 시작하는 지점이다."

- T. S. 엘리엇

1453년 난공불락의 성벽을 무너뜨린 오스만의 공성포(siege gun)의 활약으로 비잔틴 제국의 수도 콘스탄티노플(Constantinople)이 함락되자, 비잔틴 제국은 무너지고 오스만 제국이 들어섰다. 이로써 지중해와 동유럽의 기독교 세력은 이후 2세기 동안 오스만의 위협에 노출되었다.

풍전등화와 같은 콘스탄티노플

비잔틴 제국(Byzantine Empire)은 아랍과 투르크족으로부터 서구 유럽을 지켜주는 방벽과도 같은 존재였다. 그러나 1071년 셀주크 투르크는 비잔틴 군대를 만지케르트(Manzikert)에서 대파했으며, 그 후예인 오스만 투르크가 1389년 코소보 전투(Battle of Kosovo)에서 세르비아군을 대파하면서 발칸 반도를 이슬람 세력권으로 장악했다. 15세기에 이르자, 소아시아 지역은 대부분 오스만이 장악했고, 100만여 명이 살면서 한때 전성기를 구가하던 비잔틴 제국의 수도 콘스탄티노플는 풍전등화의 위기를 맞이했다. 콘스탄티노플은 콘스탄틴 대제(Constantinus I)가 330년에 축성한 이후 무려 11세기 동안 동로마 제국의 수도였다.

한편 티무르 제국이 소아시아 지역에서 번창하면서 1402년 투르크족을 앙카라(Ankara)에서 격파하자, 숨도 못 쉬던 비잔틴 제국에는 잠깐이나마 평화가 찾아오기도 했다. 이후 국력이 약했던 비잔틴 제국은 오스만과의 동맹관계로 평화를 유지해왔다. 1421년 즉위한 6대 술탄인 무라트 2세(Murad II)는 티무르 제국에게 빼앗긴 땅을 회복하기 시작했는데, 이 과정에서 비잔틴 제국이 내정에 개입하려 했다. 분노한 무라트 2세는 1422년 비잔틴 제국과의 동맹을 파기하고 군사를 이끌고 콘스탄티노플

●●● 코소보 전투는 1389년에 오스만 투르크군과 세르비아군이 남(南)유고슬라비아의 코소보 고원에서 싸운 전투다. 오스만 투르크군은 무라트 1세가 인솔했고, 세르비아군은 세르비아 왕 라자르(Lazar) 공이 지휘했다. 이 전투에서 오스만 투르크군이 승리함으로써 발칸 반도에서 오스만 투르크 지배의 기초가 구축되었다. 〈Public Domain〉

을 포위했다. 물론 비잔틴군은 오스만군에 대적할 수준도 못 되어 수도가 함락될 절체절명의 위기에 빠졌다.

그러나 무라트 2세는 콘스탄티노플을 점령하지는 않고 오스만 제국에 유리한 조건으로 화평조약을 맺은 후 철수했다. 공략을 하지 않고 철수한 것에 대해서는 논란이 많은데, 무라트 2세의 선왕이 비잔틴 제국 황제에게 정치적인 빚이 있었기 때문이라는 설도 있고, 본국의 반란을 진압하기 위해 서둘러 원정을 마무리 지었다는 설도 있다. 그러나 좀 더 실질적인 설명은 당시 오스만 제국으로서는 콘스탄티노플을 점령하여 속국으로 만들 이유가 없었기 때문이다. 당시 콘스탄티노플은 일종의 자유무역항 같은 지역으로 동서가 교류하는 지점이었기 때문에, 오스만 제국이 정복하면 오히려 그런 교류가 단절될 뿐, 커다란 국익이 없었기 때문이기도 하다.

메흐메트 2세, 정복을 꿈꾸다

한편 무라트 2세가 1451년 사망하자, 왕좌는 메흐메트 2세(Mehmed II)가 물려받았다. 19살의 나이로 즉위한 메흐메트 2세는 공격적이고 오만한 성격으로 이후 주변국들에게 커다란 위협이 될 존재였다. 사람들이 자신을 병약한 젊은이 정도로 여기고 있다는 것을 스스로도 알고 있었는지, 메흐메트 2세는 이런 인식을 뒤집을 계기가 필요했다. 잃어버린 오스만의 영토를 모두 회복하기 위해 그가 제일 먼저 선택한 목표는 바로 콘스탄티노플이었다.

하지만 콘스탄티노플은 절대로 만만한 목표가 아니었다. 무엇보다도 6킬로미터에 이르는 견고한 방벽이 버티고 있었다. 해자와 감시탑을 갖추었음은 물론이고 방벽 자체가 삼중 방벽이었기 때문에, 콘스탄티노플은 4세기 중반 테오도시우스 황제가 두터운 성벽을 구축한 이후 무려 천년이 넘도록 어떤 외국군에 의해 침략당한 바 없었다.

메흐메트 2세는 이를 돌파하기 위한 방법이 있어야만 했다. 이런 메흐메트 2세에게 트란실바니아(Transylvania)의 우르반(urban)이라는 총포

●●● 오스만에 새로운 술탄으로 메흐메트 2세가 즉위하면서 비잔틴 제국은 풍전등화의 운명을 맞게 되었다. (Public Domain)

●●● 콘스탄티노플의 강력한 방벽을 파괴하기 위해 메흐메트 2세는 당대 최고의 대포인 다르다넬스 대포를 준비했다. 〈Public Domain〉

기술자가 찾아와 삼중 방벽을 파괴할 공성포(攻城砲: 성이나 요새를 공격하기 위해 제조된 대포)인 다르다넬스 대포(Dardanelles Gun)를 제작했다. 우르반의 공성포는 길이 8.1미터에 중량은 19톤에 이르는 거대한 대포로, 8인치 지름에 250킬로그램이 넘는 중량의 포탄을 1.6킬로미터까지 날릴 수 있었다. 엄청난 무게와 크기 때문에 이 포를 운반하기 위해서는 30마리의 소가 필요했고, 운용에는 700여 명이 동원되었다고 한다. 메흐메트는 1453년 1월에 공성포의 시험사격에서 포탄이 지상으로 1미터 이상 박히는 것을 보고는 크게 만족했다.

고매한 인품의 아버지와는 달리, 메흐메트 2세는 기독교도들과 맺은 조약을 존중하지 않았다. 그는 보스포루스 해협을 넘어와 비잔틴 제국의 영토를 점령하고는 루마니아와 남부 러시아에서 유입되는 곡물의 유통을 막았다. 특히 1452년 4월부터는 루멜리 히사리(Rumeli Hisari)라는

●●● 콘스탄티노플은 원래 고대 그리스의 식민도시였으나, 동로마 제국의 수도로 천년이 넘게 융성했다. 〈사진: Public Domain〉

마르마라 해

요새를 해협의 유럽 측 육지에 건조하기 시작했다. 이미 메흐메트 2세의 조부가 해협의 아시아 측 육지에 세운 아나돌루 히사리(Anadolu Hisari)라는 요새도 있어, 이 두 요새로 오스만 제국은 비잔틴 제국으로 향하는 항로를 봉쇄할 수 있었다. 투르크인들은 새롭게 지은 요새를 보아즈케센(Boğazkesen:'목 따는 곳'이라는 뜻)이라고 부르며 그 전략적 중요성을 인식했다.

비잔틴 제국이 항의하자, 오스만 제국은 이 지역에 출몰하는 해적을 소탕하고 해협을 보호하기 위해서라고 했다. 그러나 실제로 오스만 제국

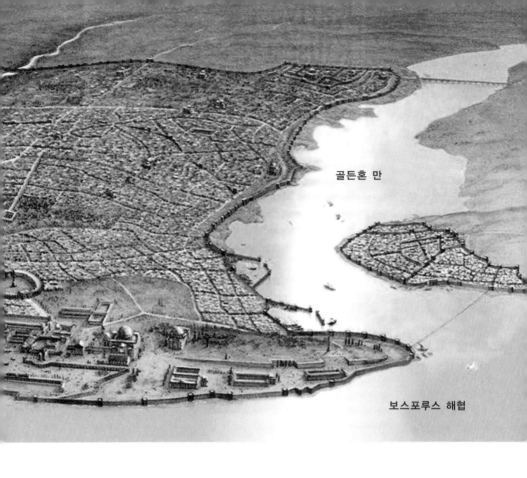

골든혼 만

보스포루스 해협

은 비잔틴 제국에 대한 강력한 봉쇄전략을 실시했다. 보스포루스 해협을 지나는 모든 상선에게 통행세를 내지 않으면 격침시키겠다고 엄포를 놓았던 것이다. 11월에는 이를 무시하고 지나던 제노바(Genova)의 선박을 포격으로 격침시키고 살아남은 선원들을 모두 처형했으며, 특히 안토니오 리초(Antonio Rizzo) 선장에게는 가장 처참한 사형 방식인 말뚝처형을 시행했다. 메흐메트 2세의 강경한 태도로 인해 비잔틴 제국은 그야말로 풍전등화의 운명이 되었다.

명백히 불리한 싸움

비잔틴 제국의 운명은 1452년 겨울이 되면서 사실상 판가름이 났다. 서구 유럽의 가톨릭 국가들은 공통의 적인 이슬람에 대항해 힘을 모으지 못했다. 동서 교회의 반목으로 지원을 머뭇거리던 서유럽의 교황 니콜라우스 5세(Nicolaus V)는 동로마의 정교회가 바티칸의 권위에 복종하겠다며 물러나고서야 비로소 십자군의 봉기를 촉구했다. 그러나 교황의 영향력이 커지는 것을 못마땅해하던 유럽의 국왕들은 흔쾌히 응하지 않았다. 영국과 프랑스는 백년전쟁 중이었고, 스페인은 레콘키스타(Reconquista: 이슬람교도들이 이베리아 반도를 점령했을 때, 그 국토를 탈환하고자 펼친 기독교도의 국토 회복 운동)로 여력이 없었으며, 독일은 피비린내 나는 내전 중이었다. 서유럽은 원정을 위한 여력이 없었던 것이다.

그나마 도움을 줄 수 있는 나라라면 비잔틴 제국과 교역이 있던 제노바와 베네치아(Venezia) 공국뿐이었다. 그러나 페라(Pera)와 골든혼(Golden Horn) 만 지역을 점령하던 제노바는 묘한 중립적 태도를 견지했다. 그나마 제네바와 숙적이던 베네치아 공국만이 위기에 처한 콘스탄티노플을 구하겠다고 나섰다. 비잔틴 제국이 무너질 경우 베네치아의 발칸 반도 식민지들이 직접적으로 위협을 받기 때문이었다. 한편 제노바 출신의 용병 대장이자 공성전의 방어 전문가로 유럽에서 명성이 높았던 조반니 주스티니아니 롱고(Giovanni Giustiniani Longo) 장군도 용병 700여 명을 데리고 콘스탄티노플에 도착했다.

그러나 명백한 중과부적에 콘스탄티노플 주민들의 사기는 떨어질 대로 떨어져 있었다. 슬라브나 그리스, 이탈리아 출신의 기독교인들이 대부분인 주민들은 절체절명의 순간이 다가오는 동안에도 현실을 부정했다.

그나마 콘스탄틴 11세(Constantine XI)와 같은 성군이 있었기에 희망은 있었다. 즉위한 지 4년이 된 콘스탄틴 11세는 탁월한 연설가이자 뛰어난 지도자였다. 메흐메트 2세의 루멜리 히사리 요새 건축을 보면서 콘스탄틴 11세는 곧바로 서유럽에 원조를 구할 만큼 뛰어난 식견을 가지고 있었다. 또한 주민 모두가 같은 배에 탔으며 처형된 제네바 선원들처럼 메흐메트 2세에게 자비를 기대해서는 안 되고 결국 서유럽에서 원조가 올 것이라고 말했다.

비록 이 말이 틀리지는 않았지만, 말만으로는 중과부적의 콘스탄티노플을 구원할 수는 없었다. 콘스탄티노플의 수비 병력은 정확히는 7,000여 명 수준으로, 게다가 그중에 2,000여 명은 외국인이었다. 이에 반해 오스만 제국의 병력은 5만~8만 명(자료에 따라서는 10만~15만 명)으로 그중에 메흐메트 2세의 정예 친위병력인 '예니체리(Janissary)'는 1만여 명에 이르렀다. 게다가 오스만 제국은 개국 이래 처음으로 대규모 갤리선 함대를 구축했다. 함대는 마르마라(Marmara) 해로 진입했는데, 이로써 콘스탄티노플의 마르마라 해상 방벽도 위협에 노출되어 요새를 구축해야만 했다.

공성전의 시작

오스만 제국군의 선봉대가 콘스탄티노플의 방벽에 최초로 도착한 것은 1453년 4월 1일이었다. 콘스탄틴 11세는 직접 성문을 닫을 것을 명령하고 해자 위를 지나는 목재 교량을 불태웠으며 방벽에 병력을 배치했다. 포위가 시작되자 콘스탄티노플은 이제 바깥세상과는 격리되었다. 메흐메트 2

세가 주력부대를 대동하고 콘스탄티노플에 도착한 것은 공성전이 시작된 지 5일 후였다. 메흐메트는 방벽의 옆에 숙영지와 사령부를 구축했다.

비록 소수의 병력이었지만 비잔틴 제국군은 요새 구축의 전문가들이었다. 이들은 블라케르나이(Blachernae)처럼 내륙의 외벽 가운데 가장 돌출한 지역을 집중적으로 보수했다. 그러나 마르마라 해나 골든혼 만 등 해상 방벽에 대해서는 수비 병력을 최소화했다. 첩보에 따르면, 메흐메트 2세가 내륙 방벽의 공략에 집중할 것이라는 관측이 있었기 때문이다. 특히 골든혼 만은 과거 4차 십자군 원정에서 상륙을 허용하여 콘스탄티노플을 점령당한 경험이 있기 때문에, 거대한 사슬로 입구를 막아 함선을 이용한 상륙작전을 할 수 없도록 준비함으로써 수비 병력을 줄여도 무방했다.

4월 9일에는 오스만 제국의 육·해군 양동작전이 펼쳐졌다. 오스만 제국 함대가 골든혼 만 인근의 돌출지대를 공략하는 사이, 지상 병력은 테라피아(Therapia)와 스투디오스(Studios)의 외곽 요새를 공략했다. 골든혼 만 공략은 실패했지만, 두 요새는 이틀 만에 함락되었고, 메흐메트 2

세의 명령에 따라 요새를 지키던 병사들은 말뚝처형을 당했다. 콘스탄티노플의 병사들에게 보내는 경고였다. 그러나 이런 메흐메트 2세의 잔혹성을 목격한 비잔틴 제국의 수비대는 이런 폭군에게 점령당할 경우 자신들의 운명을 생각하며 오히려 전의(戰意)를 불태웠다. 그리하여 오스만 제국의 세 번째 공략 목표인 프리키포(Prikipo) 섬 요새의 방어 병력은 함락을 눈앞에 두고 항복하는 대신 요새를 불태우고 자결하기까지 했다.

이로부터 3일 뒤부터 오스만 제국군의 강력한 공성포의 포격이 시작되더니 이후 6주 동안이나 계속되었다. 우르반의 공성포는 장전하는 데만 3시간이 소요되었기 때문에 콘스탄티노플의 성벽을 향해 하루에 포탄을 최대 7발까지 발사하는 것이 전부였다. 그러나 그사이에 부지런한 비잔틴 제국 방어 병력은 성벽 수리를 완료하곤 했다.

4월 18일에는 내륙 방벽의 최대 취약 부분인 리쿠스(Lycus) 강 계곡의 방벽이 포격에 무너져 내리고 말았다. 그러나 주스티니아니가 이끄는 비잔틴 제국군은 시간에 맞춰 방벽의 수리를 마쳤다. 메흐메트 2세는 해자를 메우게 한 이후에 병력을 보내 1차 공격을 감행했지만, 400여 명의 병력이 소진되었을 뿐이었다. 주스티니아니가 이끌던 수비대의 기사들과 중장보병에는 희생자가 없었다. 이렇듯 콘스탄티노플의 방어가 효율적으로 이루어지자, 수비대의 사기도 높아져갔다.

수비대의 분전

이틀 후인 4월 20일에는 중무장한 이탈리아 상선으로 구성된 수송 소함대가 오스만 제국 함대의 봉쇄를 뚫고 콘스탄티노플에 도착했다. 증원 병력과 함께 식량과 생필품이 도착하자, 수비대의 사기는 더욱 올라갔다. 봉쇄가 뚫린 데 격분한 메흐메트 2세는 그 자리에서 오스만 제국의 함대 사령관을 해임하고 병사로 강등시켰다.

메흐메트 2세는 내륙을 공략하던 전략을 변경하여, 이제는 골든혼 만 지역에 집중하기로 했다. 특히 함선의 진입을 막는 사슬을 무력화하기 위해 극단적인 조치를 취했다. 해협에서 시작하여 약 2킬로미터에 이르는 목재 도로를 만든 후 그 위에 함선들을 올려 골든혼 만으로 날랐던 것이다. 이렇게 골든혼 만 지역에 오스만 제국 함선들이 배치되자, 이제 콘스탄티노플은 북부로부터의 위협에 노출되었다. 오스만 제국 함대를 기습하기 위해 이탈리아 병력이 중심이 된 비잔틴 연합군은 야간기습을 실시했지만 무위로 돌아갔다. 그러자 제네바군과 베네치아군은 서로가 배신을 했다면서 격한 분쟁에 휘말렸다. 콘스탄틴 11세는 다음과 같은 말로 양측을 질책했다.

"우리는 성문 밖의 싸움으로도 버겁소. 제발 우리끼리만큼은 다투지 마시오."

5월이 되자 7일과 12일에 오스만 제국은 가장 취약한 리쿠스 방벽을 향해 두 차례 야간기습을 실시했지만, 모두 실패했다. 주스티니아니는 성벽을 다시 짓는 대신 무너진 지점 약간 뒤에 새 벽을 쌓음으로써 방어태세를 유지했던 것이다. 메흐메트 2세는 인내심이 거의 바닥날 지경이 되었다. 상황이 이 지경에 이르자, 애초부터 콘스탄티노플 공략에 반대했던 오스만 제국의 재상 할릴 파샤(Halil Pasha)는 포위를 풀고 돌아가자고 메흐메트 2세에게 충고했다. 그러나 메흐메트 2세는 어떤 대가를

●●● 메흐메트 2세는 오스만 제국 함선을 2킬로미터에 이르는 목재 도로를 만든 후 그 위에 함선들을 올려 골든 혼 만으로 날랐다. 오스만 제국 궁정화가 파우스토 조나로의 작품. 〈Public Domain〉

치르더라도 콘스탄티노플을 점령하겠노라며 노발대발했다.

성벽의 지상 공략이 여의치 않자, 오스만 제국군은 땅굴작전도 실시했다. 세르비아인 전문가의 도움으로 오스만 제국군은 내륙 방벽을 무너뜨리기 위해 땅굴을 파기 시작했던 것이다. 그러나 비잔틴 제국군에도 공성전 전문가가 있었다. 스코틀랜드 출신의 십자군 존 그랜트(John Grant) 경은 땅굴을 무력화하기 위해 오스만 제국군의 땅굴들을 발견하는 족족 액체화약인 그리스의 불(Greek fire)을 붓고 불을 붙이거나 물길을 끌어와 인부들을 익사시킴으로써 공략을 좌절시켰다. 오스만 제국군은 무려 14개의 땅굴을 팠지만, 그랜트의 활약으로 모두 실패하고 말았다.

한편 땅굴 공격이 좌절되자, 메흐메트 2세는 이번에는 누차(樓車)를 통한 공격을 명했다. 거대한 누차를 만들어 성벽을 위에서부터 공격할 준비를 갖추고는 방벽의 최북단인 카리시우스 문(Carisius Gate)을 공격 지점으로 삼았다. 그러자 콘스탄틴 11세는 결사대를 급조해 야간기습을 감행하여 그리스의 불 공격으로 누차를 불태웠다. 그리고 5일 뒤 수비대는 세르비아의 땅굴 기술자를 체포하는 데 성공하여 아직 발견하지 못한 오스만 제국군 땅굴의 위치와 작업 수준까지 확인했다. 그러나 비잔틴 제국군의 행운은 거기까지였다. 며칠 뒤에 베네치아 선박이 도착하여 비보(悲報)를 알려왔다. 교황이 원정군의 모집에 실패했다는 소식이었다.

운명은 바뀌지 않았다

시간이 흐르면 흐를수록 콘스탄티노플 안의 민심은 흉흉해졌다. 특히 5월 23일경에 이르자 사기는 바닥을 쳤다. 여태까지 콘스탄티노플을 지켜낼 수 있었던 원동력은 유럽의 십자군이 도착하여 자신들을 구원해줄 것이라는 믿음이었지만, 이제는 기댈 곳조차 없었다. 게다가 오래전부터 콘스탄티노플에서 구전되던 예언이 민심을 뒤흔들었다. 즉, 콘스탄티노플은 도시와 같은 이름의 황제가 집권하고 있을 때 멸망한다는 예언이었는데, 현재 황제가 콘스탄틴 11세였기 때문이다.

게다가 5월 24일이 되자 콘스탄티노플은 짙은 안개에 휩싸였다. 이렇게 따뜻한 계절에 안개가 깔리는 것은 전례 없는 일이었다. 비잔틴 제국 사람들은 이제 신의 가호가 자신들을 떠났다며 수군댔다. 동방 정교회인 자신들이 가톨릭인 유럽에 기대려고 한 것이 신의 분노를 샀다는 것이었다.

한편 사기가 떨어져 있기는 공격자인 오스만 제국군도 마찬가지였다. 결국 할릴 파샤의 강력한 제안에 따라 메흐메트 2세는 마지막 한 번의 대규모 공세를 한 후에도 콘스탄티노플이 함락되지 않는다면 철군하겠노라고 약속하게 되었다. 그리하여 공격 일자는 5월 28일 밤이나 29일 새벽으로 정해졌다. 메흐메트 2세는 휘하의 장군들을 불러모아 철저하게 공격 계획을 점검했다. 한편 같은 날 콘스탄티노플의 성 소피아 성당에서는 정교도와 가톨릭교도들이 같이 모여 범기독교 미사를 집전하며 서로를 위로하고 있었다.

마지막 공격

29일 01시 30분이 되자, 2만여 명의 오스만 제국 비정규군[바시-바주크(Bashi-bazouks)] 병력이 함성을 외치며 있는 힘껏 내륙 방벽을 향해 달려들면서 전투가 시작되었다. 중무장한 비잔틴 제국군 수비대는 2시간의 치열한 전투 끝에 공격을 좌절시켰고, 지상에는 오스만 제국군의 시체가 쌓여만 갔다. 오스만 제국군은 해상 방벽으로 아나톨리아의 육군 비정규 병력도 투입했는데, 이들 역시 비참한 최후를 맞이했다. 제1·2파의 돌격 후에 메흐메트 2세는 자신의 정예부대인 예니체리까지 투입하며 제3파의 공격까지 감행했지만, 놀랍게도 비잔틴 제국군은 이들까지 막아냈다.

그러나 전투 와중에 블라케르나이 방벽과 테오도시우스 방벽 사이에 있는 작은 성문인 케르카포르타(Kerkaporta) 문이 열린 채로 방치되고 말았다. 오스만 제국군에게 반격을 가하는 병력이 드나드는 문이었는데, 전투피로에 의한 실수였는지 아니면 첩자에 의한 공작이었는지 성문이 열려 있었던 것이다. 이 기회를 놓치지 않고 수백 명의 오스만 제국군이 성벽 안으로 들이닥치고야 말았다. 첫 번째 방벽과 두 번째 방벽 사이에는 오직 소수의 수비대 병력이 지키고 있을 뿐이어서 밀려드는 오스만

●●● 콘스탄티노플에 입성한 메흐메트 2세. 두 달 동안 치열하게 항전하던 콘스탄티노플은 결국 오스만 제국군의 마지막 총공격을 버텨내지 못하고 무너지고 말았다. 오스만 제국 궁정화가 파우스토 조나로의 작품. ⟨Public Domain⟩

제국군을 막아낼 수 없었다.

한편 중앙 외벽에서도 치열한 전투가 벌어졌는데, 이때 오스만 제국군의 사격으로 주스티니아니 장군은 중상을 입고 말았다. 부상이 심각하자, 주스티니아니는 치열하게 싸우는 베네치아-제노바 연합군 병력들의 옆을 지키는 대신 상처를 돌보기 위해 전선을 이탈할 것을 결심했다. 그러자 여태까지 용맹하게 전선을 지키고 있던 제노바 수비대는 사령관이 들것에 실려 나가는 것을 보고는 공포에 사로잡혀 도망가기 시작했다. 콘스탄틴 11세는 주스티니아니에게 전선에 머물 것을 간곡히 요청했지만, 주스티니아니의 마음은 바뀌지 않았다. 베네치아군은 더러운 제노바인들이 자신들을 배신했다며 소리를 높였다.

이렇게 전열이 붕괴되자, 오스만 제국군은 이제 중앙 성문까지 점령하는 데 성공했다. 성문이 열리고 오스만 제국군이 쏟아져 들어오자 소수의 수비대 병력은 버틸 재간이 없었다. 갑옷으로 무장한 콘스탄틴 11세도 최후의 항전에서 운명을 맞이했다. 카탈로니아인들은 이교도와 싸우다 죽으면 천국으로 갈 수 있다는 비장한 운명론을 받아들이며 산화했다.

이스탄불의 탄생

오스만 제국군의 점령으로 콘스탄티노플 수비대 가운데 4,000여 명이 죽었고, 대부분의 주민들은 노예로 전락했다. 교회와 수도원, 가옥들은 불 질러졌고, 성 소피아 성당은 회교사원으로 바뀌었다. 이렇게 콘스탄티노플은 비잔틴 제국의 수도로서 생명이 끝나고 오스만 투르크 제국의 수도인 이스탄불(Istanbul)로 다시 태어나게 되었다. 한편 공성전이 시작되면서 많은 지식인들이 콘스탄티노플을 떠나 유럽으로 이주함에 따라서 유럽에는 르네상스가 꽃을 피게 되었다. 그러나 군사적으로는 화포의 위력이 전쟁의 새로운 장(場)을 여는 데 기여한 것이 바로 이 콘스탄티노플 전투이기도 하다.

13

레판토 해전
(1571)

함포로 투르크의 위협에서 서유럽을 구하다

BATTLE OF LEPANTO

"전쟁을 수행하기 위해 필요한 것은 3가지다.
그것은 돈, 그리고 돈, 마지막으로 돈이다."
- 지안 지아코모 트리불지오, 밀라노 출신의 귀족이자 장군

16세기의 유럽은 상대적으로 외세의 침략에서 해방되어 점차 부를 쌓아가고 있었다. 특히 부를 추구하거나 복음을 전파하고자 하는 이들은 바다로 나아가 신세계를 개척하고자 했다. 항해술과 화약의 발전으로 막강한 능력을 갖추게 된 유럽 열강들은 신대륙 발견과 개척을 위해 온 힘을 기울였고, 그중에 가장 강력한 세력이 스페인이었다.

피할 수 없는 교전

이렇게 유럽이 신대륙의 열풍에 휩싸인 사이, 콘스탄티노플을 점령한 오스만 투르크 제국은 서쪽으로 전진을 계속했다. 새로운 황제인 셀림 2세(Selim II)는 지중해에서 기독교인들의 함대를 몰아낸 후에 최종적으로는 로마까지 목표로 삼고자 했다. 셀림의 첫 번째 목표는 베네치아가 지배하던 키프러스(Cyprus)였다. 1570년 9월 1일 오스만 투르크 제국군은 키프러스 섬의 수도인 니코시아(Nicosia)를 점령하고 파마구스타(Famagusta)를 포위했다. 그리고 1571년 8월 1일 마지막 보루였던 파마구스타마저 함락되자, 오스만 투르크 제국군은 주민들을 학살하고 베네치아군 사령관인 마르코 안토니오 브라가딘(Marco Antonio Bragadin)을 가장 잔혹한 방법으로 살해했다.

베네치아는 오스만 투르크 제국의 위협에 대응하여 교황청에 도움을 요청했고, 교황청이 기댈 수 있는 당대 유럽의 최강대국은 스페인이었다. 교황 바오로 3세(Paul III)의 요청으로 스페인, 교황청, 제노바와 몰타 등이 이미 5월 25일에 신성동맹(Holy League)을 구성하여 함대 전력을 준비했다. 동쪽으로부터의 위협이 구체화되고 나서야 베네치아는 철천지

원수인 제노바와 스페인과 연합전력을 구성했고, 스페인 국왕인 펠리페 2세(Philip II of Spain)의 제안에 따라 돈 후안 데 아우스트리아(Don Juan de Austria)가 연합함대 사령관이 되는 것을 받아들였다. 당시 26세였던 후안은 신성로마 제국 황제 칼 5세(Karl V)의 사생아이자, 펠리페 2세의 이복동생이었다.

오스만 투르크 제국의 셀림 2세는 돈 후안 왕자만큼이나 젊고 혈기왕성한 알리 파샤(Ali Pasha)를 함대사령관으로 임명하여, 274척의 갤리선단을 레판토(Lepanto) 항구로 이동하도록 했다. 알리 파샤는 자신의 휘하에서 가장 위협적인 지휘관인 울루지 알리 레이스(Uluç Ali Reis)를 파견하여 이탈리아 해안과 아드리아 해안의 베네치아 전초기지들을 기습하도록 했다. 울루지 알리 레이스는 칼라브리아(Calabria) 출신의 이탈리아인으로 이슬람으로 개종한 뒤에 알리 파샤와 같은 투르크인들보다 훨씬 더 기독교에 대한 반감을 갖고 있었다.

신성동맹은 1571년 8월 메시나에서 모이기로 했다. 가장 먼저 도착한 것은 몰타의 갤리선 3척으로, 몰타의 기사들은 1556년 모국에서 오스만 투르크에 패배한 이후로 오스만 투르크의 숙적이 되었다. 이들의 지휘관인 마르칸토니오 콜로나(Marcantonio Colonna)는 오스만 투르크 제국군에게 가족 재산을 빼앗긴 이후에 역시 복수심에 불타고 있었다.

●●● (왼쪽 그림) 기독교의 유럽에 닥친 위기를 구원하기 위해 당시 유럽의 최대 강대국인 스페인이 내세운 사람은 26세의 젊은 군사지도자인 돈 후안 데 아우스트리아였다. 스페인 화가 후안 판토하 데 라 크루스(Juan Pantoja de la Cruz)의 작품. 〈Public Domain〉

함대 간의 대결

고대부터 지중해의 해전은 갤리선(galley)이라는 노선(櫓船: 노에 의해 추진되는 선박)에 의해 치러져왔다. 갤리선은 흘수선이 2미터 내외로 낮은 편이고, 선체는 길고 날렵하며 돛까지 갖추었지만, 전투 시에는 노예나 포로가 노를 저어 추진했다. 이들은 함선과 노에 결박되어 있어 전투에서 갤리선이 침몰하면 운명을 같이해야만 했다.

신성동맹의 연합함대는 지중해 해전사에서 가장 대규모이자 첨단의 갤리선단이 모여 구성되었으며, 각급 지휘관들도 레판토에서의 승리를 보장하기 위해 다양한 혁신을 추구했다. 일례로 신성동맹 측의 함선은 근접전 대신 함포전을 중시함에 따라 대포에 크게 의존하여(충돌 공격이 아니라), 적함 승선을 위해 발판으로 활용되던 뱃부리를 제거하고 승선 공격용 그물을 설치했다. 게다가 함대에는 베네치아의 대형 갈레아스선(galleass) 6척이 포함되어 있었는데, 이들 선박에는 함포 50문에 화승총병 500여 명이 탑승했다. 이들은 막강한 해상포대로서 함대의 선봉에서 투르크 함선을 격파할 터였다.

돈 후안 왕자는 47척의 갤리선단을 이끌고 7월 20일에 스페인 바로셀로나를 출발하여 6일 후 제노바에서 도리아 함대와 합류했다. 스페인-제노바 연합함대는 8월 23일 메시나(Messina)에 도착하여 세바스티안 베니에로(Sebastian Veniero)가 지휘하는 100여 척의 베네치아 함대와 합류했다. 그러나 베네치아의 갤리선들은 인원이 부족할 뿐만 아니라 정비 상태도 열악했다. 평상시에 스페인의 오만함에 반감을 갖고 있던 베니에로는 이를 악물고 스페인군 4,000여 명의 증원을 받아들여야만 했다. 적의 백병전 공격을 막거나 혹은 적함에 승선하기 위해서는 반드시 증원군이

●●● 당시 해전의 주력함은 갤리선으로, 돛을 사용하기도 하지만 주로 사람의 힘으로 노를 저어 추진하는 방식의 함선이었다. 〈Wikimedia Commons / CC-BY-SA 3.0 / Myriam Thyes, 2007〉

●●● 신성동맹은 갈레아스선이라는 강력한 전함을 보유했는데, 느린 속도에도 불구하고 수많은 함포를 장착하여 강한 파괴력을 지니고 있었다. 레판토 해전은 포술의 중요성이 증명된 전투였다. 당시의 함포는 후장식 캐논으로, 장전 폐쇄기 부분을 쐐기와 무게추 등으로 고정했으나 아직은 폐쇄기 기술이 정교하지 못하여 간혹 폭발하는 참사가 일어나곤 했다. 〈Public Domain〉

필요했기 때문이다. 연합함대는 대형 범선 22척과 갤리선 209척으로 구성되었으며, 4만 3,500명의 노수(櫓手: 노 젓는 인원)와 1만 2,920명의 수병으로 구성되었다.

더 중요한 사실은 신성동맹이 엄청난 병력을 탑승시켰다는 것이다. 무려 2만 8,000여 명의 병력이 탑승했는데, 7,000여 명은 독일계, 6,000여 명은 이탈리아계 용병들이었고, 그중 가장 뛰어난 장비와 갑옷에 충분한 경험과 군기를 갖춘 부대는 1만여 명의 스페인군이었다. 다가올 오스만 투르크 제국군과의 교전에서 신성동맹이 우위에 서게 된다면 그것은 바로 스페인군 덕분일 터였다. 게다가 무려 1,815문의 화포까지 보유했다.

결전 전야

한편 레판토에 있던 오스만 투르크 해군도 무시할 만한 전력이 아니었다. 약 300여 척의 함선으로 구성된 가운데 약 3분의 2는 갤리선이고, 나머지는 소형 함선이었다. 탑승 병력은 3만 4,000여 명으로 유럽 측보다 다소 우세였지만, 막상 장비나 갑옷이 스페인군에 비하면 상대적으로 열악했다. 여기에 더하여 화포가 750문에 불과하여 화력은 열세여서, 이후 있을 전투에서 오스만 투르크 제국군에게 커다란 제약 요소가 될 터였다.

돈 후안이 이끄는 연합함대는 9월 27일에 코르푸(Corfu) 항구에 도착했다. 코르푸 섬은 바로 얼마 전에 오스만 투르크 제국군에게 기습을 당해 폐허가 되어 있었다. 오스만 투르크 제국군이 이탈리아의 해안에 도착한다면 얼마나 참담한 일이 일어날지 상상하기도 끔찍할 정도였다. 다음날 연합함대는 오스만 투르크 해군이 레판토 항구에 정박해 있다는 정보를 입수하게 되었다.

신성동맹과 오스만 투르크 제국 양측 모두 전쟁회의를 열었다. 제네바의 조반니 안드레아 도리아(Gian Andrea Doria) 제독은 수년 전 트리폴리 인근에서 울루지 알리에게 패배한 적이 있었기 때문에 결전을 꺼렸다. 그는 호전적인 돈 후안 왕자에게 전투를 먼저 시작하여 위험을 자초하지 말 것을 경고했다. 그러나 도리아의 동료들은 그의 패배주의를 받아들이지 않았다. 제네바 제독인 콜로나(Marcantonio Colonna)와 함께 스페인 해군 제독인 돈 알바로 데 바잔(Don Álvaro de Bazán)은 돈 후안에게 공격을 제안했다.

한편 레판토의 오스만 투르크 해군 회의에서 울루지 알리를 포함한 알리 파샤의 지휘관들은 대부분 조심스럽게 접근해야 한다는 데 뜻을 모았다. 연합함대의 전력이 강력할 뿐만 아니라 키프러스 전투에 대한 복수심에 불타 있을 것이라는 점을 감안했기 때문이다. 알제리의 하산 파샤(Hassan Pasha)만이 오스만 투르크 해군이 훨씬 더 우세하므로 '이단'을 쉽게 패배시킬 수 있다고 생각했을 뿐이다.

준비된 함대들

10월 5일 신성동맹 함대는 안개와 강풍 속에서 비스칸도 항구에서 출항했다. 시기를 더 늦춘다면 기상이 더욱 안 좋아질 것이어서 평온한 바다에서 벌어지는 갤리선 간의 해전을 기대할 수 없을 터였다. 돈 후안은 동맹의 함대를 3개 전대와 예비대로 편성했다. 중앙에는 갤리선 61척으로 구성된 청색 전대가 위치하며, 돈 후안의 기함인 레알 디 스파냐는 물론이고, 교황, 사보이, 베네치아, 제노바 등의 기함들이 각각 모였다. 청색 전대는 숫자가 많아서 좌우로 나누어 중앙 좌측은 베네치아의 베니에르가 중앙 우측은 콜로나가 지휘를 맡았다.

좌익은 베네치아 함대가 담당했는데, 아고스티노 바르바리고(Agostino Barbarigo) 제독이 지휘를 맡았고 갈레아스선 2척과 갤리선 55척이 편성되어 황색 전대가 되었다. 그중 갈레아스선 2척은 오스만 투르크 제국군의 공격을 뚫고 나가는 역할을 맡을 터였다. 한편 우익에는 도리아의 지휘 아래 베니스 함선 53척이 배치되어 녹색 전대가 되었다. 특히 녹색 전대에는 용장들이 많았는데, 영국 용병인 토머스 스튜클리(Thomas Stukeley) 경이나 파르마 공작인 알렉산더 파르네세(Alexander Farnese)도 있었다. 또한 스페인 병사 가운데는 희곡 『돈키호테(Don Quixote)』를 쓴 미겔 데 세르반테스(Miguel de Cervantes)도 있었다. 예비대이자 후위로는 산타 크루스(Santa Cruz)의 지휘 아래 30여 척의 갤리선으로 구성된 백색 전대가 약 1.6킬로미터 후방에 배치되었다.

오스만 투르크 제국군도 역시 3개 전대와 예비대로 편성되었다. 알리 파샤가 총사령관으로 기함 '술타나(Sultana)'에 탑승하여 94척의 중앙 전대를 지휘했다. 우익은 60척의 이집트 갤리선으로 구성되었으며, 알렉산드리아 태수인 메흐메트 시로코(Mehmed Siroco)가 맡았다. 좌익은 울루지 알리의 지휘 아래 알제리아와 투르크의 함선 90여 척으로 구성되었다. 예비대는 아무레트 드라구트(Amuret Dragut)의 지휘 하에 10척의 갤리선과 60여 척의 소형 함선으로 구성되었다. 진영을 갖춘 투르크 함대는 10월 5일 밤 레판토 항구를 출발하여 파트라스(Patras) 만으로 향했다. 이제 양측의 충돌은 피할 수 없게 되었다.

전투의 시작

10월 7일 아침, 신성동맹의 함선들은 파트라스 만의 북쪽 해안을 따라 서서히 이동하다가 동쪽에서부터 해안을 따라 내려오던 알리 파샤 함대의 함선 274척과 마주하게 되었다. 오스만 투르크 제국군은 수적으로도 우세하고 남동풍이 부는 상황이어서 유리한 입장이었다. 울루지 알리는 신중하게 접근할 것을 제안했지만, 젊고 성급했던 알리 파샤는 주저 없이 공격을 결정했다. 알리 파샤의 기함에서 공격을 알리는 녹색기가 올라가자, 오스만 투르크 함선들은 전투를 알리는 풍악을 울리며 전진해 나갔다.

이에 반해 신성동맹의 함선들 내부의 분위기는 차분했다. 돈 후안은 병사들에게 욕하거나 신성 모독을 하는 것은 반역과 같다며 그런 행위를 일절 금했기 때문이다. 병사들은 검의 날을 세웠고, 갑판에는 기름을 발라 적의 승선을 막았으며, 심지어는 갤리선의 노예들조차 족쇄를 풀고 무장을 시켰다. 갈레아스선들까지 갤리선들과 같이 열을 맞추면서 전투를 준비했고, 돈 후안도 기함을 전열에 맞추면서 최후까지 싸울 것을 명령했다.

오스만 투르크 함대는 무려 1킬로미터에 이르는 거대한 초승달 대형을 형성했다. 알리 파샤가 동맹 함대의 중앙을 공격하기로 결심함에 따라 시로코의 우익 전대가 적 함대 좌익을 포위하려는 것이었다. 오스만

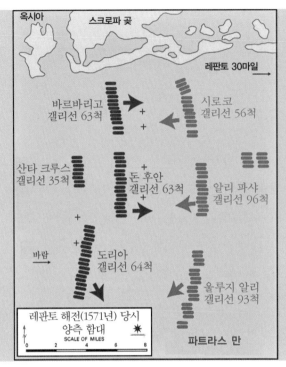

옥시아   스크로파 곶

레판토 30마일

바르바리고
갤리선 63척

시로코
갤리선 56척

산타 크루스
갤리선 35척

돈 후안
갤리선 63척

알리 파샤
갤리선 96척

바람

도리아
갤리선 64척

울루지 알리
갤리선 93척

레판토 해전(1571년) 당시
양측 함대
SCALE OF MILES
0   2   4   6   8

파트라스 만

●●● 레판토는 나우팍토스(Naupactus)라는 이름의 그리스 해안도시다. 그림은 레판토 해전의 상황도.

투르크 함대는 불어오는 바람에 기대어 돛을 올리고 전속으로 전진했다. 반면, 신성동맹 함대는 유유히 노를 저으면서 전속으로 다가오는 오스만 투르크 함대를 맞이할 준비를 했다.

그러던 와중에 갑자기 남동풍이 멈추었다. 전속으로 달리던 오스만 투르크 함선들은 돛으로 바람을 받지 못하면서 현저히 속도가 떨어졌다. 속도가 떨어지자, 선박들은 방향을 잃고 정선에 이르기까지 했다. 그리고 바람의 방향이 서풍으로 바뀌면서 상황은 신성동맹 함대에게 유리하게 급전했다. 돈 후안은 최후로 전열을 가다듬도록 함대에 명령했다. 이에 따라 중앙의 청색 전대와 좌익의 황색 전대는 전열을 완벽히 갖추었으나, 가장 멀리 떨어진 우익의 녹색 전대는 아직 함대를 정렬하지 못한 상태였다.

좋은 기회를 잡았다고 판단한 돈 후안의 기함 '레알'이 적 기함 '술타나'를 향해 포격을 가함으로써 신성동맹 함대의 공격이 시작되었다. 사실 돈 후안의 발포 명령 이전에도 신성동맹 함대는 오스만 투르크 함대를 향해 이미 사격을 하고 있었다. 빠른 속도로 다가가면서 갈레아스선이 발사한 대포 포탄은 적함에 명중했으나, 오스만 투르크 함선의 반격은 빗나가고 있었다. 돈 후안은 적함을 정확히 격침시킬 수 있는 거리까지는 사격을 자제하도록 명령하다가 거리가 가까워오자 모든 함선에 적함 1척에 대해 3발 이상을 발사하도록 명령했다. 신성동맹 함대의 일제 사격은 오스만 투르크 함선의 흘수선에 정확히 명중하면서 엄청난 피해를 입혔다.

치열한 접전

함포 사격 이후에는 근접전이 펼쳐졌다. '술타나' 호는 '레알' 호의 선수루를 향해 뱃부리를 들이밀며 다가와서는 갈고리를 걸면서 접근했다. 악명 높은 백병전을 시작한 것이다. 그러나 스페인과 사르디니아 병사들이 승선 그물을 통해 순식간에 나타나자, 오스만 투르크의 예니체리들은 당황했다. 이렇게 치열한 백병전이 시작되었다.

치열한 접전에서 돈 후안은 다리에 부상을 입었다. 그러나 알리 파샤는 머리에 화승총탄을 맞고 쓰러졌고, 혹시라도 그가 일어날 것을 막기라도 하려는 듯 스페인 병사가 그의 목을 잘라서 장대에 꽂아놓았다. 자

●●● 1571년 10월 7일 오전 10시경부터 치열한 포격전으로 레판토 해전이 시작되었다. 함포 사격 이후에는 악명 높은 백병전이 펼쳐졌다. 이 그림은 베네치아의 화가 안드레아 빈센티노(Andrea Vincentino)의 1603년 작품 〈레판토 해전〉으로, 베네치아 총독관저였던 두칼레 궁전에 전시되어 있다. 〈Public Domain〉

기네 해군 사령관의 목이 잘린 것을 목격한 오스만 투르크 함대의 사기는 급격하게 떨어졌고, 결국 오후 2시경이 되어서 오스만 투르크 함대의 기함 '술타나'는 완전히 점령되었다. 이로써 오스만 투르크 함대 중앙이 무너진 것이다.

한편 좌익에 있던 신성동맹 함대는 그다지 유리한 상황이 아니었다. 오스만 투르크의 우익인 시로코 함대는 신성동맹의 황색 함대보다 수적으로 우세했고, 황색 함대는 전열을 완벽하게 갖추지 못한 상황에서 적과 마주쳤다. 이집트 갤리선 20여 척이 황색 함대의 기함을 나포하기 위해 포위에 나섰는데, 지휘관인 바르바리고가 치열하게 반격을 가하여 적함들이 육지로 도망갈 정도였다. 그러나 기함에 대한 나포 시도는 꾸준히 계속되어 나머지 함선들의 공격이 계속되었고, 결국 바르바리고는 적의 화살에 목숨을 잃었다. 그러나 지휘관의 사망에도 개인주의적인 베네치아 병사들은 흔들림 없이 전투를 계속하여 적장 시로코의 목을 베었다. 중앙에서와 마찬가지로 적장의 목을 장대에 매달자, 이집트 전대는 순식간에 붕괴되었다.

그러나 제일 문제였던 것은 우익이었다. 애초부터 전투에 신중한 태도를 보였던 도리아 제독은 막상 전투가 벌어지자 더욱더 소극적으로 바뀌었다. 도리아의 녹색 전대는 동맹함대의 명령에 따르지 않는 이상한 기동을 반복하면서 전선에서 이탈해 있었다. 도리아는 이런 전투의 와중에도 자신의 전함은 최대한 전투를 피하면서 상대인 울루지 알리 전대를 압도하고자 했다. 그러나 도리아 전대의 움직임을 읽은 울루지 알리는 역시 자신의 함대를 최대한 넓게 전개했고, 이에 속은 도리아는 역시 자신의 전대를 최대한의 한계까지 넓게 전개했다.

최후의 반격

적의 의도를 파악한 돈 후안은 도리아에게 너무 함대를 넓히지 말고 도로 줄일 것을 명령했다. 그러나 오만한 도리아는 그의 말을 듣지 않고 전개를 계속했다. 그러나 도리아 전대의 함정 수가 상대편보다 적었고, 울루지 알리의 뜻대로 상황이 펼쳐졌다. 황색 전대는 중앙의 청색 전대와 무려 1킬로미터 정도 떨어져버리면서 함대의 전열에 커다란 구멍이 생긴 것이었다. 이렇게 돌파구가 생기자, 울루지 알리는 40여 척의 함정을 이끌고 돌진하기 시작했다.

울루지 알리 전대의 돌진을 차단하기 위해 황색 전대 가운데 몰타의 함선들이 제일 먼저 움직였다. 울루지 알리 전대의 갤리선 7척이 몰타 함선 3척을 공격했다. 특히 피에트로 주스티니아니(Pietro Giustiniani) 선장이 지휘하는 몰타의 기함 '카피타나(Capitana)'가 집중공격을 당했다. 한편 나머지 움직임을 막기 위해 돈 후안 데 카르도나(Don Juan de Cardona)가 지휘하는 갤리선 8척이 적함 16척과 교전에 나섰다. 카르도나 측도 치열한 교전 끝에 막대한 피해를 입었는데, 500명의 병력 가운데 450명이 전사했고, 갤리선 2척에는 생존자가 하나도 없었다.

한편 울루지 알리는 결국 몰타 기함 카피타나를 빼앗는 데 성공했다. 그러나 산타 크루스의 반격으로 울루지 알리는 초기의 우세에서 밀리기 시작했다. 특히 산타 크루스의 용장인 오헤다 선장의 맹공으로 카피타나는 재탈환되었다. 오헤다가 탈환한 카피타나에 올랐을 때, 선내에는 주스티니아니를 포함하여 오직 3명의 생존자만이 있었을 뿐이었다. 선내에서 싸우던 30명의 몰타 기사들은 사력을 다해 싸우면서 투르크인과 알제리인 300여 명을 저승길로 같이 데려갔던 것이다. 울루지 알리의 퇴각으로 치열한 전투가 끝난 시각은 오후 4시경이었다.

오스만 투르크의 모든 함대가 전멸했으나, 오직 울루지 알리만은 살아남아 13척의 갤리선만을 이끌고 도망갔다. 그러나 울루지 알리는 이 교전에서 몰타의 기함으로부터 몰타 기사단 깃발을 빼앗아 도망갈 수 있었다. 사실 이 깃발은 '승리'의 증거로 셀림 2세에게 바쳐 황제의 질책으로부터 자신의 목숨을 보존할 수 있는 중요한 수단이었던 것이다. 울루지 알리는 흩어진 오스만 투르크 함대를 수습하면서 복귀하기 시작하여 모두 87척의 함선을 이끌고 콘스탄티노플로 복귀했다. 300여 척으로 시작했던 오스만 투르크 함대는 이렇게 비참한 종말을 맞았던 것이다.

전투의 결과

레판토 해전은 기독교 측의 눈부신 완승이었다. 적 함대를 궤멸시켰을 뿐만 아니라 노예로 잡혀 있던 1만 2,000여 명의 기독교인들을 해방시키기까지 했다. 물론 치러야 했던 대가도 혹독했다. 신성동맹은 7,000여 명의 병력과 갤리선 12척을 잃었으며, 전사자 중에는 바르바리고 같은 고급지휘관도 있었다. 엉뚱한 판단으로 수많은 희생을 냈던 제노바의 도리아 제독을 스페인의 펠리페 2세는 비난하지 않았지만, 교황은 용서하지 않았다.

한편 승리의 성과도 뚜렷했다. 오스만 투르크 제국군은 무려 2만 5,000여 명의 사상자를 기록했고 180여 척의 함선을 잃었다. 울루지 알리를 제외하고는 알리 파샤를 포함한 주요 해군 지휘관들이 전사했다. 더 큰 문제는 전투로 인해 오스만 투르크 해군의 우수한 궁수들까지 모조리 전사하여 전투 베테랑이 더 이상 남아 있지 않게 되었다는 점이다. 그러나 무엇보다도 함선의 대부분을 잃은 오스만 투르크 해군은 재기 불능 상태에 빠져들었고, 이에 따라 당분간은 유럽이 위협받을 일은 없게 되었다.

한편 전술적으로 레판토 해전은 해군 함선의 변화를 가져오는 계기가 되었다. 레판토 해전을 통해 함포전의 중요성을 깨닫게 된 반면에 사람의 힘으로 노를 젓는 노선이 대포를 싣기 위한 플랫폼으로는 적합하지 않다는 사실을 절감하게 되었다. 그리하여 레판토 해전은 함포전의 시작과 노선시대의 종말을 동시에 알리는 계기가 되었다.

●●● 신성동맹이 레판토 해전에서 승리함에 따라 오스만 투르크 해군은 재기 불능 상태에 빠졌으며, 유럽에 대한 해상 위협은 사실상 사라지게 되었다. 네덜란드의 해경화가 안드리스 반 에르트벨트(Andries van Eertvelt)의 1630년 작품 〈레판토 해전〉. 〈Public Domain〉

14
칼레 해전
(1588)

해상 전투의 패러다임을 바꾸다

BATTLE OF CALAIS

"주님, 저희를 뒤흔드소서.
저희가 저희 자신에 대해 지나치게 만족할 때,
저희가 너무 작은 꿈을 꾸었기에 그 꿈이 이루어질 때,
저희가 해변에서 너무 가까운 곳을 항해했기에 안전하게 도착할 때,
그럴 때 주님, 저희를 뒤흔드소서."

- 프랜시스 드레이크 경의 기도문 중에서

칼레 해전(Siege of Calais)은 1588년 영국과 스페인 사이에 벌어졌다. 당대 유럽의 최강국이자 대제국인 스페인이 북해의 작은 섬나라에 불과했던 영국을 정벌하기 위해 벌인 전투다. 유럽 왕가의 권력 싸움과 종교적인 이유에서 비롯된 칼레 전투는 이후 해상 전투의 틀을 바꿔놓았다.

유럽의 질서와 강한 스페인

16세기 후반의 유럽에는 고대 로마와 같은 명백한 맹주가 없었다. 결국 누가 유럽을 지배할 것인가를 두고 크고 작은 충돌이 일어날 수밖에 없는 구조였다. 물론 당대에 유럽의 지배자로서 가장 유력한 것은 합스부르크(Habsburg) 왕가였다. 합스부르크 가문은 원래 알프스 언저리에 기반을 잡은 호족에 불과했다. 그런데 기회는 엉뚱한 곳에서 왔다.

프리드리히 2세(Friedrich Ⅱ)의 죽음으로 호엔슈타우펜(Hohenstaufen) 왕조가 단절되면서 신성로마 제국은 무려 20년간이나 황제가 없는 상황이 계속되었다. 결국 이해관계가 틀렸던 유럽의 귀족들이나 교황조차도 새로운 황제가 필요하다는 데 동의하여 프리드리히 2세의 대자(代子)이자 합스부르크 가 백작인 루돌프(Rudolf I)가 황제에 추대되었다. 이후 합스부르크 왕가는 결혼동맹을 통해 강력한 제후 세력으로 성장했다.

특히 프랑스를 제외한 유럽 대부분 영토의 후계자였던 칼 5세(Karl V)는 명실공히 유럽의 맹주로서 통합된 제국을 만들고자 했다. 그러나 종교개혁, 르네상스, 신대륙 개척 등 격동적인 유럽 상황으로 인해 결국 통합을 이루지 못했다. 결국 칼 5세는 1556년 황제에서 물러나면서 오스트리아 지역은 동생인 페르디난트 1세(Ferdinand I)에게, 그 외의 모든 지역은 아들 펠리페 2세(Felipe II)에게 물려주었다. 유럽이 통합되지 않은 상태에서 타이틀은 스페인 국왕에 불과했지만 펠리페 2세는 칼 5세에 이어 유럽 전체는 물론이고 신대륙까지 영향력을 미치고 있었다.

한편 1585년까지 펠리페 2세와 영국 여왕 엘리자베스 1세(Elizabeth I)는 우호적인 관계를 유지해왔다. 그러나 영국의 속내는 달랐다. 스페인이 오스만 투르크와의 일전에 정신이 팔려 있는 동안 1585년에 프랜시스 드레이크(Francis Drake)가 스페인 해안을 기습했고, 플랑드르(Flandre: 현재 네덜란드) 반란군과 손잡은 영국은 플랑드르 내륙으로 4,000여 명의 병력을 파견했다. 이것은 사실상 스페인에 대해 전쟁을 선포한 것이나 다름없었다.

스페인 공격을 주도했던 프랜시스 드레이크는 원래 당대의 유명한 해적이었다. 드레이크는 주로 스페인의 식민도시를 약탈하며 악명을 떨쳤다. 비록 해적이었지만 그는 약탈한 재물의 일부를 영국 왕실에 바치는 등 충성을 보여 기사작위를 받았고, 스페인과의 결전을 앞두고 여왕으로부터 영국 함대의 지휘관으로 임명되기까지 했다. 드레이크는 스페인 사람들에게는 '엘 드라케(El Draque)'(악마)라는 별명으로 공포의 대상이었기 때문이기도 하다. 스페인은 당장 보복에 나서야만 했다.

스페인, 원정을 준비하다

파르마(Parma)-피아첸차(Piacenza) 공작인 알레산드로 파르네세(Alessandro Farnese)는 플랑드르 지상군 병력 3만 명을 곧바로 켄트(Kent) 해안으로 파견하겠다고 제안했다. 반면에 알바로 드 바잔(Álvaro

●●● (왼쪽 그림) 펠리페 2세는 계속하여 뒤통수를 치는 영국에 대하여 공격을 결심했다. (오른쪽 그림) 영국은 프랜시스 드레이크와 같은 사략활동가를 해군으로 영입하여 스페인과의 결전을 준비했다. 〈Public Domain〉 de Bazán)과 산타 크루스 후작은 510척의 무적함대(Spanish Armada) 함선과 9만 5,000명의 병력을 스페인에서 곧바로 영국으로 보내야 한다고 주장했다. 산타 크루스는 레판토 해전에서 투르크 함대를 격파한 신성동맹의 연합함대에서 대활약을 했고, 1582년부터 이듬해까지는 포르투갈의 아조레스(Açores) 제도를 점령했다. 신중하다 못해 우유부단한 펠리페 2세는 두 가지 방안을 절충하기로 했다. 우선 무적함대를 영국해협으로 보낸 다음, 네덜란드에서 파르네세의 병력을 싣고 공격에 나선다는 것이었다. 이러한 전략적 절충안은 오히려 무적함대에게는 실패의 원인으로 기여하게 될 터였다.

한편 스페인의 침공에 대비할 시간을 벌기 위해 드레이크는 22척의 함대를 이끌고 1587년 4월 19일 출항했다. 드레이크는 스페인 남서부의 항구도시인 카디스(Cadiz)를 공격하여 정박 중인 함선 36척을 불태우거나 포획했다. 또한 5월에는 아조레스 제도를 기습했다. 이렇게 드레이크의 공격이 계속되자 펠리페 2세는 영국 원정군의 파견을 이듬해 봄으로 미뤄야만 했다.

원정군의 지휘를 산타 크루스 후작이 맡았지만, 준비가 한창이던 1588년 2월에 사망했다. 그의 후임으로 7대 메디나 시도니아(Medina Sidonia) 공작인 알론소 페레스 데 구스만(Alonso Pérez de Guzmán)이 부임했다. 38세였지만 노련한 기획자였던 구스만은 재빨리 업무를 인수하여 무적함대의 출항 준비를 마쳤다. 비록 실전 경험은 부족했지만 지략을 갖춘 그는 드레이크가 입힌 피해와 산타 크루스의 죽음이 남긴 혼란을 극복하고 드디어 원정함대의 전열을 갖추었다.

4월 1일 구스만은 펠리페 2세로부터 드디어 출항 명령을 받았다. 영국

켄트 지역의 마게이트(Margate)까지 이동한 후, 램스게이트(Ramsgate)로 상륙하는 파르네세 장군을 지원하여 템스(Thames) 강을 따라 런던까지 진군하라는 것이었다. 임무가 성공하면 펠리페 2세는 엘리자베스 1세에게 항복을 받아낼 터였다. 펠리페 2세는 구스만에게 명령을 하달하면서 영국이 근접전투를 피하고 우세한 함포로 함선을 공격할 수도 있다고 경고했다.

무적함대, 출항하다

무적함대가 실제로 출항한 것은 1588년 4월 30일이었다. 함선 130여 척, 함포 2,400여 문, 선원 8,000여 명과 병력 1만 9,000여 명으로 구성된 함대는 리스본(Lisbon)에서 출항했다. 무적함대는 일견 위풍당당했지만 실제로는 약점이 많았다. 스페인군의 해전 경험은 오스만 투르크와의 교전에 바탕한 것으로, 스페인군은 해전을 마치 지상전의 연장으로 바라봤다. 스페인 함선은 최대한 적 함선에 근접하여 승선전투를 하기 위한 대형 갈레온선(galleon: 15~16세기 전쟁에 주로 쓰인 대형 범선)이 주를 이루었다. 그러나 갈레온선단과의 전투에서나 승선 병력이 많이 필요한 것이지, 함포 위주로 무장한 영국 함선과의 전투에서도 그것이 유효할지는 의문이었다.

한편 영국 함대는 전혀 다른 종류의 싸움을 준비하고 있었다. 영국 측은 상대적으로 작고 빠른 선박들을 만들고는 중구경과 대구경 함포들로 중무장했다. 영국의 해전 전술은 스페인보다 더욱 빠르고 더욱 쎈 화력으로 우세하게 기동하여 승리한다는 것이었다. 무엇보다 자국을 침

●●● 1588년 스페인 무적함대와 영국 함대. 스페인의 막강한 무적함대는 영국 함대를
충분히 압도할 만한 전력이었다. 〈Public Domain〉

락하는 외국군을 상대로 싸우는 것이기에 심리적인 각오가 남달랐다. 게다가 자신들이 물길을 가장 잘 알고 있는 영국해협에서 싸우는 것이었다. 그야말로 홈그라운드의 이점을 최대한 살려야 했다.

또한 영국에는 전문적인 직업 항해사와 선원들이 있었다. 영국 함선의 선장은 일원화된 지휘권을 가지고 있었지만, 스페인 함선에는 선원을 지휘하는 선장과 승선 전투원을 지휘하는 대장이 달랐다. 이로 인해 임무에 혼란이 있었을 뿐만 아니라, 한 배를 탄 인원들 사이에도 갈등이 생겨났다. 영국 함선에서는 숙련된 선원들이 상하좌우로 흔들리는 갑판 위에서도 능숙하게 함포를 장전·발사·재장전할 수 있었지만, 스페인은 육군 포병이 이 임무를 수행했다. 이로 인해 영국의 함포 사격 속도는 스페인 측보다 무려 3, 4배가량 빨랐다.

선박 자체도 크게 달랐다. 유럽 최대의 군주라는 펠리페 2세조차도 무적함대를 유지하는 것은 재정적으로 어려운 일이었다. 이에 따라 함대를 구성하는 함선의 상당수는 민간에서 고용된 것이거나 동맹으로부터 빌려온 것이었다. 이에 따라 대부분의 함선들은 해상 전투에 적합한, 즉 해군 함선에서 기대되는 성능을 갖추지 못했다. 또한 지원 함대의 가장 큰 함선조차 함포가 제대로 갖춰지지 않았다. 이에 반해 영국 함선들은 애초부터 전투함으로 건조되었다. 1588년만 해도 영국은 왕립해군에 신형 전투함을 24척이나 건조했으며, 여기에 더하여 사략선(私掠船: 해적선)이나 용병의 선박들도 있었다.

통념과 달리 불리했던 무적함대

영국 해군에는 모두 105척의 함선이 있었는데, 에핑엄(Effingham) 남작인 찰스 하워드(Charles Howard) 제독이 지휘하는 주력함대는 플리머스(Plymouth)에 위치했다. 하워드 제독은 52세로 해상 전투나 지휘·통제에는 그다지 경험이 없었지만, 그의 하급 지휘관으로 활동할 드레이크나 마틴 프로비셔(Martin Probisher)는 사략활동을 통해 상당한 실전 경험을 쌓고 있었다. 파르네세의 지상군이 상륙하기 전에 무적함대가 영국 해군을 격멸하리라는 전략을 영국은 이미 파악하고 있었다.

여기까지는 좋았지만, 영국은 파르네세가 어디로 상륙할지 몰랐다. 여기서 엉뚱하게도 엘리자베스 1세는 파르네세가 에섹스(Essex)에 상륙할 것이라고 예측했다. 이에 따라 엘리자베스 1세의 총애를 받던 레스터(Leicester) 남작, 로버트 더들리(Robert Dudley) 경이 약 2만 명의 영국 지상군 주력부대를 이끌고 에섹스에서 대기했다. 그 덕에 막상 스페인 주공이 상륙할 켄트 지방에는 4,000명의 2선 부대가 지키고 있을 뿐이었다.

한편 7월이 되어서야 이베리아 반도 북서단에 다다른 무적함대는 태풍으로 인해 라코루냐(La Coruña) 앞바다에서 흩어졌다. 그리고 거의 한

달 동안 비스케이(Biscay) 만을 천천히 항진하면서 전열을 모아 7월 30일에는 영국해협에 이르렀다. 그리고 7월 30일 자정과 31일 새벽 사이에 64척으로 구성된 하워드 제독의 영국 주력함대가 스페인 무적함대와 마주치게 되었다. 플리머스 항에서 노심초사 무적함대를 기다리던 영국 함대는 무적함대의 출현을 파악하고는 즉시 출항했다.

예상치 않게 적함이 등장하자, 구스만은 함대 대형을 오목 초승달 진형으로 바꾸고 중앙 전대(80척)를 지휘했다. 좌익 전대(30척)는 알론소 마르티네스 데 레이바(Alonso Martínez de Leiva)가, 우익(20척)은 후안 마르티네스 데 레칼데(Juan Martínez de Recalde)가 맡았다. 함대의 전열은 좌익 끝에서 우익 끝까지 무려 3킬로미터가 넘었다. 이렇게 엄청난 적을 향해 접전을 벌이기에는 영국 함대의 함선 수가 부족했다.

별다른 선전포고는 없었다. 종열진(縱列陣)으로 전진하던 하워드 제독의 명령에 따라 '디파이언스(Defiance)'호에서 함포를 발사했고, 그것으로 전투가 시작되었다. 하워드의 함대가 계속 종열진으로 이동해오자, 스페인 무적함대는 당황했다. 영국 측으로서는 무적함대와의 접근전을 피해야만 했기 때문에, 함대 간 접촉하는 면을 최소화하면서 무적함대의 진형을 공략할 필요가 있었다. 그러나 영국 함선들은 너무 먼 거리에서 포격을 가했기 때문에 무적함대의 피해는 미미했다. 또한 무적함대는 영국 함선에 승선하여 전투할 만큼 가까이 다가가지 못했기 때문에 역시 전과를 올리지 못했다. 결국 첫날의 교전(플리머스 전투)은 양측 모두 별다른 성과 없이 끝났다.

포틀랜드와 와이트 섬 전투

사실 영국 함대의 포격에 의한 피해보다도 오히려 무적함대 내에서 자기들끼리 진형을 유지하려다가 아군 함끼리 충돌하는 사고가 더 많았다. 엄격한 구스만이 진형에서 벗어나는 행위는 전열 이탈로 보고 사형에 처하겠다고 엄포를 내렸기 때문에 이런 혼란은 더했다. 그런 와중에 안달루시아 선단의 기함인 '누에스트라 세뇨라 델 로자리오(Nuestra Señora del Rosario)'는 진형 간의 충돌로 피해를 입고 홀로 고립되었다. 한편 무적함대를 찾아 초계에 나선 드레이크는 누에스트라를 발견하고는 기함 '리벤지(Revenge)'로 격돌하여 나포했다. 이것이 최초의 전승 기록이었다.

전날의 교전에서 초승달 진형이 큰 성과를 거두지 못하자, 8월 1일부터 무적함대는 이번에는 진형을 바꾸기로 결정했다. 함대를 2개 전단으로 나누어 전위는 구스만이 지휘하고, 해전의 베테랑인 레이바가 후위를 지휘하도록 결정한 것이다. 구스만은 가장 거대하고 강력한 함선들을 물론 자신이 지휘하는 전위 전단에 배속시켰다.

8월 2일에 이르자, 무적함대는 포틀랜드(Portland) 섬 서쪽에까지 이르렀다. 하워드의 함대는 또다시 공격에 나섰지만, 영국의 원거리 공격은 전혀 효과가 없었다. 영국 측은 거대 갈레온선인 '산 마르틴(San Martín)'을 향해 무려 500발을 발사했지만 전혀 효과가 없었다. 결국 하워드 제독은 교전 중지를 명령했고, 영국 함대와 무적함대와의 거리는 다시 벌어졌다. 아군의 탄약이 거의 바닥난 데다가 무적함대가 쉽게 격파할 수 없는 상대라고 판단했기 때문이었다. 포틀랜드 전투(Battle of Portland)는 이렇게 싱겁게 끝났다.

한편 이날 저녁에 구스만은 와이트(Wight) 섬과 솔렌트(Solent) 해협으로 항진하여 포트머스를 점령하고자 했다. 전진기지를 구축하기 위해서였다. 영국 측으로서는 이 시도를 필사적으로 막아야만 했다. 하워드 제독은 함대를 4개 전대로 나눈 뒤 자신과 드레이크, 호킨스, 프로비셔의 지휘 하에 무적함대를 막도록 했다. 3개 전대가 무적함대의 전진을 막는 사이에 드레이크의 전대가 영국해협으로 뚫고 나와서는 다시 뒤돌아 무적함대를 공격했다.

와이트 섬 전투는 애초에는 무적함대에 유리한 듯 보였지만, 오히려 영국 함대가 성과를 올리고 있었다. 무적함대는 솔렌트 해협에 접근하지 못하고 영국 함대의 기동성에 밀려 점차 영국해협으로 밀려나게 되었다. 무의미한 함포전을 주고받던 양측은 결국 무승부로 또다시 거리를 벌렸다. 결국 무적함대의 공략은 실패로 돌아갔지만, 이후 며칠간 무적함대는 영국 함대의 공격을 받지 않게 되었다. 한편 더 이상의 영국 본토 공략이 의미가 없다고 판단한 무적함대는 파르네세의 병력과 합류하기 위해 이동하여 8월 6일 오후가 되어서 칼레(Calais)에 도착했다.

칼레의 비극

칼레에 도착한 무적함대는 매우 불리한 형국이었다. 무적함대는 적의 공격을 막기 위해 밀집대형으로 정박하고 있었는데, 칼레 항구는 수심이 얕은 데다가 방어하기 부적절한 지형이었다. 게다가 파르네세의 전령은 더욱 나쁜 소식을 전해왔다. 파르네세의 증원군이 도착하기까지는 앞으로 6일이 더 걸린다는 것이었다. 영국과 플랑드르 반군의 연합함대가 해안을 순찰할 것이기 때문에 아무리 무적함대라도 그렇게 오랫동안 정박해 있을 수는 없었다.

당연히 영국 함대는 가만히 있지 않았다. 8월 7일 아침 하워드 제독은 자신의 기함인 '아크 로열(Ark Royal)'에서 회의를 열고는 기습을 감행할 것을 결정했다. 화공을 통해 혼란을 일으킨 후에 적함에 최대한 근접하여 포격으로 함대를 격침시키겠다는 것이었다. 물론 화공의 가능성을 무적함대도 충분히 알고 있었으며, 이에 대비해 방어선단을 배치했다. 그러나 영국 측은 소형 선박이 아니라 100톤급 이상의 대형 상선을 화공선으로 보내어 적을 최대한 혼란시키기로 했다.

8월 7일 밤과 8일 새벽 사이에 영국군의 화공이 시작되었다. 8척의 화공선이 스페인 진영을 향해 전진했다. 그러나 경계 중이던 무적함대의 경비선단은 겨우 1척의 화공선만을 막아냈을 뿐이다. 화공선들이 진영을 휘젓고 다니자, 밀집대형으로 포박되어 있던 무적함대 선박들은 닻줄을 끊고 긴급 피항에 나서야만 했다. 급한 회피기동으로 대형은 진작에 무너졌고 아군 선박끼리 충돌하여 큰 피해를 입는 경우도 빈발했다. 게다가 닻줄을 끊는 바람에 이후 해안에 정박할 수 없어 피해를 입는 함선까지 생기기도 했다.

8월 8일 새벽이 되자 구스만의 기함에는 겨우 4척의 호위선만이 남아 있을 뿐이었다. 시간이 점점 지날수록 흩어졌던 함선들이 무적함대의 후위로 모여들기 시작했다. 그러나 이런 상황이야말로 영국 함대가 기다리던 순간이었다. 무적함대의 대형 함선들은 전투대열을 제대로 갖추지 못한 채 얕은 수심의 플랑드르 연안 해역에 산개해 있었다. 드디어 영국 함대가 우세한 화력과 기동성으로 지근거리에서 적함을 격파할 완벽한 조건이 갖춰진 것이었다.

그라블린의 혈전

영국 함대는 무적함대가 전열을 갖추기 전에 최대한 피해를 입혀야만 했다. 화공의 성공을 확인한 하워드 제독은 병사들을 깨워 긴급히 전투 태세에 돌입했다. 무적함대와 영국 함대 사이의 본격적인 전투는 그라블린[Gravelines: 현재 프랑스 됭케르크(Dunkerque)의 항구도시]과 오스탕드(Ostende: 현재 벨기에 서플랑드르 주의 어항) 사이의 해역에서 벌어졌다. 본격적인 전투는 오전 7시부터 오후 4시까지 9시간 동안 계속되었다.

물론 영국 함대의 의도대로 전투는 함포전으로 진행되었다. 영국 함대는 지난 며칠간의 교전을 통해 사정거리 약 100야드 이내에 들어가야 스페인 함선의 두터운 목재 갑판을 격파할 수 있음을 알게 되었다. 따라서 교전은 좀 더 과감해졌다. 함포의 사정거리 밖에서 사격을 이끌어낼 정도로 접근하면서 스페인군을 도발하고는 유효타를 날리고 이탈하는 방법을 반복했다. 어떤 경우에는 양측의 함선이 너무 가까워서 상부 갑판의 선원들 사이에는 머스킷 소총 사격을 교환하기도 했다.

교전을 시작한 지 8시간이 흐르자 포탄이 바닥나기 시작했다. 일부 영국 함선에서는 포탄이 떨어지자 금속으로 된 선박 부품을 떼어다가 포탄 대신 발사하기도 했다. 더 이상 쏠 금속조차 없어지고 오후 4시경이 되어서야 영국 함대가 물러남으로써 전투는 종료되었다.

이렇듯 치열한 포격전이 벌어졌지만, 막상 결과는 그다지 치열하지 않았다. 스페인 함선은 2척이 격침되고 3척이 나포된 것에 반해, 영국 함선은 단 1척도 격침되지 않았다. 영국의 압승이라고 알려진 것과는 달리 실제 전투에서 영국 함대가 무적함대에 끼친 피해는 미미한 편이었다. 이렇게 박력 없는 '그라블린 전투'를 놓고 영국은 '그레이브라인 해전'으

●●● 그라블린 해전에서 스페인 무적함대는 5척의 선박을 잃었고, 영국 함대는 단 1척도 잃지 않았다. 이로써 스페인 무적함대의 무적 이미지는 깨졌다. 이렇게 박력 없는 '그라블린 전투'를 놓고 영국은 '그레이브라인 해전'으로 부르며 무적함대를 격파한 전투로 칭송하고 있다. 영국 화가 니콜라스 힐리어드(Nicholas Hilliard)의 작품 〈엘리자베스 1세와 스페인 무적함대〉. 〈Public Domain〉

로 부르며 무적함대를 격파한 전투로 칭송하고 있다.

전쟁의 결과

그라블린 해전으로 영국은 사망자 100여 명과 부상자 400여 명이, 스페인은 사망자 600여 명과 부상자 800여 명이 발생했다. 또 영국은 화공선 8척을 잃었고 스페인은 갈레온선 5척을 잃었다. 그러나 물적 피해는 차치하더라도, 분명 전투의 패배로 스페인 무적함대의 사기는 무너졌다.

구스만으로서는 이제 남은 함대를 이끌고 무사히 복귀하는 것이 최대 목표가 되었다.

한편 영국 함대는 스페인 무적함대가 여전히 잉글랜드나 스코틀랜드로 상륙할 가능성이 있다고 판단했다. 이에 따라 주력함대는 여전히 무적함대에 대한 추적을 계속했다. 특히 드레이크는 북위 56도선까지 함대를 추적했지만, 더 이상 영국으로 상륙할 가능성이 없다고 판단하고는 추적을 중지했다.

사실 구스만에게는 전투보다는 본국으로의 귀환이 더욱더 큰 과제였

●●● 무적함대는 스페인으로 귀환하면서 태풍 등으로 60여 척이 난파당하면서 함대 절반을 잃었다. 그림은 스페인의 갤리선 '지로나(Girona)'의 침몰 장면이다. 〈Wikimedia Commons / CC-BY-SA 3.0 / Notafly, 2010〉

다. 바람의 흐름을 따라 이동하다 보니 무적함대는 칼레에서 스코틀랜드를 돌아 아일랜드를 거쳐 스페인으로 돌아가는 루트를 취하게 되었다. 그리고 스코틀랜드와 아일랜드 해안에서 각각 폭풍을 만나면서 병사들을 잃게 되었다. 일부는 난파하여 영국군에게 나포되어 전원 교수형당하는 일도 있었다. 그리하여 무적함대가 본국으로 귀환했을 때는 함선의 수가 출항 당시의 절반인 65척으로 줄어 있었다. 대부분이 비전투손실이었지만, 참담한 패배였다.

칼레 해전의 결과, 스페인이 쇠퇴하거나 영국이 약진하지는 않았다. 오히려 영국은 이후 스페인에게 패배하여 1604년 런던 조약을 통해 사략

●●● 칼레 해전은 해전에서 함포가 주력무기체계가 될 수 있다는 것을 보여준 전투로서 이후 해전의 패러다임을 바꾸는 계기가 되었다. 프랑스 화가이자 삽화가인 필립 드 제임스 루테르부르의 1796년 작품 〈스페인 무적함대의 패배〉. 〈Public Domain〉

금지와 플랑드르 지원 포기를 약속하기에 이른다. 칼레 해전으로 무적함대가 사라져버린 것도 아니었다. 다만 시간이 갈수록 무적함대의 전력이 약화되기는 했으나, 이는 스페인 국력의 쇠퇴에 기인한 것이었다.

칼레 해전은 해전의 형태가 변화했음을 전 세계에 각인시켜준 전투였다. 포격이라고 하면 과거에는 승선을 지원해주는 수단에 불과하다고 여겼지만, 칼레 전투 이후로 포격이 지원 수단이 아니라 해군력의 핵심 수단이라는 것을 깨닫게 된 것이다. 칼레 해전은 해군사에 포함의 중요성을 각인시켰으며, 이후 영국 해군이 기술적 혁신을 거듭하도록 하는 계기가 되었다.

15
브라이텐펠트 전투와 뤼첸 전투
(1631-1632)

전략을 탄생시킨 스웨덴의 사자왕, 구스타브 아돌프

BATTLE OF BREITENFELD
& BATTLE OF LÜTZEN

"전쟁은 호수도 강도 아니다. 모든 사악함을 담은 바다다."

- 구스타브 아돌프

마르틴 루터(Martin Luther)의 종교개혁(1521년) 이후 수십 년간 유럽은 구교와 신교 간의 충돌에 휩싸였다. 그러나 아우크스부르크 화의(Augsburger Religionsfrieden, 1555년) 이후에는 한동안 종교 갈등은 봉합되어 평화가 계속되는 듯 보였다. 그러나 불씨는 합스부르크 가의 영지인 보헤미아(Bohemia)에서 시작되었다. 1609년 귀족들이 신성로마 제국의 황제 루돌프 2세(Rudolph II)로부터 신앙의 자유 승인을 얻었지만, 1617년 보헤미아의 왕이 된 페르디난트 2세(Ferdinand II)가 신교파를 압박하자 귀족들이 반란을 일으킨 것이다. 이후 전쟁은 무려 30년간 지속되면서 유럽의 지도를 바꿔놓았다.

전장은 유럽

전쟁은 처음에는 종교 전쟁이었다가 점점 유럽 국가들 사이의 영토 전쟁으로 바뀌었다. 1618년 겨울, 페르디난트 2세에 반발한 보헤미아 귀족들이 봉기하면서 시작되었다. 처음에는 반군이 유리하여 팔츠(Pfalz)의 선제후였던 프리드리히 5세(Friedrich V)라는 새로운 왕까지 내세웠다. 그러나 애초에 병력이 부족했던 보헤미아는 신교 세력의 지원을 기대했지만 너무도 미약했다. 독일의 신교도들은 단합이 안 되었고, 네덜란드는 병력 대신 자금만을 지원했으며, 영국과 트란실바니아는 중립을 선언했고, 그마나 프랑스마저도 고개를 돌렸다. 페르디난트 2세가 신성로마 제국의 황제가 되면서 제국군이 쳐들어왔고, 결국 1620년 11월 3일 바이센베르크 전투(Battle of Weißenberg)에서 보헤미아는 처절히 패배하고야 말았다.

●●● 독실한 구교도인 페르디난트 2세의 비타협적인 종교 정책은 결국 30년 전쟁이 일어나게 된 직접적인 계기이기도 했다. 〈Public Domain〉

한편 신성로마 제국의 확장을 두려워하던 덴마크는 1625년 전쟁에 참가했다. 표면상으로는 신교도들을 지키겠다는 것이었지만, 실제로는 발트 해에서 덴마크의 패권을 보호하기 위해서였다. 원래는 스웨덴도 같이 참전하기로 했으나, 주도권 문제로 덴마크만이 참전하게 되었다. 그러나 결과는 신성로마 제국의 승리였다. 체코의 귀족 출신인 알브레히트 폰 발렌슈타인(Albrecht Eusebius Wenzel von Wallenstein)을 앞세운 신성로마 제국은 12만 5,000여 명의 병력으로 1626년 8월 27일 루터 전투(Battle of Lutter)에서 덴마크-북독일 연합군을 격파했다. 이로써 페르디난트 2세는 독일 전체를 장악하게 되었다. 그러나 이런 기쁨은 오래가지 않을 터였다. 바로 스웨덴이 버티고 있었기 때문이다.

스웨덴에는 엄청난 국왕이 있었다. 구스타브 아돌프(Gustav Adolf)는 1611년 겨우 17세의 나이에 왕위에 올랐지만, 재위 직후부터 19년간 러시아와 폴란드와의 싸움을 통해 엄청난 경험을 쌓아왔다. 전쟁터에서 경험을 쌓은 젊은 국왕은 스웨덴 육군을 현대화하고 유럽 역사상 최초로 전문적인 상비군을 만들었다. 특히 포병의 화포는 네덜란드의 설계를 모방했지만, 무게를 더욱 가볍게 하여 기동성을 높였다. 당시로서는 희귀하던 소총병을 증강했으며, 머스킷 사격 전술을 새롭게 개발하여 사격 속도를 높였다. 이렇게 지칠 줄 모르는 구스타브 아돌프에게는 '북부의 사자'라는 별명까지 붙었다.

전략의 등장

구스타브 아돌프는 전장에서 승리하기 위한 용병술에도 밝았다. 당시의 보편적인 군대 편제는 100~200명의 중대로 고대 그리스 시절부터 활용해오던 팔랑크스(밀집방진) 대형이 여전히 유지되어왔다. 마우리츠(Mauritz)가 이루었던 네덜란드 군제 개혁을 눈여겨보고 배웠던 구스타브 아돌프는 스웨덴군에도 이를 적용하면서 '여단'을 처음 고안해내기도

●●● 스웨덴의 국왕 구스타브 아돌프는 스웨덴군을 유럽 최고 수준의 상비군으로 만들어놓은 후 전쟁에 개입했다. 〈Public Domain〉

했다. 2개 전열을 활 모양으로 배치하고 1개 전열이 예비대대로 따르도록 하여 여단을 전투 기본단위로 삼았다. 여단에는 머스킷병, 장창병과 함께 포병도 같이 배치했고, 기병도 적극적으로 활용했다. 그야말로 보병, 포병, 기병을 통합하여 단일 전투집단을 편성한 것이다. 현대의 태스크포스(task force) 개념으로도 볼 수 있다.

여기에 더하여 머스킷 소총과 화포를 가볍게 함으로써 보병과 포병의 기동성을 증가시켰다. 심지어는 보병과 연계하여 보병이 활용하는 경량의 화포인 연대포도 개발했다. 군수마차의 행렬도 최소화하여 제대의 행군 속도와 전장 기동성을 높였다. 스웨덴의 기병은 드라군(Dragoon: 용기병)으로 당시의 추세와는 달리 최대한 갑옷을 가볍게 했으며, 정찰 임무와 동시에 적의 정찰을 방해하는 반정찰 임무도 수행했다. 또한 전투 시에는 화력 집중을 중시하여 머스킷의 3열 일제사격이나 포병의 지속 사격 등에서 뛰어났다. 또한 포병의 화력 지원 속에서 기병이 고속으로 돌진하여 적의 측면을 공격하는 전술도 잘 구사했다. 민간 기술자를 포함하는 공병대와 군의관이 있었고, 지도와 쌍안경을 표준장비화했다. 그야말로 병력의 집단적 운용에서 모범을 보여준 것이다.

구스타브 아돌프의 새로운 군대는 혁신적이기는 했지만, 아직 실전 검증을 받지는 못했다. 게다가 발렌슈타인의 군대가 먼저 슈트랄준트(Stralsund)로 전개하여 방어태세를 취할 수도 있었다. 여기에 신성로마 제국이 고용한 용병부대까지 더해진다면 발트 해의 주도권은 제국군으로 넘어갈 것이고 스웨덴 본토가 직접 위협받게 될 터였다. 또한 신성로마 제국의 발흥을 막는다는 명목으로 스웨덴이 본격적으로 유럽 대륙으로 진출할 수 있는 기회이기도 했다. 스웨덴은 신교를 지킨다는 명분으로 프랑스의 리슐리외(Cardinal Richelieu) 재상으로부터 군비를 원조받으며 전쟁 준비를 했다. 그리하여 1630년 7월 6일 구스타브 아돌프는 기병 16개 부대, 포병과 연계하는 보병 92개 중대로 구성된 1만 3,000여 명의 병력을 이끌고 독일 북부에 상륙했다.

스웨덴군, 독일에 서다

한편 페르디난트 2세는 사태의 중대성을 깨닫지 못하고 발렌슈타인을 해임한 후 새로운 지휘관으로 틸리 백작 요한 체르클라에스(Johann Tserclaes, Count of Tilly)를 임명했다. 신교 수호를 내세우면서 독일에 상륙한 구스타브 아돌프였지만 신교를 믿는 지역에서조차 본격적인 지원을 하지 않자 곤란한 지경에 빠졌다. 그사이 마그데부르크(Magdeburg)가 황제에 대항하여 반란을 일으켰다. 틸리는 진압에 나섰고 매우 잔혹한 공격을 감행한 후에 학살과 파괴를 자행하여 도시를 황폐화시켰다. 한편 구스타브 아돌프는 마그데부르크를 구원하지 못하고 베를린으로 진군하여 브란덴부르크(Brandenburg)의 선제후인 게오르크 빌헬름(Georg Wilhelm)에게 자신의 동맹이 되도록 '설득'했다. 또한 틸리가 작센(Sachsen)을 침공하자 작센의 선제후인 요한 게오르크 1세(Johann Georg I)도 스웨덴의 편에 설 수밖에 없었다.

결국 구스타브 아돌프는 브란덴부르크와 작센 등에서 원하던 지원을 얻게 되었고, 제국군과의 본격적인 전투가 예상되었다. 그런 와중에 제국군의 기병대장인 파펜하임(Gottfried Heinrich Graf zu Pappenheim)의 유인작전에 휘말려 1630년 9월 16일에 4만 7,000여 명에 이르는 스웨덴 연합군이 라이프치히(Leipzig) 북쪽의 한 마을까지 이끌려나왔다. 그곳이 바로 브라이텐펠트(Breitenfeld)였다.

제국군의 편제는 전통적인 것이었다. 당시 73세였던 틸리 스스로도 스페인식의 전통적인 전투 이외에는 알지 못했다. 즉, 제국군은 테르시오(tercio) 대형으로 전투에 임한다는 말이었다. 테르시오란 연대장 지휘 아래 창병, 총병, 검병을 1개 연대에 혼성하는 군대 편제다. 테르시오는 잘 활용하면 독립적으로 사격전, 대기병전, 백병전 등 다양한 전투를 치를 수 있어 스페인군이 혁혁한 승리를 거두는 데 커다란 기여를 했고, 유럽 각국은 테르시오를 '스페인 방진'이라고 부르면서 적극적으로 모방했다. 테르시오는 1,500명부터 많게는 3,000명의 병사로 구성되었으며, 양쪽 측면에 중장기병을 배치했다.

브라이텐펠트의 격전

틸리는 4만 명의 병력을 17개의 거대한 테르시오로 나누어 배치했고, 양 측면에 1만 명의 중장기병을 배치했다. 구스타브 아돌프는 자신이 믿는 스웨덴 부대와 정예 핀란드 부대를 오른쪽에 내세우고, 스코틀랜드 용병 3개 연대를 후방에 배치했다. 왼쪽에는 작센군이 배치되었다. 스웨덴군은 특히 전방에 포병을 배치하고 그 뒤로 보병대가 진격하고 측면을 기병대가 지키는 형국이었다.

전투가 시작되자, 스웨덴 포병은 압도적인 화력을 자랑했다. 제국군이 1발을 쏠 동안 스웨덴군은 무려 3발을 발사했다. 2시간 이상 계속된 포격전에서 제국군은 상당한 피해를 입었다. 이렇게 스웨덴 포병이 제국군

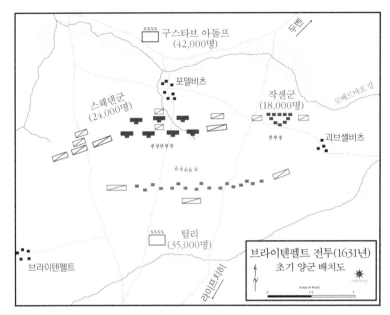

●●● 브라이텐펠트 전투 초기 양군 배치도

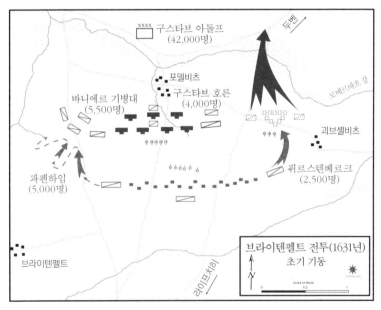

●●● 브라이텐펠트 전투 초기 기동

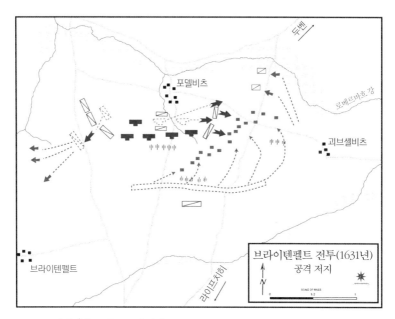

●●● 브라이텐펠트 전투 공격 저지

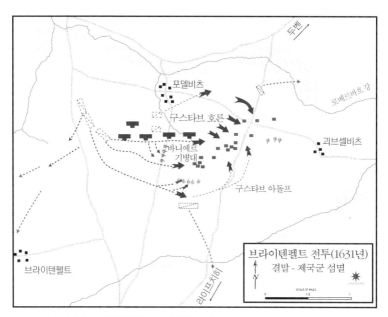

●●● 브라이텐펠트 전투의 결말 – 제국군 섬멸

의 좌익을 두들기는 사이, 스웨덴 연합군의 좌익이었던 작센 부대는 제국군에게 일방적으로 밀리다가 1시간도 안 되어 모두 오합지졸처럼 달아나버렸다. 이렇게 좌익이 무너지는 것을 보자 틸리는 승기를 잡았다고 판단하고 스웨덴군의 좌익을 향해 기병대를 투입했다.

그러나 작센군의 패주를 이미 알고 있었던 구스타브 아돌프는 예비대인 스코틀랜드 용병대를 투입했다. 사실 스웨덴군의 기동 속도는 다른 어느 군대의 기동 속도보다도 2배는 빨랐으므로 빠른 대응이 가능했다. 무너졌으리라 생각한 적 좌익에서 갑자기 일제사격이 가해지자, 제국군은 더 이상 전진할 수 없었다. 제국군의 전선은 우익이 무너져가고 좌익의 공격이 꺾이자 급격히 붕괴되기 시작했다. 결국 제국군의 우익으로 뚫고 들어온 스웨덴군은 적군의 중포를 빼앗아 사격을 가하기 시작했고, 막강했던 제국군의 테르시오들은 급격히 무너지면서 패퇴하고 말았다. 이 전투에서 스웨덴군은 2,000여 명의 사상자를 기록한 데 그친 반면, 제국군은 무려 7,600명의 전사자와 포로 6,000여 명, 그리고 부상자는 1만 2,000여 명을 기록했다.

계속되는 전쟁

구스타브 아돌프는 1631년에서 이듬해로 이어지는 겨울 동안 전쟁을 다시 시작했다. 그는 점령 지역을 점차 확대하여 독일의 서부와 남부 대부분은 물론이고 빈(Wien)까지도 위협하기에 이르렀다. 그리고 1632년 4월 16일에는 레흐(Lech) 강 전투에서 틸리 백작은 스웨덴군에게 격파당하여 사로잡힌 지 이틀 만에 사망하기에 이른다. 이 시점이 되자 제국군에게는 그다지 희망이 남아 있지 않았다. 결국 페르디난트 2세는 자신이 해임했던 발렌슈타인을 다시 제국군 사령관으로 불러들였다. 사실 발렌슈타인 이외에는 스웨덴의 공격에 맞설 배짱과 지혜를 갖춘 장군이 없었다. 발렌슈타인은 취임한 지 석 달 만에 4만여 명의 용병을 긴급수혈해가면서 빈사상태에 빠진 제국군을 부활시켰다.

그러나 시간은 제국군의 편이었다. 구스타브 아돌프의 군대는 스웨덴에서 독일로 넘어온 원정군이다. 아무리 동맹세력이 있다고 해도 원정군은 군수지원 등에서 불리하기 마련이다. 보급이 원활하지 않은 외딴 지역에서라면 빨리 전투를 치르고 승리하기를 원하는 것은 당연한 이치였다. 그러나 냉철한 전략가인 발렌슈타인은 로마 시절의 파비우스 전략(Fabian strategy)을 활용하며 전투를 최대한 회피했다. 발렌슈타인이 이렇게 전투를 계속 피하기만 하자, 구스타브 아돌프는 선수를 치기 위해서 1632년 9월 4일 퓌르트(Fürth)의 발렌슈타인 부대를 공격했으나 3,000여 명의 사상자만을 냈을 뿐이었다. 오히려 발렌슈타인은 작센을 침공하여 구스타브 아돌프를 고립시키고자 했다. 그러나 10월 22일 발렌슈타인은 파펜하임 휘하의 기병대 5,000여 명을 할레(Halle)로 보내면서 병력을 분산시키는 실수를 저질렀다.

이런 기회를 놓칠 구스타브 아돌프가 아니었다. 그는 11월 5일 신속하게 행군을 시작하여 작센으로 향했다. 그러나 스웨덴 연합군 행렬은 리파흐(Rippach)에서 제국군 기병대와 크로아티아 군대에 막히게 되었다. 결국 구스타브 아돌프는 행렬을 뤼첸(Lützen) 방면으로 돌렸다. 적의 숙영지를 5킬로미터 앞두고 추운 겨울밤을 계속 행군해갔다. 한편 그동안 이리저리 전투를 피하기만 하던 발렌슈타인으로서도 별 도리가 없었다.

이번만큼은 싸워야 할 터였다. 게다가 뤼첸이란 지형도 제국군 입장에서는 매력적이기도 했다. 별다른 특징 없이 여느 독일 평야와 같은 지형이었고 약간 올라온 방둑길에 남서에서 북동 방면으로 라이프치히로 가는 길이 나 있었다. 길 양편 배수로에는 병사들이 배치되었고, 다음날 그곳에는 엄청난 참호들이 구축되어 있었다.

뤼첸에서 대치하다

발렌슈타인의 휘하에는 2만 5,000여 명의 병력(그중 1만 8,000여 명이 동맹군)에 더하여 파펜하임의 기병대 8,000여 명이 있었다. 병력은 라이프치히 도로의 북쪽 사면에 일렬로 배치되었다. 제국군의 우익은 풍차언덕이라는 뤼첸 북쪽의 둔덕에 위치했지만, 좌익은 뻥 뚫려 있었다. 물론 발렌슈타인도 브라이텐펠트의 교훈을 잊지 않았다. 이젠 보병도 장비를 더욱 경량화했고, 제대 구성도 이전보다 수를 줄이고 기동성을 높였으며, 보병도 경량화 포를 동반하도록 했다. 포병대는 3개로 구성되어 총 60여 문의 화포가 배치되었다. 기병대는 스웨덴군 용기병의 전술과 장비를 일부 받아들였다.

보병은 중앙에 위치했다. 보병 가운데 도로를 따라 머스킷병들이 참호를 파서 매복했고, 그 후방에는 4개 테르시오가 대기했다. 좌익에는 콜로레도(Rudolf Freiherr von Colloredo)의 기병대가, 우익에는 오타비오 피콜로미니(Ottavio Piccolomini)의 기병대가 위치했다. 브라이텐펠트에서 스웨덴이 활용하던 횡대형 전투대형을 그대로 흉내 낸 것이다. 뿐만 아니라 여단 규모의 전투대형을 만든 것조차 유사했다. 발렌슈타인은 뤼첸

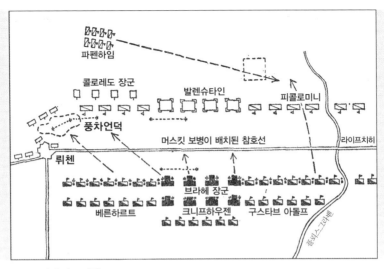

파펜하임

콜로레도 장군

발렌슈타인

피콜로미니

풍차언덕

머스킷 보병이 배치된 참호선

라이프치히

뤼첸

브라헤 장군

베른하르트

크니프하우젠

구스타브 아돌프

콜바스_그라펜

●●● 뤼첸 전투 상황도

의 마을을 불태우도록 명령했는데, 연막 차장을 형성할 뿐만 아니라, 적이 건물들을 엄폐물로 사용하는 것을 막기 위해서였다.

여명이 밝아오기 시작할 때쯤 스웨덴 연합군은 제국군 반대편에 도열하기 시작했다. 중앙에는 닐스 브라헤(Nils Brahe)와 도도 폰 크니프하우젠(Dodo von Knyphausen)이 4개 보병여단을 맡았다. 스웨덴과 핀란드 기병으로 구성된 우익은 구스타브 아돌프가 직접 지휘했고, 좌익은 작센-바이마르 공 베른하르트(Bernhard)가 지휘를 맡았다. 베른하르트는 젊지만 경험이 많은 독일 용병대장으로, 여러 가지 이상한 직책을 많이 가지고 있었지만 애국적인 신교도이자 우수한 전장지휘관이었다.

전쟁의 안개

막상 오전에는 짙은 안개로 인해 양측 모두 교전하기 어려웠다. 구스타브는 원래 계획했던 8시 공격을 연기했고, 11시경에 잠시 동안 안개가 걷히자 돌격을 지시했다. 그러나 숙련된 제국군 포병 공격과 머스킷 사격으로 인해 중앙과 좌익은 진격을 멈출 수밖에 없었다. 무엇보다도 제국군 우익의 풍차언덕에 배치된 포병이 연합군을 넓게 견제하고 있었다. 풍차언덕의 포격을 받지 않는 연합군 우익만이 상당히 진격을 했으나, 피해도 엄청났다. 하지만 결국 연합군 우익은 머스킷병들이 배치된 참호를 점령하고 길을 건너서 도로 북쪽의 포병 진지까지 장악했다. 그러나 전쟁의 안개는 여전히 자욱했고, 전선은 교착상태에 빠졌다. 제국군의 좌익이 완전히 붕괴될 지경에 이르자, 파펜하임의 기병이 신속히 구원에 나섰다. 이미 양측은 엄청난 피해를 입은 상황이었다. 스웨덴 여단의 경우 창병의 70%를 상실했고, 머스킷병은 40%의 전력을 잃었다. 제국군의 피해도 상당했지만, 파펜하임은 무려 다섯 차례 돌격기동을 감행하여 붕괴할 뻔한 제국군 좌익을 어떻게든 살려냈다.

한편 전선이 교착되자 구스타브는 슬슬 걱정이 되기 시작했다. 게다가 스몰란드(Småland) 기병대를 지휘하던 프레데릭 스텐복(Frederick Stenbock) 대령이 다리에 부상을 입자, 구스타브는 대신 지휘권을 맡았다. 때마침 많은 희생을 입고 있는 스웨덴-핀란드 여단을 증원할 필요가 있었다. 그는 직접 말을 타고 스몰란드 연대를 이끌고 도로 북쪽으로 넘어갔다. 바로 그때 안개가 걷히면서 제국군의 중기병들이 나타났다. 양측이 얽히면서 치열한 싸움이 벌어졌다.

구스타브 아돌프의 운명

폴란드 전쟁 이후에 총알이 몸에 박히자, 구스타브 아돌프는 더 이상 무거운 금속제 갑옷을 입을 수 없었다. 대신에 그는 두껍고 단단한 가죽 갑옷을 입었다. 그러나 이런 가죽 갑옷은 전장을 날아다니는 탄환에 대해서는 별다른 보호대책이 될 수 없었다. 그리고 결국 일은 생기고야 말았다. 스몰란드 연대를 이끌던 구스타브 아돌프는 왼팔에 총상을 입었다. 한참 전투가 진행 중이었고 게다가 적진 한가운데였기 때문에 구스타브 아돌프는 말머리를 돌려 전장을 이탈했고 호위병들도 그 뒤를 따랐다. 그러나 제국군 장교인 팔켄베르크(Moritz von Falkenberg)가 구스타브의 등 뒤에서 총을 쐈다. 구스타브는 말에서 떨어졌지만 여전히 발은 등자에 걸려 질질 끌려가고 있었다. 국왕을 보호하기 위해 호위병들이 달려왔지만 모두 저지당했다. 결국 구스타브는 심하게 부상당한 채로 적진에서 죽어가고 있었다. 구스타브가 죽었다는 소문이 제국군 영내에 돌자, 피콜로미니는 시신을 확인하러 왔다. 죽어가는 구스타브를 발견한 피콜로미니는 부하들에게 처형하라는 지시를 내렸다. 부하들은 구스타브의 관자놀이에 권총을 대고 확인사살을 했으며, 그의 무기와 옷을 약탈해갔다. 또한 시신은 제국군 병사들에 의해 심하게 훼손되었다.

구스타브의 죽음은 안개와 전투의 혼란 속에서 스웨덴 연합군에게 즉시 알려지지 않았다. 그러나 국왕의 애마인 스트레이프(Streiff)가 홀로 돌아오자 모두들 구스타브의 운명을 감지했다. 연합군은 일시적인 혼란 상태에 빠졌고, 심지어 전투에서 물러나려는 부대도 있었다. 그러나 중앙 전열을 지휘하던 크니프하우젠은 냉정을 찾고 부대의 결속을 유지시켰다. 지휘권은 서열 2위인 베른하르트에게 넘어갔다. 전투 경험이 풍부

한 베른하르트는 바로 지금이야말로 반격의 기회라고 판단하고 공격을 감행했다. 구스타브의 보복을 위해 병사들은 목숨을 걸고 싸울 것이기 때문이었다.

●●● 뤼첸 전투에서 안타깝게도 구스타브 아돌프는 총에 맞아 전사했다. 스웨덴 화가 칼 발봄(Carl Wahlbom)의 1855년 작품 〈뤼첸 전투〉. 〈Wikimedia Commons / CC-BY-SA 3.0 / Bjoertvedt, 2010〉

풍차언덕의 깃발

오후 3시에 스웨덴 연합군은 최후의 돌격을 감행했고, 제국군은 온 힘을 다해 막아내고자 했다. 양측은 치열하게 전투에 임했고, 전장은 초승달 대형으로 얽혀 있었다. 그러나 연합군이나 제국군이나 지칠 대로 지쳐 있었기 때문에 서로 뒤로 빠질 수조차 없었다. 베른하르트는 결국 이 전투를 마무리 짓기 위해서는 풍차언덕을 점령하여 남은 화포 13문을 무력화해야만 했다. 스웨덴군의 막강한 화력이 풍차언덕에 집중되자, 적진은 곧 잠잠해졌다.

그러나 싸움이 끝난 것은 아니었다. 제국군의 잔존 세력은 여전히 소규모 병력으로 뭉쳤다가 흩어졌다가를 반복하며 인근 참호를 점거하면서 전투를 이어나갔다. 그러나 이미 승기는 연합군 쪽으로 넘어갔고, 참호는 시체들만 쌓여갔다. 그렇게 치열하게 2시간을 싸운 뒤에야 스웨덴 연합군은 풍차언덕에 깃발을 꽂을 수 있었다. 발렌슈타인은 더 싸울 수도 있었지만, 퇴각을 선택했다. 남은 병사들은 기진맥진했고, 사기는 바닥을 쳤다. 또한 전사자는 발렌슈타인의 아들을 포함하여 4,000명(일부 자료에 따르면 6,000여 명)이 넘었다.

뤼첸 전투에서 스웨덴 연합군은 승리했지만, 원정군 지휘관인 구스타브 아돌프를 잃음으로써 원정 자체가 흔들리는 지경에까지 이르렀다. 결국 이후에 연합군은 뇌르틀링엔(Nördlingen)에서 제국군에게 제압당한 후 프라하 조약(Treaty of Prague)을 통해 전쟁은 일단락되는 듯했다. 하지만 이후 프랑스의 본격적인 지원 하에 스웨덴 연합군이 다시 부활하여 제국군이 사실상 괴멸되면서 양측은 1648년 베스트팔렌 조약(Peace of Westphalia)을 맺으면서 30년 전쟁은 대단원의 막을 내리게 되었다.

30년 전쟁은 국가안보라는 개념을 유럽인들의 뇌리에 각인시키는 계기가 되었다. 베스트팔렌 조약으로 각국은 종교와 같은 국내 문제뿐만 아니라 외부적 안보까지도 주권적으로 통제해야 한다는 생각을 갖게 된 것이다. 특히 30년 전쟁 가운데 구스타브 아돌프의 활약은 이후 프리드리히 대제나 나폴레옹과 같은 군사적 천재가 등장하는 중요한 밑거름이 되었다.

16
블렌하임 전투
(1704)
유럽을 구한 또 한 명의 처칠

BATTLE OF BLENHEIM

"소고기와 맥주 없이는 어떤 병사도 제대로 싸울 수 없다."

- 존 처칠, 제1대 말버러 공작

1700년 11월 1일, 스페인 국왕이자 신성로마 제국 황제였던 카를로스 2세(Carlos II)는 상속자 없이 사망했다. 합스부르크 가문의 유일한 합법적인 상속자였던 카를로스 2세는 생전에 무던히도 아들을 보기 위해 노력했지만, 두 차례의 결혼에도 불구하고 상속자를 낳지 못했을 뿐만 아니라 자녀들도 요절해버렸다. 결국 카를로스 2세의 누나이자 프랑스 국왕 루이 14세(Louis XIV)의 아내인 마리아 테레사(Maria Theresa)는 그의 생전에 루이 14세의 손자인 앙주 공작 펠리페 5세(Philip V, Duke of Anjou)가 왕위를 물려받도록 해놓았다.

물론 이러한 왕위계승 구도는 오스트리아의 합스부르크 가문으로서는 절대로 받아들일 수 없는 것이었다. 특히 유럽의 패권을 노리는 루이 14세를 견제할 필요를 느꼈던 영국 또한 오스트리아에게 힘을 실어주었다. 그리하여 신성로마 제국 황제 레오폴트 1세(Leopold I)의 차남 칼 대공(Archduke Charles)이 오스트리아 측이 제시한 스페인 국왕이었다. 그러나 루이 14세는 물러서지 않고 펠리페 5세를 스페인 국왕으로 올려놓았다. 일단 여기까지는 국제적 합의나 명분에 벗어나는 일이 아니었기 때문에 대동맹 전쟁이 끝난 지 얼마 안 된 상황에서 영국과 네덜란드 등은 프랑스의 행위가 내키지는 않았지만 펠리페 5세를 왕으로 인정했다.

그러나 일단 스페인을 성공적으로 장악한 루이 14세는 과감하게 국제적 합의를 어기는 것을 서슴지 않았다. 우선 1701년 2월에는 스페인령 네덜란드에 프랑스군을 보내 몇몇 군사요충지들을 점령하기에 이르렀다. 이로써 프랑스의 숙적인 영국의 국왕 윌리엄 3세(William III)는 루이 14세에 대항해 오스트리아, 네덜란드와 함께 대동맹을 부활시켰다.

●●● 스페인의 국왕 카를로스 2세(왼쪽 그림)가 상속자 없이 죽게 되자, 왕위를 상속받은 것은 그의 누이 마리 테레사의 손자인 펠리페 5세(오른쪽 그림)였다. 〈Public Domain〉

●●● (왼쪽 그림) 펠리페 5세의 할아버지이자 마리아 테레사의 남편은 바로 루이 14세였다. 즉, 프랑스가 스페인을 사실상 지배하는 구도가 되면서 유럽의 권력 구도는 흔들렸다. 〈Public Domain〉

●●● (오른쪽 그림) 유럽을 정복하겠다는 루이 14세의 야망이 점차 도를 넘자, 영국의 앤 여왕이 대동맹을 부활시키면서 스페인 왕위계승전쟁이 시작되었다. 〈Public Domain〉

전쟁에 나선 영국

영국의 윌리엄 3세가 말을 타다 낙상하여 1702년 3월 8일에 사망하자, 처제인 앤(Anne)이 여왕으로 등극했다. 이에 따라 영국-네덜란드 연합 군을 이끌 지휘관으로는 육군 대장이자 영국 야전군 총사령관인 말버러 공작(Duke of Marlborough) 존 처칠(John Churchill) 경이 되었다. 그는 뛰어난 전장지휘관이자 정치가, 외교관이었기 때문에 그가 지휘관이 되는 데 의문을 가진 이는 아무도 없을 정도였다. 참고로 말버러 공작은 2차 대전 당시 영국을 승리로 이끈 철혈 재상 윈스턴 처칠(Winston Churchill)의 조상이기도 하다.

말버러 공작은 '존 상병(Corporal John)'이라는 별명이 붙을 정도로 꼼꼼하기도 했다. 그는 새로운 격발 방식인 플린트락(flint lock) 방식의 머스킷(전장식 소총)이 대세가 될 것이라고 예측하고 개발을 지시했으며, 장창 대신 총검을 지급함으로써 보병 전술의 공격성을 높였다.

말버러 공작은 기병부대의 전술에 대해서도 변화를 추구하여 대규모 대형을 형성하고 기습공격이나 돌격을 하도록 훈련시켰다. 그는 동시대의 다른 지휘관들과는 달리 구스타브 아돌프의 군사전략에서 많은 부분을 배웠다. 수많은 전투를 겪어본 베테랑의 입장에서 구스타브 아돌프에 깊이 공감하고 불필요한 기동을 최대한 피하고 결정적인 국면에서 강력한 일격으로 적을 무너뜨리는 전술에 대한 연구를 게을리 하지 않았다. 적에게 충격을 안겨줄 기동전 능력을 단련해온 것이다.

영국이 프랑스에 공식적으로 선전포고를 한 것은 1702년 5월 4일이었다. 말버러 공작은 7월부터 10월까지 스페인령 네덜란드에 주둔하던 프랑스군을 줄줄이 격파하여 루르몬트(Roermond)나 리에주(Liège) 등 요

●●● 영국군 총사령관이자 영국-네덜란드 동맹군의 지휘관은 노련한 야전군인이자 정치가였던 존 처칠 제1대 말버러 공작이었다. 그는 2차 대전 당시의 영국 수상인 윈스턴 처칠의 조상이기도 하다. 〈Public Domain〉

●●● 말버러 공작은 플린트락 방식의 머스킷(사진)이 대세가 될 것을 예측하고 영국군에게 신형 제식 소총을 지급했다. 이 소총은 이후 '브라운 베스(Brown Bess)'라는 별명으로 불리면서 19세기 초까지 사용되었으며, 붉은 군복 상의와 함께 대영제국의 강력한 군사력을 상징하는 존재가 되었다.

충지역을 점령했다. 혁혁한 전공을 세워 영국군 전체로부터 신망이 높았을 뿐만 아니라 그의 아내가 앤 여왕과 깊은 친분관계로 궁서관으로 입궐하게 되자, 말버러 공작은 더욱 든든한 왕실의 후원을 받을 수 있게되었다.

오스트리아를 구원하라

1704년 초가 되자, 대동맹에 가장 위협적인 사태가 벌어지고 말았다. 오스트리아로부터 독립을 꾀하던 헝가리 반군과 바이에른(Bayern)이 프랑스와 연합을 한 것이다. 이로써 오스트리아는 헝가리-바이에른 반군과 새로운 전선을 구성하면서 2개의 전선에서 동시에 싸워야만 했다. 특히 프랑스군이 헝가리-바이에른군과 함께 엄청난 병력으로 파죽지세로 빈을 향해 밀고 들어오기 시작했다. 레오폴트 1세는 자신이 총애하는 지휘관인 사부아-카리냥 대공(Prince of Savoy-Carignan)인 프랑수아 오이겐(François-Eugène)을 이탈리아 전선에서 소환함과 동시에 동맹국인 영국과 네덜란드에 지원을 요청했다.

만약 신성로마 제국군이 패배하여 빈을 빼앗긴다면 프랑스가 네덜란드에 병력을 집중할 것이고 그러면 전쟁은 질 것이 뻔했다. 말버러 공작은 다급해졌다. 어떤 방법으로든 오스트리아를 구원해야만 전쟁에서 승산이 있었기 때문이다. 그러나 구원에 나서는 것조차 쉽지 않았다. 문제는 네덜란드의 소심한 정치인들이었다. 네덜란드에 주둔하던 말버러 공작이 오스트리아를 도우러 간다면 자신들이 침략을 받을지도 모른다면서 말버러 공작의 부대 이동을 저지했기 때문이다.

말버러 공작은 프랑스의 알자스(Alsace) 지방으로 침공하여 네덜란드의 위협을 제거하겠다고 민심을 달랬다. 그러나 그의 목표는 여전히 오스트리아의 구원이었다. 그리고 그가 맞이할 적은 스트라스부르(Strasbourg)의 프랑스군 6만 명과 빈으로 전진 중인 프랑스-바이에른 연합군 6만여 명이었다. 만약 말버러 공작이 승리를 원한다면 이 2개 부대를 서로 분리시켜놓아야만 했다. 이를 위해서는 기만작전이 필요했다. 그리고 기만작전의 성공에는 속도가 생명이었다. 다행히도 무거운 대포와 군수품은 수로를 통해 수송이 가능했으므로 빠른 이동이 가능했다.

네덜란드를 설득하는 데 성공한 말버러 공작은 병력 절반을 네덜란드 수비를 위해 남겨놓고, 나머지 절반과 포 48문을 가지고 라인(Rhein)강을 따라 남하했다. 말버러 공작의 군대가 코블렌츠(Coblenz)로 향하자 벨기에 주둔 프랑스군 사령관인 빌루아 공작 프랑수아 드 뇌프빌(François de Neufville, duc de Villeroy) 원수도 3만여 명을 파견하여 그 뒤를 쫓았다. 외견상으로 그의 군대는 알자스를 향하는 것처럼 보였다. 실제로 5월 26일 코블렌츠에 도착한 후 29일에는 만하임(Mannheim) 인근에서 당장이라도 도강할 듯이 선교들을 늘어놓기까지 했다. 그러자 빌루아 공작은 곧바로 미끼를 물었다. 네덜란드에서 자신의 병력을 빼내어 알자스 방어를 담당하는 탈라르 공작 카미유 도스튄(Camille d'Hostun, duc de Tallard) 원수의 부대에 합류시켰던 것이다.

절묘한 기만작전

그러나 6월 3일에 이르자, 말버러 공작 기병대는 라덴부르크(Ladenburg)

에서 네카르(Neckar) 강을 건너서 모젤(Moselle) 강을 따라가는 대신 도나우(Donau) 강을 향해 이동했다. 그제야 프랑스군도 말버러 공작 군대의 의도를 이해하게 되었다. 이에 따라 프랑스군은 말버러 공작 군대를 추격하기 시작했다.

한편 파죽지세로 오스트리아로 향하던 말버러 공작 군대 앞에 커다란 장애물이 나타났다. 말버러 공작 군대의 도하를 막기 위해 마르쟁(Ferdinand, comte de Marsin) 원수와 바이에른 선제후인 막시밀리언 에마누엘(Maximilian II Emanuel) 대공의 부대가 딜링엔(Dillingen) 인근에서 요새화하고 대기하고 있었던 것이다. 말버러 공작은 7월 1일에 도나우뵈르트(Donauwörth) 인근에 도착했다. 도나우뵈르트는 도나우 강 도하에 유용하게 활용할 수 있는 거점이었다. 말버러 공작은 시간을 소모하는 공성전 없이 도나우뵈르트를 점령하고자 했다.

문제는 도나우뵈르트 인근에 주둔하고 있는 프랑스-바이에른 연합군의 부대였다. 다르코(Jean Baptist, Comte d'Arco) 원수가 지휘하는 약 1만 4,000여 명의 병력이 셸렌베르크(Schellenberg)에 요새를 구축한 뒤 주둔하고 있었다. 게다가 바덴 선제후인 루이 왕자(Prince Louis of Baden)의 병력까지 가세하면서 방어선이 더욱 두터워졌다. 이들의 임무는 말버러 공작 군대의 도하를 막는 것이었다. 말버러 공작은 각 단위부대 지휘관들에게 텐트를 치도록 명령했다. 적의 눈에 하룻밤 숙영을 하는 것처럼 보이게 하기 위해서였다. 이런 간단한 계략에 적은 곧바로 속아 넘어가서 허점을 보이게 되었다. 말버러 공작은 이런 기회를 놓치지 않았다.

오후 5시가 되자, 말버러 공작의 동맹군은 셸렌베르크를 향해 야포를

●●● 말버러 공작은 수만 명 규모의 대부대를 이끌고 무려 400킬로미터의 거리를 한 달 만에 주파함으로써 당대로서는 상상하기 어려운 기동전을 감행했으며, 상당한 희생을 각 오하고 셸렌베르크를 점령함으로써 도나우 강으로 향하는 길을 열었다. 〈Public Domain〉

발사했다. 그리고 6시 15분에 영국군 보병들이 기병대의 엄호 아래 3개 대열로 적의 요새를 향해 공격을 시작했다. 그러나 요새화된 적 진지에 대한 세 차례 공격은 모두 실패로 끝났다. 다르코의 요새는 고립되었지 만, 오후 7시 30분 루이 대공은 자신의 병력으로 숲의 북서 방면에서 공 격을 시작했다.

전투는 치열하게 가속되었다. 이제 동맹군과 연합군은 뒤엉켜 백병전 을 벌이게 되었다. 그러나 방어에 임하던 프랑스 연합군은 1만여 명을 잃으면서 결국 패배하게 되었다. 영국군의 치열한 기세를 꺾을 수 없었기 때문이다. 이 전투에서 말버러 공작 군대는 약 1,400여 명의 사상자와 3,800여 명의 부상자를 기록했다.

맹렬한 진군

동맹군의 희생에 비해 얻은 것은 더 많았다. 뇌르틀링엔(Nördlingen)을 거쳐 도나우 강으로 가는 길이 이제 열린 것이다. 말버러 공작의 군대는 7월 8일 레흐 강을 도하하여 빠른 속도로 전진하기 시작했다. 8월 11일에는 오이겐 대공의 부대도 합류하여 군세는 더욱 확장되었다. 이렇게 동맹군이 전진하는 사이 연합군의 지휘관은 탈라르(Camille d'Hostun, duc de Tallard) 원수로 교체되어 있었다.

탈라르의 프랑스-바이에른 연합군은 8월 12일 블렌하임(Blenheim)의 서쪽에 방어선을 구축했다. 블렌하임은 작은 마을로, 동쪽에는 회흐슈태트(Höchstädt)가, 남쪽에는 도나우 강이, 북쪽으로는 길게 도나우 강으로 흘러 들어가는 샛강인 네벨(Nebel) 강이 위치했다. 숙영지는 네벨 강 서쪽의 1.6킬로미터 지점에 설정되었다. 엠마뉴엘(Emmanuelle) 대공의 바이에른 부대는 루칭엔(Lutzingen)에, 마르쟁 원수는 오버글라우(Oberglau)에, 탈라르 원수는 블렌하임에 주둔했다. 이들의 좌익에는 여러 개의 동산과 숲이 있었고, 우익에는 도나우 강이 흐르고 있었다. 병력의 규모도 상당했다. 블렌하임에는 9개 보병대대와 지원대 7개 대대, 예비대 11개 대대가 배치되어 단단한 방어막을 구축하고 있었다. 블렌하임과 오버글라우 사이에는 프랑스군 44개 기병대대가 2열로 포진했고, 말에서 내린 드라군 4개 대대와 9개 보병대대가 이를 지원했다. 오버글라우에는 32개 기병대대와 14개 보병대대가 주둔하며 방어를 담당했다. 그 왼쪽에는 32개 기병대대와 17개 보병대대가 위치했고, 루칭엔에는 51개 기병대대와 12개 보병대대가 포진했다.

탈라르는 이런 '난공불락'의 지형에 대해 상당한 자신감을 갖고 있었다. 그도 그럴 것이 지형 자체가 요새와 유사할 뿐만 아니라, 수적으로도 우세한 연합군을 향해 말버러 공작이 감히 공격을 가할 수는 없으리라고 믿었기 때문이다. 이런 '요새적 사고'는 언제나 위험한 것으로, 나폴레옹도 "자신의 요새에 머무는 측은 이미 패배했다"라고 종종 말할 정도였다. 그리고 이번에도 예외는 아니었다. 적국의 지휘관들이 과감하고 용맹할 때는 더욱 그러하다. 실제로 도나우뵈르트의 함락에서 알 수 있듯이 말버러 공작은 진짜 요새조차도 맹렬히 공략하여 점령했다.

8월 12일 여명이 밝아오자, 말버러 공작은 몸소 적 진영과 블렌하임 지형 정찰에 나섰다. 그리고 다음날 새벽 2시에 동맹군은 4개 대형으로 서진하여 3시에는 케젤(Kessel) 지류를 건넜다. 그리고 3시간 후에는 울퍼슈텐(Wolperstten)의 고지에 이르렀다. 그리고 오전 7시가 되어 아침 안개가 걷히자, 연합군은 바로 코앞에 말버러 공작의 동맹군이 도달해 있음을 깨닫게 되었다.

블렌하임 전투의 시작

어이없게도 그때까지만 해도 탈라르나 마르쟁과 엠마뉴엘 선제후는 모두 적군이 스스로 물러날 것이라고 생각했다. 그러나 동맹군의 치열한 공격이 시작되고 나서야 그들은 이것이 장난이 아니라는 것을 깨닫게

●●● (위) 영국-네덜란드-오스트리아의 대불 동맹군과 프랑스-바이에른의 연합군은 블렌하임에서 결전을 펼쳤다. 영국 화가 존 우튼(John Wootton)의 1742년 작품 〈블렌하임 전투〉. 〈Public Domain〉

●●● (아래) 블렌하임 전투 지도. 파란색은 영국-네덜란드-오스트리아 대불동맹군, 빨간색은 프랑스-바이에른 연합군.

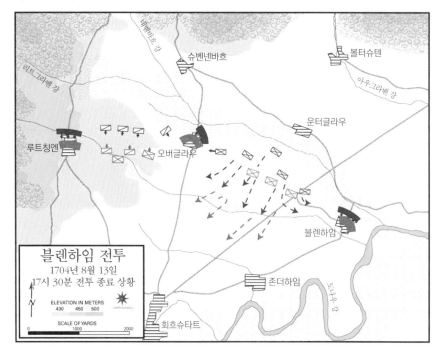

되었다. 연합군은 병력을 소집하는 나팔이 울리자 병사들과 군마, 마차 등이 정해진 전투 위치를 찾아 달려 나갔다.

동맹군 지휘관들로서는 절호의 기회였다. 자만심에 빠져 있던 적군 지휘관들은 당황했고, 말버러 공작이나 오이겐 휘하의 하급 부대 지휘관들 가운데 이러한 전술적 우위를 놓칠 사람은 아무도 없었기 때문이다. 영국, 오스트리아, 네덜란드 동맹군 5만 6,000여 명은 6만 명이 넘는 프랑스-바이에른 연합군을 맞아 용감히 싸웠다.

8시 30분 프랑스군의 맹렬한 야포 사격이 전투 개시를 알렸다. 영국군은 무려 90여 문의 야포 사격으로 이에 답했다. 졸지에 기습당한 탈라르는 세부적인 전투계획을 구상할 시간조차 없었다. 연합군은 방어적인 전투만을 수행할 수 있었을 뿐이었는데, 그것조차도 프랑스군과 바이에른군의 공조 없이 각자 수행했다. 마르쟁이 중앙에서 싸웠고, 엠마누엘이 좌익에, 탈라르가 블렌하임에서 도나우 강에 이르는 우익을 맡았다.

마르쟁과 선제후의 부대는 네벨의 강둑에 위치하면서 동맹군 상륙을 저지할 수 있었던 반면, 탈라르의 부대는 지류에서 남쪽으로 900미터 정도 떨어진 지점에 위치했다. 탈라르는 말버러 공작이 네벨 강을 건너서 자신을 공격하기를 바랐다. 그렇게 되면 말버러 공작의 부대는 오버글라우와 블렌하임에서부터 날아오는 교차사격으로 갇히게 되고, 요새화된 진지로부터 프랑스군이 역공을 감행하여 영국군을 네벨 강 옆의 늪지대로 몰아넣어 전멸시킬 수 있다고 탈라르는 생각했다.

적군의 우익이 좌익보다 강하다는 것을 말버러 공작도 알고 있었다. 그렇기에 그는 강한 쪽을 공격하기로 결심했다. 말버러 공작은 탈라르의 속셈을 간파하고 오이겐 부대로 하여금 선제후의 좌익을 공격하여 고립시키도록 했다. 그사이 자신의 부대는 전진하여 오버글라우와 블렌하임의 요새를 공격하기 시작했다. 영국군과 프랑스군의 야포들은 무려 4시간이나 치열하게 화력 대결을 펼쳤다. 그러는 사이에 커츠(Cutts) 경의 부대가 5개의 부교를 활용하여 네벨 강을 건너 남쪽 제방에 교두보를 형성했다. 전투가 계속되는 사이 말버러 공작은 오이겐으로부터 선제후의 바이에른 부대를 고착시켰다는 보고가 들어오기를 초조하게 기다렸다.

최후의 돌격

결국 오이겐의 전령이 고대하던 소식을 가지고 도착했다. 12시 30분에 말버러 공작은 휘하 장군들에게 전진을 명령했다. 그리고 15분 후에 로우(Rowe) 장군의 영국군 여단이 프랑스군이 갇혀 있는 블렌하임을 향해 공격했지만 실패에 그쳤다. 두 차례 공격에서 로우 장군 본인과 여단 병력의 3분의 1이 사살된 후에 처참히 패배한 채 돌아왔다. 그러나 막대한 희생이 헛된 것은 아니었다.

전선의 중앙에서는 홀슈타인벡(Holstein-Beck) 대공 휘하의 9개 보병대대가 오버글라우의 요새를 공략하다가 위기에 빠졌다. 이를 본 말버러 공작은 오이겐으로부터 오스트리아 기병대를 지원받아 프랑스 기병대에 대항하도록 했다. 프랑스군은 엄청난 피해를 입었다. 홀슈타인벡은 프랑스군을 마을로 쫓아낼 수 있었고, 이후에는 자신감을 갖고 전투를 계속해나갔다. 오후 3시에 이르자, 엠마누엘 대공의 병력은 점차 프랑스군과 차단되어갔고, 탈라르의 역공을 지원할 수 없는 지경에까지 이르렀다. 말버러 공작은 나머지 병력과 함께 1시간 후인 오후 4시에 강을 건넜다.

오후 4시 30분이 되자, 오이겐 대공은 더욱 기쁜 소식을 말버러 공작에게 전해주었다. 루칭엔에서 엠마누엘 부대를 몰아냈다는 소식이었다. 이렇게 되자 탈라르는 자신이 말버러 공작에 비해 중과부적임을 깨닫고 9개 대대를 오버글라우 인근으로 급파했다. 그러나 이런 조치는 너무 늦었을 뿐만 아니라 병력도 너무 소규모였다. 프랑스군 대대들은 위치를 사수하기 위해 맹렬히 싸웠지만, 아군 기병대가 도나우 강과 늪지대로 도주하는 가운데 최후의 1인까지도 모두 죽음을 맞았다.

블렌하임의 승리

오후 5시 30분이 되자 전투는 이미 끝났다. 탈라르는 영국군에 포로로 잡혔으며, 프랑스-바이에른 연합군은 더 이상 전쟁 임무를 수행하는 군대로서 역할을 할 수 없는 상태에 이르렀다. 그나마 오버글라우와 블렌하임의 프랑스군 요새에 남은 병력은 밤 9시까지 최후의 저항을 하다가 항복하고야 말았다.

블렌하임 전투(Battle of Blenheim)는 엄청난 희생이 요구된 치열한 결전이었다. 영국-네덜란드-오스트리아 동맹군은 4,500명의 전사자와 7,500명의 부상자를 기록하며 병력의 5분의 1을 잃었다. 그러나 프랑스-바이에른 연합군의 피해는 이에 비할 바가 아니었다. 1만 3,600여 명의 사상자를 기록했고, 무려 1만 5,000여 명이 포로로 잡혔다. 전선을 이탈한 인원까지 합치면 무려 4만여 명의 병력을 잃은 것이다. 말버러 공작은 프랑스군의 방해 없이 적군의 심장부를 관통하여 무려 400킬로미터

●●● 블렌하임 전투 패배 이후 프랑스는 다시는 유럽 정복을 위한 공세에 나설 수 없었고, 1713년 영국과 네덜란드는 위트레흐트 조약을 통해 프랑스와 휴전했다. 위트레흐트 조약을 통해 영국과 오스트리아는 펠리페 5세의 스페인 왕위 승계를 인정했지만, 대신 스페인 왕이 프랑스 왕을 겸하는 것은 금지함으로써 프랑스의 유럽 장악이라는 목표를 좌절시킬 수 있었다. 이 평화조약으로 1714년 스페인 왕위계승전쟁은 막을 내렸다. 〈Public Domain〉

를 이동했다. 그러고는 유럽 전쟁사에 유례없는 승전을 기록한 것이다.

블렌하임 전투는 이후 전쟁 상황에 결정적인 영향을 끼쳤다. 1704년 초까지만 해도 루이 14세는 유럽 전역을 장악하겠다는 야심을 달성하기 직전이었다. 스페인, 스페인령 네덜란드, 이탈리아가 프랑스의 수중에 떨어졌고, 오스트리아마저 굴복시킬 수도 있었다. 그러나 블렌하임 전투의 패배 이후 프랑스는 더 이상 공세적 작전을 펼칠 수가 없었다. 군대의 사기는 꺾였고, 군자금은 탕진되었다. 프랑스는 이제 전선을 교착시키고 자신들이 확보한 영토를 지키는 것을 목표로 하게 되었다.

물론 블렌하임 전투로 전쟁이 곧바로 종결된 것은 아니었다. 말버러 공작은 소심한 네덜란드와 요새화하는 프랑스라는 내우외환에 동시에 대처해야만 했다. 그런데도 그는 라미예(Ramillies, 1706년), 오우데나르데 (Oudenaarde, 1708년), 말플라케(Malplaque, 1709년)에서 세 차례 대승을 이끌어냈다. 그러나 말버러 공작은 프랑스와의 평화를 바라는 토리당 (Tory Party)의 모함으로 앤 여왕과의 관계가 파탄이 나면서 1711년 영국 군 총사령관직에서 물러났다. 결국 1713년 영국과 네덜란드는 위트레흐트 조약(Treaty of Utrecht)을 통해 프랑스와 휴전했다. 이 조약을 통해 영국과 오스트리아는 펠리페 5세의 스페인 왕위 승계를 인정했지만, 대신 스페인 왕이 프랑스 왕을 겸하는 것은 금지함으로써 프랑스의 유럽 장악이라는 목표를 좌절시킬 수 있었다.

17
트라팔가르 해전
(1805)

영국, 유럽의 제해권을 장악하다

BATTLE OF TRAFALGAR

"신에게 감사한다. 나는 내 의무를 다했다."

- 호레이쇼 넬슨 제독의 유언

유럽의 패권을 노리던 프랑스의 부르봉 왕가는 스페인 왕위계승전쟁 이후에도 대외팽창을 위한 행보를 거듭했다. 18세기 대부분의 기간 동안 프랑스를 통치해온 루이 15세는 폴란드 왕위계승전쟁(1733년~1738년)과 오스트리아 왕위계승전쟁(1740년~1748년)에 이어 7년 전쟁(1756년~1763년)까지도 참가했다. 특히 7년 전쟁은 식민지였던 인도와 미국 등에서의 패배에 더하여 엄청난 지출로 국가적인 재정난까지 초래했다. 결국 이러한 국가 역량의 붕괴는 왕정에 대한 의문을 불러일으켰고, 결국 1789년 7월 14일 파리 시민들이 바스티유(Bastille) 감옥을 습격함으로써 프랑스 대혁명(French Revolution)이 발발했다.

프랑스 혁명 전쟁과 나폴레옹의 등장

혁명을 맞아 왕정이 폐지되고 공화제 정부가 수립되자, 주변국들이 긴장하기 시작했다. 애초에는 프랑스의 국내 문제로만 바라봤지만, 왕정 폐지에 대한 열풍이 자국에까지 미치자 이제는 안보의 문제로 이해하기 시작한 것이다. 1792년부터 프랑스가 먼저 오스트리아를 상대로 공격을 결심했지만, 오히려 프로이센의 공격으로 9월에는 수도 파리까지 위협을 받는 상황이 되었다. 그러나 혁명정부는 모병제를 통해 상당한 병력을 조달함으로써 발미 전투(Battle of Valmy)를 통해 공격을 막아내는 데 성공했다. 그리고 1793년에 혁명정부는 급기야 루이 16세를 처형하면서 유럽의 왕국들에게 충격과 공포를 안겨주었다. 이런 프랑스의 좌경화에 대항하여 대프랑스 동맹이 형성되어 영국, 오스트리아, 프로이센, 네덜란드, 스페인 등이 동맹을 형성했다. 그야말로 본격적인 포위가 시작된 것이다.

하지만 혁명의 열기가 전국에 넘쳐 흐르고 있던 프랑스는 국민개병제와 국가총동원체제를 갖추고 사단 편성을 도입하는 등 군사 혁신을 통해 위기에 대응했다. 특히 나폴레옹 보나파르트(Napoléon Bonaparte)라는 걸출한 군사지도자가 부각된 것도 바로 프랑스 혁명 전쟁을 통해서였다. 나폴레옹은 알프스 산맥을 넘어 오스트리아군 배후를 공격하여 한니발 이후 누구도 엄두를 내지 못하던 기동을 이뤄냈다. 적국 국가들이 연합전선을 형성하기 전에 대우회작전으로 양국군을 차단하고 각개격파를 통해 자신보다 훨씬 많은 적을 굴복시키기도 했다. 이렇듯 나폴레옹의 활약으로 대부분의 국가들은 공격 의지를 상실하고 오스트리아는 뤼네빌 조약(Peace of Lunéville , 1801년), 영국은 아미앵 조약(Treaty of Amiens, 1802년)을 통해 프랑스와 협상을 맺고 전쟁을 종결지었다.

불안한 평화는 오랫동안 지속되지 못했다. 나폴레옹은 이미 1799년 11월 9일 브뤼메르 18일 쿠데타(Coup of 18 Brumaire)를 통해 총재정부(總裁政府)를 전복시키고 집정정부(執政政府)를 수립했다. 국민적 인기를 바탕으로 임기 10년의 제1통령에 임명되었으며, 이후 1804년 12월 2일에는 스스로 황제로 대관하기까지 했다. 이 모든 것은 혁명 이후 국민적 열기에 의한 것이었다. 그리고 나폴레옹은 이러한 국민적 열기를 배출하기 위해 또 다른 전쟁을 선택하게 된다. 이번에는 프랑스를 주변의 왕정 국가들로 지키는 것이 아니라, 프랑스의 혁명을 전파시킨다는 명분하에 유럽 전체에 대한 침략 전쟁을 일으키는 것이었다.

우선 그 첫 번째 대상은 프랑스의 숙적 영국이었다. 프랑스는 영국에 대한 금수조치 등을 취하면서 압박했고, 이에 대해 영국은 1803년 5월

●●● 아부키르 만 해전(1798년 8월 1일~2일)에서 호레이쇼 넬슨 지휘 하의 영국 해군은 이집트에 주둔하던 나폴레옹의 프랑스 해군을 격침시켰다. 영국은 함선이나 병력의 숫자 면에서는 프랑스-스페인의 연합함대보다 적었지만, 뛰어난 항해술과 다양한 실전 경험으로 기량 면에서는 비교할 수 없을 만큼 우수했다. 영국 화가 조지 아널드(George Arnald)의 대표작 〈나일 해전에서 로리앙의 격파〉. 〈Public Domain〉

아미앵 조약을 파기하면서 선전포고를 했다. 그러나 문제는 바로 도버 (Dover) 해협이었다. 매우 짧은 거리이지만 바다를 건너는 것은 해군의 일이었다. 문제는 영국이 유럽에서 가장 막강한 해군력을 보유하고 있다 는 점이었다. 불세출의 지휘관 호레이쇼 넬슨(Horatio Nelson) 제독과 같 은 이가 이끄는 영국 해군을 격파하는 것은 어려운 일이었다.

●●● 영국 해군 최고의 명장은 호레이쇼 넬슨 제독이었다. 그는 빈센트 곶 해전과 아키부르 만 해전 등에서 승리를 장식하면서 영국 국민들이 가장 믿는 제독으로 떠올랐다. 〈Public Domain〉

영국에 상륙하라

나폴레옹은 자신의 해군을 믿지 않았다. 실제로 프랑스 해군은 규모에 비해 실력이 형편없었다. 그래서 이집트 원정 당시 아부키르 만 해전(Battle of Aboukir Bay)에서 프랑스 해군은 영국 해군에게 녹아내렸다. 그러나 가장 위험한 적인 영국을 제거하기 위해서는 나폴레옹에게 이번만큼은 해군이 절실했다. 프랑스 해군이 영국 해군을 이기지는 못하더라도 최소한 관심을 돌려 나폴레옹의 지상군이 상륙할 시간만 벌어주면 되었다. 문제는 해전의 문외한인 나폴레옹에게는 혁명으로 유능한 해군 지휘관이 대부분 처형되어 쓸 만한 인물이 없다는 것이었다. 결국 피에르 빌뇌브(Pierre Villeneuve) 공작을 지휘관으로 지명했다.

빌뇌브는 젊은 지휘관이지만 일찍이 미국 독립전쟁의 해군 작전에 참가한 적이 있었다. 귀족임에도 불구하고 혁명세력에 동조한 그는 해군 내에서 입지를 다지면서 1793년에는 함장이 되었다. 나폴레옹의 이집트 원정에서 그는 이미 영국 해군과 대결한 바 있었다. 1798년 8월 1일 아부키르 만 해전에서 빌뇌브는 자신의 기함인 기욤 텔(Guillaume Tell)에서 후위 전대를 지휘하다가 패색이 짙어지자, 포함 제네로(Généreux)를 이끌고 도주해버렸다. 이 전투로 프랑스군은 전열함 3척과 프리깃함 2척이 격침당하고, 전열함 9척이 나포당했다. 반면 영국 해군은 단 1척의 손실도 없었다.

당시 프랑스 해군과 영국 해군의 격차는 엄청났다. 혁명으로 인해 귀족 출신의 해군 사관들이 대부분 처형되어 프랑스 해군은 바다에서 어떻게 싸울지 노하우가 없었다. 선박의 수는 많아도 전력이 툴롱(Toulon), 카디스(Cádiz) 등 여러 군항에 분산되어 있었을 뿐만 아니라, 영국군의 봉쇄로 제대로 대양에 나가서 훈련조차 못 해봤다. 물론 1804년 프랑스와 스페인이 동맹을 맺음에 따라 프랑스-스페인 연합함대가 구성되면서 어느 정도 의미 있는 전력을 만들어낼 수는 있었다. 그렇다고는 해도 영국 해군이 유럽의 거의 모든 항구를 봉쇄하면서 함대 진출 자체를 막고 있었다. 여전히 영국 해군은 상대가 되지 않을 만큼 막강했다.

그럼에도 불구하고 나폴레옹은 1805년 3월 30일 프랑스 해군에게 서인도 제도로 넬슨 함대를 유인해내라고 명령했다. 물론 빌뇌브는 나폴레옹이 해전에 대해서만큼은 무지하여 이것이 전략적으로 옳은 판단이 아니라는 것은 알고 있었지만, 마지못해 따라야만 했다. 이때 넬슨은 지중해에 있었다. 프랑스 함대가 이집트로 향할 것으로 예상하고 사르데냐(Sardegna)와 시칠리아(Sicilia) 사이에서 대기했기 때문이다. 그러나 4월 18일이 되어서야 넬슨은 프랑스 함대가 대서양으로 나갔다는 사실을 알게 되었다.

대서양의 추격전

5월 12일, 넬슨은 전열함 10척과 프리깃함 3척을 이끌고 서인도 제도를 향해 출항했다. 빌뇌브는 이미 5월 16일 카리브 해의 프랑스 식민지인 마르티니크(Martinique)에 도착한 후에, 강톰(Ganteaume) 제독 함대가 합류하기를 기다렸다. 그리고 5월 26일 스페인의 그라비나(Federico Carlos Gravina y Nápoli) 제독 함대가 합류하자, 총 21척의 함대를 구성하게 되었다. 여전히 강톰 함대가 도착하지 않았지만 넬슨을 따돌리고 함대를 구성하라는 나폴레옹의 명령은 어쨌거나 완수한 셈이었다. 파리의 결정을 기다리던 빌뇌브는 강톰 함대 없이 돌아오라는 명령에 따라 다시 유럽으로 향했다.

서인도 제도로 빌뇌브를 추격해온 넬슨은 또다시 정보 실패로 고생을 해야만 했다. 서인도 제도에 도착해서는 엉뚱한 정보로 인해 북쪽으로 가지 않고 남쪽의 트리니다드(Trinidad)로 향하면서 빌뇌브 함대를 놓쳤다. 한편 해협함대 지휘관인 로버트 칼더(Robert Calder) 제독은 빌뇌브 함대와 조우하여 7월 22일 피니스테레 곶 해전(Battle of Cape Finisterre)을 벌인다. 15척으로 구성된 칼더 함대는 21척의 전열함과 7척의 프리깃 함으로 구성된 빌뇌브 함대와 교전했다. 그러나 심한 안개로 인해 결정적인 교전이 불가능한 상태로 간헐적인 포격 속에 해전은 끝났다. 그 결과, 연합함대는 스페인 전함 2척이 나포당하고 4척이 파괴되었으나, 칼더 함대는 4척의 피해가 전부였다. 양측 함대가 교전을 마치고 서로 정반대 방향으로 이동한 것은 7월 27일의 일이었다.

칼더 함대는 분명히 프랑스-스페인 연합함대에게 승리하기는 했다. 그러나 영국 상륙을 지원하기 위한 적 함대를 완전히 격파하지 않고 보내줬다는 사실에 본국에서는 비난 여론이 들끓었다. 칼더는 자신의 명예를 지키기 위해 군법재판을 요청했다. 한편 빌뇌브는 피니스테레 곶 해전의 실패를 그라비나 제독과 스페인 함대의 잘못으로 몰아붙였다. 그러나 실은 스페인 함대는 매우 훌륭하게 싸웠으며, 전술적 판단의 실패로 함대를 패배로 몰아넣은 것은 빌뇌브 자신이었다. 그나마 더 큰 피해 없이 빠져나온 것만으로도 감사할 일이었다.

넬슨은 결국 이렇다 할 성과 없이 8월 19일 영국으로 귀항했다. 그는 성과 없는 귀환으로 엄청난 비난을 받을 것을 걱정했으나, 오히려 양당으로부터 환영받았다. 심지어는 윌리엄 피트(William Pitt the Younger) 수상조차 넬슨에게 지원을 약속했다. 넬슨은 영국 봉쇄함대의 지휘관을 맡아 9월 29일 카디스에 도착했는데, 이날은 자신의 마흔일곱 번째 생일이기도 했다. 그런데 넬슨은 카디스 해역에 도착하면서 사령관 도착 예포 등을 일절 쏘지 못하게 했다. 넬슨의 도착을 알면 빌뇌브의 연합함대가 겁을 먹고 나오지 않을까 우려했기 때문이다.

피트는 약속대로 넬슨에게 10월 15일 증원 병력을 보냈다. 이로써 넬슨 함대는 27척의 전열함과 5척의 프리깃함으로 구성되었다. 헨리 블랙우드(Henry Blackwood) 경이 지휘하는 프리깃 함대는 카디스에서 프랑스-스페인 연합함대를 감시하는 임무를 수행했다. 연합함대는 전열함 33척에 2,600여 명으로 구성되어 전열함 27척에 2,100명으로 구성된 영국 함대보다 수적으로 우세했다.

결전 장소는 트라팔가르 곶

넬슨은 오래전부터 연합함대를 어떻게 섬멸할지 구상해오고 있었다. 그는 적이 카디스에서 출항하면 자신은 함대를 2열로 나누어 오른쪽으로부터 공격해 들어가면서 적의 전위가 지원하기 전에 후위부터 파괴하겠다는 전법을 만들어냈다. 넬슨은 이 전술을 넬슨 터치(Nelson Touch)라고 불렀다. 오랜 기간 동안 넬슨의 작전을 연구해오던 빌뇌브도 넬슨의 공격 방식을 어느 정도는 이해하고 있었다. 빌뇌브는 너무도 신중하고 지루한 지휘관이기는 했지만, 바보는 아니었다. 그러나 항구 봉쇄로 인해 제대로 된 해상 훈련을 받지 못한 수병들을 데리고 빌뇌브가 할 수 있

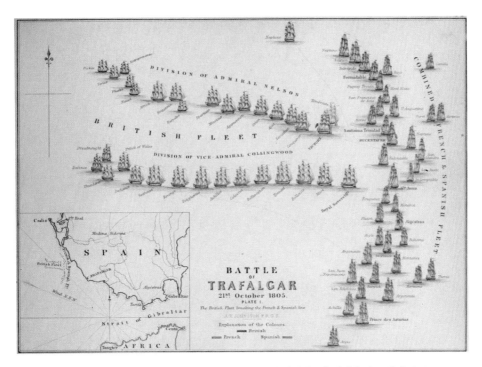

●●● 트라팔가르 해전 모습을 조망한 그림. 왼쪽의 빨간색 2열 전대가 영국 함대, 오른쪽에 수직으로 이동하는 것이 프랑스-스페인 연합함대다.

는 일은 그다지 많지 않았다.

10월 19일 아침 일찍부터 연합함대는 카디스를 출항했다. 그러나 이틀이 지나도 이들은 고작 지브롤터 해협까지 도달했을 뿐이었다. 프랑스-스페인 연합함대는 서로 진정한 합동성을 이루지 못하고 전함들이 흩어지면서 전열의 길이는 무려 14킬로미터가 넘었다. 10월 21일 아침에는 파도가 점점 커지면서 곧 대서양에 폭풍이 몰아칠 것을 예고하고 있었다. 애초에 명령은 지중해를 향하라는 것이었으나, 빌뇌브는 폭풍으로 인해 비전투손실이 생길 것을 염려했다. 결국 나폴리(Napoli)로 피항을 결정하고 오전 10시까지 모든 함대의 방향을 돌렸다. 이에 따라 르펠리(Dumanoir Le Pelley) 제독 전대가 후위에서 전위로 바뀌고, 용감하고 전투력이 높은 스페인 함대가 전위에서 후위로 바뀌었다. 그렇게 변침을 마친 지 얼마 되지 않아 곧 넬슨 함대가 연합함대를 향해 접근해 들어왔다.

넬슨은 최초의 계획대로 2개 전대로 나누어 접근해왔다. 제1전대는 자신이, 제2전대는 부사령관 커스버트 콜링우드(Cuthbert Collingwood) 제독이 이끌었다. 이미 영국 함대는 아침 6시부터 전투를 준비했다. 한 달 가깝게 자신의 존재를 숨기고 빌뇌브의 함대가 나오기만을 기다렸고, 이들이 카디스 항을 떠나자 그 뒤를 쫓기 시작한 것이다. 그런데 놀랍게도 8시 40분경 빌뇌브 함대가 갑자기 침로를 변경하기 시작했다. 스페인 연안의 트라팔가르 곶(Cape Trafalgar)에서 교전이 벌어질 터였다.

평상시와 마찬가지로 넬슨은 기함 빅토리(HMS Victory: 100문함)에 탑승하여 전대를 이끌고 있었다. 그 휘하의 지휘관들은 넬슨을 만류했다. 전선의 맨 앞에서 그것도 화려한 제독의 제복을 입은 넬슨은 최우선 표적일 수밖에 없었다. 바람은 서북서로 불어서 영국 함대에 유리했으며, 날씨는 약간 흐린 편이었다. 바람 덕분에 넬슨 함대와 빌뇌브 함대의 거리는 급속히 좁혀졌다. 그리고 11시가 되자, 넬슨은 신호기를 통해 부하들에게 영감을 불어넣는 공격 명령을 내렸다.

"조국은 제군들이 각자 맡은 바 임무를 다하기를 기대한다!"

명령과 동시에 영국 함대의 모든 장교와 수병들은 커다란 함성을 지르며 환호했다.

●●● 트라팔가르 해전 당시 넬슨은 신호기를 통해 부하들에게 영감을 불어넣는 공격 명령을 내렸다. "조국은 제군들이 각자 맡은 바 임무를 다하기를 기대한다!" 명령과 동시에 영국 함대의 모든 장교와 수병들은 커다란 함성을 지르며 환호했다. 영국의 국민화가인 조지프 말로드 윌리엄 터너(Joseph Mallord William Turner)의 1822년 작품 〈트라팔가르 전투〉. 〈Public Domain〉

적함의 전열을 뚫어라

45분 후에 빌뇌브가 자신의 기함 뷔상토르(Bucentaure: 80문함)에서 조심스레 '포격 개시'를 알리는 신호기를 올리면서 전투가 개시되었다. 이에 반해 넬슨은 갑판 위로 올라와 11시 50분에 "적함에 더욱 근접하여 교전하라"는 명령을 내렸다. 12시 4분이 되자 빅토리는 뷔상토르, 르두타블(Redoutable), 헤로스(Héros), 산티시마 트리니다드(Santissima Trinidad)가 발사한 포탄 세례를 온몸으로 받아내고 있었다.

포탄뿐만이 아니었다. 프랑스와 스페인의 머스킷 사수들이 갑판 위로 올라와 빅토리의 갑판을 향해 일제사격을 가했다. 사격이 얼마나 치열했는지 빅토리는 조타기가 박살 나서 아래 갑판에서 예비조타기로 함을 조종해야만 했다. 넬슨의 부관이었던 존 스콧(John Scott)은 포탄에 명중하여 비명 한 마디 못 지르고 두 동강 났다. 세 번째로 큰 미즌마스트(mizzenmast: 세 돛대 배의 뒤쪽에 위치한 마스트)의 상부는 날아가버렸다. 물론 다른 마스트들도 돛에 구멍이 뚫린 것은 물론이고 포탄과 총탄으로 누더기가 되었다.

이렇게 엄청나게 두들겨 맞으면서도 빅토리는 제1전대의 선봉에서 묵묵히 적을 향해 나아갔다. 그러나 빅토리는 무려 30분간의 시련을 버티고 결국 빌뇌브의 기함 뷔상토르의 선미에까지 다가갔다. 그러고는 포문을 열고 드디어 사격을 시작했다. 특히 영국 해군이 즐겨 사용하던 방법은 종사(raking fire)였다. 보통 당시 해전은 적의 함대와 나란히 붙어 서로 포격을 주고받는 것이 보통이었지만, 영국 해군은 적 함대의 이동 방향으로 파고들어 사격을 하는 종사 전술을 선호했다. 나란히 붙어서 사격할 때는 함선의 횡단을 뚫고 나가므로 파괴력이 제한되지만, 이렇게 사격을 가하면 포탄은 함선의 종단면으로 뚫고 지나가면서 엄청난 효과를 낸다. 빅토리는 접근하기 전의 피해를 보복이라도 하듯이 뷔상토르의 선미 전망대를 박살내는 것을 시작으로 엄청난 피해를 입혔다.

빅토리뿐만이 아니었다. 제2전대의 기함 로열 소버린(HMS Royal Sovereign: 100문함)은 빅토리보다 훨씬 더 가까운 거리에서 연합함대를 차단할 수 있었기 때문에 적 함포로 인한 피해도 상대적으로 작았다. 로열 소버린은 빅토리보다도 빠른 12시 20분에 이미 연합함대의 후위를 차단하면서 종사를 시작했다. 근거리 사격이기 때문에 포탄을 2발 넣고 발사하는 이중탄 사격으로 적함 산타아나(Santa Ana)와 푸귀에(Fougueux)를 향해 보복을 시작했다. 산타아나와 푸귀에는 일격에 각각 100여 명의 전사자가 발생하는 등 막심한 피해를 입었다. 그만큼 종사의 위력은 대단했다.

치열한 포격전

1시 10분이 되자 빅토리는 함장 장자크 루카스(Jean-Jacques Lucas)가 지휘하는 르두터블과 엉키어 교전을 벌였다. 빅토리는 포탄을 3발 장전한 삼중탄으로 공격했고, 르두타블은 소화기와 수류탄으로 맞섰다. 사기가 높은 르두타블로부터의 공격은 치열했다. 불과 몇 분간의 교전에서 프랑스 측의 정확하고도 치명적인 사격으로 해병 40여 명이 사망했다. 그러나 피해는 여기서 그치지 않았다. 1시 15분 르두타블의 장루로부터 한 발의 총성이 울렸다. 그리고 영국 함대의 지휘관 넬슨이 쓰러졌다. 프랑스의 머스킷 저격수가 발사한 탄환 한 발이 넬슨의 어깨와 폐를 관통하

●●● 1805년 10월 21일, 트라팔가르 해전에서 르두타블과의 치열한 교전 중에 넬슨 제
독은 적의 저격으로 쓰러지고야 말았다. 영국 화가 데니스 다이턴(Denis Dighton)의 1825
년 작품 〈넬슨의 죽음, 트라팔가르 전투〉. 〈Public Domain〉

고 척추에 박혔다. 넬슨은 긴급히 갑판 아래쪽의 응급실로 이송되었다.

이제 전투는 정점에 다다랐다. 르두타블은 빅토리의 상갑판을 거의 제
압하기에 이르렀고, 곧 승선을 통해 점령을 시도하려고 했다. 그러나 갑
자기 빅토리를 구원하기 위해 테메레르(HMS Téméraire)가 도착했다. 테
메레르는 르두타블의 후미를 돌아 우현에 도달하고는 일제포격을 가했
다. 일제공격 한 번에 르두타블은 무려 200명 이상의 승조원이 부상당
하거나 전사했다. 그럼에도 불구하고 르두타블의 루카스 함장과 승조원

들은 쉽게 항복하려 하지 않았다. 르두타블은 빅토리와 테메레르 사이에 샌드위치처럼 끼어서 선체가 벌집이 되고 있었다. 결국 2시 20분경 루카스 함장은 사망자 487명과 부상자 81명으로 병력의 88%를 잃고서야 항복했다.

2시 30분경에는 막강한 화력을 자랑하던 스페인의 136문함 산티시마 트리니다드가 영국군의 승선을 허용했다. 이미 배는 누더기가 되었고 총알 한 발조차 쏠 수 없는 상태였던 스페인 장교들은 승선한 영국군에게 자신들은 아직 항복하지 않았노라고 외쳤다고 한다. 결국 수시간 동안 교전을 더 치르고서야 산티시마 트리니다드는 제압될 수 있었다. 연합함대의 기함인 뷔상토르도 같은 운명을 맞았다. 4시 15분경이 되자 뷔상토르는 450명의 전사자를 기록했으며, 올바로 서 있을 수 있는 승조원은 찾아볼 수 없는 상태가 되었다.

빌뇌브는 그 와중에도 뷔상토르에서 탈출하여 다른 함정으로 옮긴 채 전투를 계속 지휘하겠노라고 말했다. 그러나 뷔상토르의 단정들은 모두 파손되거나 총알 구멍이 뚫려서 물 위에 띄울 수조차 없는 상태였다. 그러자 다른 함정에 단정을 보내달라는 신호를 보냈지만, 전투에 바쁜 이들에게 그러한 신경을 쏠 여유조차 없었다. 결국 빌뇌브는 뷔상토르를 치열하게 압박하던 컨쿼러(HMS Conquerer)의 펠류(Israel Pellew) 함장에게 항복하고야 말았다.

승리, 그리고 넬슨의 최후

한편 4시 30분 영국 함대의 기함 빅토리에서는 넬슨 제독이 숨을 거두었다. 피탄 후 응급실로 넬슨을 옮긴 군의관 비티(William Beatty)로서도 너무도 심각한 치명상으로 인해 더 이상 넬슨을 위해 취할 수 있는 조치가 없었던 것이다. 넬슨은 자신의 함대가 프랑스-스페인 연합함대를 격파하고 있다는 소식을 들으면서 죽음을 맞이했다.

같은 시각 함대부사령관이자 제2전대장인 콜링우드 제독은 그라비나 제독의 스페인 함대를 격파해나가고 있었다. 사실 제2전대의 싸움은 제1전대보다도 더 난전의 양상을 띠었다. 로열 소버린이 산타아나를 공격하는 가운데 영국 전열함 마스(HMS Mars)가 지원을 위해 붙으면 프랑스의 플뤼통(Pluton: 74문함)이 마스에 붙는 식의 싸움이었다. 제2전대는 제1전대와는 달리 함대기동으로 적의 단종진 경로를 차단한 것이 아니라 한 척 한 척이 알아서 적함을 차단하는 형식이었으므로 교전이 더욱 어려웠다. 그러나 치열한 싸움 끝에 결국 연합함대의 후위도 영국 함대에게 패배하고야 말았다.

전투가 끝나자 연합함대의 전함 17척이 영국군에 나포되었고, 1척은 대파되어 불타고 있었다. 남은 15척 가운데 4척은 11월 4일 오르테갈 곶 전투(Battle of Cape Ortegal)에서 또다시 나포되었다. 결국 카디스로 돌아간 것은 11척에 불과했다. 한편 전투가 끝난 이후에 3일간 폭풍이 몰아치는 바람에 나포 선박의 상당수가 침수를 버티지 못해 침몰하거나 멋대로 표류하다가 해안에 좌초했다. 결국 17척 중에 4척만을 온전히 포획했을 뿐이었다.

넬슨의 승전이 영국에 알려진 것은 11월 6일이었다. 이로써 영국은 더이상 프랑스의 침공에 대한 우려 없이 국가를 지켜낼 수 있게 되었다. 이미 나폴레옹은 8월에 빌뇌브가 카디스로 다시 회항하는 시점에 영국

●●● 함과 함이 얽히는 치열한 교전 속에서 의지와 경험에서 앞선 영국 해군이 프랑스-스페인 연합함대를 압도함으로써 트라팔가르 해전은 영국의 승리로 끝났다. 영국의 저명한 해양화가 클락슨 프레드릭 스탠필드(Clarkson Frederick Stanfield)의 1836년 작품 〈트라팔가르 전투〉. 〈Public Domain〉

상륙작전을 접을 수밖에 없었다. 해군의 미비로 상륙작전의 가능성은 낮아진 데 반해, 오스트리아와 러시아의 위협은 증가했기 때문이다. 즉, 트라팔가르 해전이 벌어진 시점에 영국에 대한 프랑스군의 상륙 위험은 사라졌던 것이다. 트라팔가르 해전에서 대승을 거둔 영국은 나폴레옹 전쟁 기간 동안 프랑스의 위협 없이 활발한 경제활동을 폄으로써 강대국으로 성장할 수 있었다.

18
아우스터리츠 전투
(1805)
나폴레옹의 가장 위대한 승리

BATTLE OF AUSTERLITZ

"빠른 진군 속도는 부대의 사기를 배가시키며,
모든 승리의 기회를 증대시킨다."

- 나폴레옹 보나파르트

영국의 선전포고에 대한 응답으로 1805년 프랑스는 영국 침공을 계획했다. 그러나 엄청난 해군력의 격차로 인해 8월이 다 되도록 프랑스 해군의 발이 묶이면서 침공이 늦어지자, 나폴레옹은 후위를 걱정하지 않을 수 없었다. 게다가 오스트리아와 러시아군의 침공이 있을 것이라는 보고도 뒤따랐다. 결국 나폴레옹은 침공을 위해 불로뉴(Boulogne) 지역에 집결시킨 22만 명의 병력을 비밀리에 라인 강 방면으로 이동시켰다. 이미 트라팔가르 해전에서 프랑스 해군이 처참하게 패배하기도 전의 일이다.

프랑스의 허를 찔러라

뒤늦게 3차 대불동맹에 참가한 오스트리아는 프랑스가 영국 침공에 열을 올리는 사이 기습을 실시하기로 결심했다. 프랑스의 허를 찌르겠다는 전략이었다. 이에 따라 오스트리아군 가운데 주력 원정부대는 바이에른으로, 황제의 동생 칼 대공(Archduke Charles, Duke of Teschen)이 이끄는 제2원정부대는 이탈리아로 진격했다. 오스트리아군 총사령관이기도 한 칼 마크 폰 라이버리히(Karl Mack von Leiberich) 장군이 7만 명 규모의 주력부대를 직접 지휘했다. 그는 라인 강에서 전선을 유지하다가 러시아군이 합류하면 진격하여 프랑스군을 격파하겠다는 계획을 가지고 있었다.

마크 장군의 부대는 1805년 9월 8일 친불 선제후국인 바이에른으로 진격했다. 약 2만 2,000여 명 규모의 바이에른군은 압도적인 적에게 대항하지 못했고, 마크는 침공 나흘 만에 뮌헨까지 점령했다. 그리고 병력을 서진시켜 울름(Ulm) 지역을 점령하고는 슈바르츠발트(Schwarzwald)

●●● 나폴레옹은 1805년 8월 말에 영국 침공을 포기하고 오스트리아와 러시아의 공격
에 선제적으로 대응하기로 결심했다. 〈Public Domain〉

를 향해 배치를 시작했다. '검은 숲'이라는 이름 그대로 슈바르츠발트는 독일 남서부의 산악지대로, 마크는 프랑스군이 독일 남부로 진입하기 위해서는 반드시 이곳을 거쳐 올 것이라고 생각했다. 그리고 프랑스군을 격멸하기에는 울름과 같은 천연 요새가 적합하다고 판단했다. 그는 프랑스군이 북쪽의 안슈파흐(Anspach)와 바이로이트(Bayreuth) 지역을 통과하지는 못할 것이라고 단정했다. 나폴레옹이 프로이센의 거주지를 침공함으로써 프로이센까지 대불동맹에 참여하도록 하지는 않을 것이라고 생각했기 때문이다.

그러나 마크의 예상은 크게 벗어났다. 나폴레옹은 거리낌 없이 침공해 들어갔다. 오스트리아군과 러시아군이 합류하여 대규모 병력이 형성되기 전에 빨리 오스트리아군을 처리해야만 했기 때문이다. 그는 이미 8월 31일에 병력 이동 명령을 내렸고, 대규모 병력은 불로뉴에서 바이에른까지 약 600킬로미터의 거리를 한 달도 안 되어 주파했다. 놀랄 만큼 낮은 낙오율을 기록하면서 하루 32킬로미터 이상 행군을 한 셈이었다. 이는 그간의 피땀 어린 실전 같은 훈련의 결과였다. 이렇게 나폴레옹의 '대육군'은 몇 수 앞을 내다보는 전략과 과감하고 신속한 기동으로 이미 오스트리아군보다 유리한 위치에서 싸움을 시작할 수 있게 되었다.

나폴레옹은 우선 뮈라(Murat)의 기병대와 5군단을 슈바르츠발트로 보내어 오스트리아군을 유인했다. 그러고는 자신의 '대육군' 가운데 나머지 5개 군단으로 북부 바이에른과 프란코니아(Franconia)를 감싸는 포위망을 형성하면서 오스트리아군을 조여들었다. 뮈라는 9월 25일 슈트라스부르크(Strassburg)에서 라인 강을 건넜고, 나머지 대육군 부대들은 도나우 강에서 마크의 동쪽 퇴로를 차단하기 위해 10월 1일 네카르

(Neckar) 강을 건넜다. 이 시점에 나폴레옹은 마크의 주력부대가 여전히 울름에 있는지 알 수 없었다.

울름 전역의 참패

마크는 프랑스군이 안슈파흐를 통과하여 도나우뵈르트로 향하고 있다는 것을 4일이 지나서야 알게 되었다. 프랑스군의 맹공은 10월 8일부터 시작되었다. 오스트리아군은 뒤늦게 병력을 투입하여 진격을 막고자 했지만, 400여 명을 희생하면서도 저지하는 데 실패했다. 이것이 베르팅엔 전투(Battle of Wertingen)로, 이 패배로 인해 주력부대는 퇴로가 차단된 채 울름에 고립되었다. 물론 마크는 바보가 아니었다. 10월 11일 그는 보헤미아를 향하고 있는 프랑스의 전열 중에 가장 약한 곳을 돌파하고 탈출하기로 결심했다. 목표는 귄츠부르크(Günzburg)의 다리로, 이 다리를 점령할 경우 퇴로를 확보할 수 있을 뿐만 아니라 프랑스군의 교통로까지 차단할 수 있었다. 오스트리아군은 한동안 이 다리를 확보했으나, 이는 돌파구 형성으로 이어지지 못했다.

이유는 간단했다. 부대 간의 공조가 전혀 이뤄지지 않았기 때문이다. 전쟁 직전에 마크 장군이 감행했던 무리한 보병 편제 개혁이 공조 실패의 원인이 되었다. 전쟁 직전에 기존의 6개 중대, 3개 대대 편성이던 연대를 4개 중대 4개 대대로 편성했다. 문제는 이렇게 편성만 바꿔놓고 신(新)편제에 훈련된 고급장교들을 배치하지 않았다는 것이다. 이런 비현실적인 조치로 인해 장교들은 마크를 경멸했고, 사병들은 그를 믿지 않았다. 애초에 섬멸전을 구사하는 프랑스군에게 요충지와 요새를 중심으

●●● 나폴레옹은 러시아와 오스트리아가 합류하기 전에 울름 전투에서 오스트리아군을 격파함으로써 전쟁의 승기를 잡았다. 울름에서 나폴레옹에게 붙잡혀 항복하는 마크 장군과 오스트리아군의 모습. 프랑스 신고전주의 작가 샤를 테브냉(Charles Thévenin)의 1815년 작품 〈울름 시의 항복〉. 〈Public Domain〉

로 한 거점 방어만으로 대응하려 했던 전략적 경직성이 참사를 가져온 것이다.

결국 날이 가면 갈수록 프랑스군의 포위망은 좁혀져 들어왔고, 오스트리아군은 탈출구가 전혀 없이 완전히 고립되었다. 정확히 말하자면 방어 지역을 찾다가 스스로 갇히게 되었다. 더 이상 저항이 의미가 없다고 생각한 마크는 결국 2만 4,000여 명의 병력과 함께 10월 20일 울름에서 프랑스군에게 투항했다. 잘못 세워진 전략에 따른 침공으로 무려 6만 명의 병력이 녹아내린 셈이다.

울름 전투(Battle of Ulm)의 승리로 프랑스군의 사기는 하늘을 찔렀다. 믿을 수 없을 정도의 성과에 스스로도 놀랄 수밖에 없었다. 오스트리아군은 절대로 얕볼 상대가 아니었다. 프랑스 혁명 전쟁 시작 무렵에 프랑스 기병은 오스트리아 기병에 전혀 적수가 되지 못했다. 그러나 유럽 전체를 휩쓴 전쟁을 거듭한 나폴레옹의 군대는 이미 상당한 내공이 쌓여 있었다. 무엇보다도 오스트리아군은 전술과 군수지원에 역량을 쏟았지만, 교리와 전략에는 약했다. 결국 나폴레옹과 그 휘하의 장군들과 같은 전략가에게는 상대가 될 수 없었다. 그러나 이것은 시작에 불과했다. 주력부대가 괴멸되자, 뻥 뚫린 오스트리아의 수도 빈을 향해 나폴레옹은 진군했다.

새로운 전역으로 전환하다

원래 대불동맹의 대전략에 따르면, 마크 장군의 오스트리아 주력부대는 애초에 러시아와 합류하기 전에 전진해서는 안 되는 것이었다. 울름 전역의 패배 이후 11월이 되어서야 러시아 원정군의 선두 병력 2만 4,000명이 겨우 바이에른의 브라우나우-암-인(Braunau-am-Inn)에 이르렀다. 러시아 총사령관인 미하일 쿠투조프(Mikhail Illarionovich Kutuzov) 장군은 퇴각을 결정했다. 매우 신중하고 기민하면서도 경험 많은 지휘관인 쿠투조프라고 해도 쉽지 않은 퇴각이었다. 밀로라도비치(Mikhail Miloradovich) 장군과 바그라티온(Pyotr Bagration) 왕자가 치열하게 추격하는 프랑스군을 뿌리치고서야 급속 행군으로 퇴각이 가능했던 것이다.

11월 11일 오스트리아의 프란츠(Franz II) 황제는 수도 빈을 버리고 본국에 남아 있던 1만 1,000명 규모의 오스트리아군을 이끌고 도나우 강 북쪽의 보헤미아로 후퇴하여 러시아군과 합류했다. 다음날 프랑스군은 빈에 입성했다. 그러나 승리의 기쁨은 잠시뿐이었다. 러시아군과 오스트리아군이 차례로 집결하면서 대불동맹군은 11월 말에 들어 8만여 명에 이르렀다. 사실 시간은 대불동맹군 편이었다. 게다가 프로이센이 대불동맹에 참가할 가능성도 점점 높아져갔다.

빈을 점령한 나폴레옹은 잠시 숨을 고르고 병력 상황을 돌이켜보았다. 여태까지의 전역 수행 과정에서 프랑스군은 5만 명을 잃었다. 오스트리아군의 칼 대공 원정부대 8만 5,000명은 이탈리아에 있었고, 대불동맹군 본진은 보헤미아에 있었다. 만약 양쪽 부대가 협공에 나선다면 프랑스군은 중간에서 샌드위치처럼 낄 수도 있었다. 그러나 칼 대공은 수세적 자세를 취할 터였다. 그는 프랑스를 증오하는 이상으로 러시아를 믿지 못했고, 애초에 러시아와 영국이 시작한 3차 대불동맹에 참여하는 것 자체를 반대하고 있었기 때문이다. 칼의 소극성 덕분에 나폴레옹은 후방을 공격당할 일은 없었다.

그러나 나폴레옹에게 가장 큰 문제는 부족한 병력이었다. 11월 23일 브륀(Brünn)에 도달했을 때 그의 휘하에 가용한 병력은 5만 3,000명뿐이었다. 마침 날씨가 추워지기 시작하자, 나폴레옹은 자신의 습관대로 지형을 살핀 후 최적의 교전 장소를 결정했다. 바로 프라첸(Pratzen) 고지 아래의 작은 마을인 아우스터리츠(Austerlitz)였다. 나폴레옹은 자신의 참모들을 향해 고개를 돌려 말했다.

"제군들, 이 지형을 자세히 살펴라. 여기가 전장이 될 것이다. 자네들 역할을 다하기 바란다.

적을 유인하라

물론 전투가 일어나려면 대불동맹군이 프랑스군을 공격해야만 했다. 그러나 신중한 쿠투조프는 가급적이면 교전에 나서려고 하지 않았다. 심지어는 그는 동맹군이 후퇴해야 한다고 주장했다. 프랑스군이 군수지원을 받기 어려운 환경을 만들겠다는 것이었는데, 실제로 나폴레옹은 이런 일을 제일 두려워했다. 한편 나폴레옹에게는 당면한 커다란 정치적 문제도 있었다. 울름에서 승리했다고 해도 트라팔가르 해전의 패배로 인해 전반적으로 군의 사기가 떨어져 있었을 뿐만 아니라 프랑스 본국에서는 금융 공황이 발생한 상태였다. 단 한 번의 패배만으로도 황제 자리를 내놓아야만 할지도 모르는 상황이었다.

결국 나폴레옹은 대불동맹군을 전투로 끌어들이기 위한 기만작전을 생각해냈다. 우선 술트(Nicolas-Jean de Dieu Soult) 원수와 란(Jean Lannes) 원수로 하여금 프라첸 언덕을 점령하도록 했다. 그러고는 11월 25일 동맹군에게 휴전을 요청했다. 휴전을 위한 사절로 러시아의 돌고루키(Dolgoruky) 백작이 도착하자 나폴레옹은 이를 공손히 맞고 자신이 휴전에 상당히 관심이 있는 듯 느끼도록 만들었다. 이것이 나폴레옹이라는 인물이라고는 상상도 못 할 일이었다. 돌고루키 백작은 이것을 보고 나폴레옹에게 약점이 있으며 전투를 피하고 싶어 한다고 생각하게 되었다. 그렇게 운을 띄우고 며칠 후인 11월 30일 나폴레옹은 술트의 4군단에게 프라첸 고지를 포기하고 빨리 아우스터리츠로 내려오라고 했다. 의도적으로 자신의 우익을 약화시켜 동맹군이 공격하지 않고는 배길 수 없도록 유도한 것이다. 당연히 동맹군은 흔쾌히 고지를 점령했다.

그러나 바로 그사이에 베르나도트(Jean-Baptiste Bernadotte) 원수와 다부(Louis-Nicolas d'Avout) 원수가 빈으로부터 병력을 이끌고 나와 나폴레옹의 본대를 지원할 수 있는 거리까지 다가오고 있었다. 이로써 12월 2일까지 나폴레옹은 약 7만 3,000명의 병력에 139문의 야포를 가지고 8만 5,000여 명 병력에 야포 278문을 가진 동맹군과 대항할 수 있었다. 여전히 숫자상으로는 부족했지만, 결정적인 전력상의 불균형은 극복된 것이었다. 오히려 나폴레옹이라는 걸출한 지휘관과 프랑스 대육군의 실력을 생각한다면 동맹군보다 프랑스 쪽이 유리했다.

●●● 나폴레옹은 러시아군을 격파할 장소로 체코 남동부의 작은 평야 지역인 아우스터리츠를 선정했다. 사진은 프라첸 고지에서 바라본 아우스터리츠의 전경이다. 〈Wikimedia Commons / CC-BY-SA 4.0 / Pudelek(Marcin Szala), 2008〉

프라첸 고지를 장악한 동맹군은 이제 프랑스군을 공격할 시기라고 생각했다. 바그라티온의 부대가 홀로 북쪽에서 올뮈츠(Olmütz)와 브륀 사이의 도로를 공격하면서 나폴레옹의 주의를 *끄는* 양동작전을 시행할 터였다. 그사이 주공으로 '약해진' 프랑스군의 우익을 공격한다는 것이 동맹군의 작전계획이었다. 약 5만 3,900명의 병력이 3개 종대로 프라첸 고지에서 내려와서 텔니츠(Telnitz)와 조콜니츠(Sokolnitz) 마을을 장악하고 코벨니츠(Kobelnitz)까지 밀어붙일 예정이었다. 이렇게 되면 프랑스군의 전선은 투라스(Turas)에서 판토비츠(Pantowitz) 지역까지 밀리게 될 터였다. 바로 그때 2만 4,000명의 군단 병력이 프랑스군의 가장자리인 판토비츠에서 공격해 들어가면서 적을 절멸시키겠다는 계획이었다.

전투의 시작

겨울의 짙은 안개로 인해 시야가 제한되자 동맹군은 작전 수행에 제약을 받았다. 러시아의 랑게론(Louis Alexandre Andrault de Langéron) 장군은 동맹군의 작전계획에 따르면 가장 중요한 지형인 프라첸 고지를 보호할 수 없다고 지적했다. 그러나 프랑스군을 얕본 동맹군은 계획을 수정하지 않았다. 이렇게 초보적인 작전계획을 가지고도 전투를 서두를 만큼 나폴레옹의 기만전술은 절묘했던 것이다.

나폴레옹은 여기서 그치지 않았다. 그는 적 내부에 잠입시킨 스파이를 통해 적의 일거수일투족을 감시하다가 드디어 적이 움직일 것이라는 첩보를 입수했다. 이를 바탕으로 나폴레옹은 오전 5시에 곧바로 지휘관 회의를 소집했다. 그는 르그랑(Claude Juste Alexandre Legrand)과 다부의 병력 1만 8,600명으로 우익을 지키도록 했다. 그사이 자신은 병력의 대부분인 6만 5,000명을 이끌고 좌익에서 주공을 이끌 예정이었다. 이 주공으로 프랑스군을 포위하느라 중앙이 옅어진 적진을 파고들어 격파하겠다는 것이 나폴레옹의 전략이었다.

한편 비노흐라디(Vinohrady) 언덕에서는 오스트리아 황제인 프란츠 2세와 러시아의 차르인 알렉산드르 1세(Aleksandr I)가 새벽녘부터 대불동맹군의 진격을 지켜보고 있었다. 병력 이동을 지켜보던 차르는 공격준비가 느리다면서 쿠투조프를 질책했다. 쿠투조프는 전 부대가 전열을 유지해야 하기 때문에 지체는 어쩔 수 없다고 답했다. 그리하여 동맹군이 공격을 개시한 것이 오전 6시였다. 그리고 텔니츠 마을로 내려간 오스트리아 선견대는 코르시카 군단으로부터 치열한 반격을 받았다. 약 1시간 동안 교전이 계속되었는데 중과부적의 프랑스군은 퇴각해야만 했다.

독투로프(Dmitry Dokhturov) 장군이 이끄는 1만 3,600명의 병력이 계속 밀어붙였다면, 아마도 동맹군은 계획대로 우익을 돌파하여 조콜니츠, 코벨니츠로 이어지는 공격 속에서 나폴레옹 군에게 괴멸적인 타격을 입혔을지도 모른다. 하지만 독투로프는 앞으로 나가지 않고 랑게론 장군의 도착을 기다렸다. 프라첸 고지에서 병력을 이끌고 내려오던 랑게론은 여러 부대가 얽혀 혼란한 가운데 뒤늦게 도착했다. 결국 동맹군의 본격적인 공세가 이어진 것은 7시에 이르러서였다. 그러나 그사이 다부의 3군단 병력 5,000여 명이 증원되면서 프랑스군은 병력을 재집결하여 1만 명의 병력으로 동맹군 5만 명을 차단했다. 이로써 동맹군은 희박하게나마 남아 있던 마지막 승리의 기회를 놓치고 말았다.

프라첸 언덕의 분전

나폴레옹은 서쪽의 주란(Zuran) 고지에 현장지휘소를 설치하고 지휘했다. 8시 반이 넘자 나폴레옹은 망원경으로 적군의 동태를 살폈다. 공격에 탄력을 받은 동맹군은 프라첸 고지를 속속 빠져나갔다. 문제는 바로 이 프라첸 고지야말로 전투지형을 한눈에 감제할 수 있는 전장의 최고 요충지라는 것이었다. 동맹군은 이런 중요한 곳을 보호하지 않고 전황에 정신이 팔려 비워둔 것이다. 나폴레옹은 술트에게 얼마나 빨리 고지를 점령할 수 있는지 물었다. 술트 원수는 20분이면 된다고 대답했다. 적의 마지막 부대가 프라첸 고지에서 내려가는 것을 확인한 나폴레옹은 술트의 4군단에 프라첸 고지의 탈환을 명령했다. 그것도 15분 내에 말이다. 그러고는 한 마디 덧붙이며 격려했다.

"날카로운 공격 한 번이면 이 전쟁은 끝날 것이다."

프랑스군은 최대한 은밀히 기동하여 고지로 향했다. 러시아군도 프랑스의 움직임을 견제하고 있었지만, 아침 안개가 연막이 되어 좀처럼 프랑스군의 이동은 관측되지 않았다. 그러다가 갑자기 해가 떠오르자, 프랑스군의 모습이 보였다. 중과부적으로 알려졌던 프랑스군이 엄청난 병력으로 밀려드는 모습에 러시아군은 적잖이 당황했다. 아우스터리츠의 태양과 프랑스군이 겹쳐지는 장면은 동맹군에게는 충격과 공포가 아닐 수 없었다. 4군단 중에서도 정예사단인 생틸레르(Louis-Vincent-Joseph Le Blond de Saint-Hilaire)의 제1사단과 방담(Dominique Joseph Rene Vandamme)의 제2사단은 자신들보다 2배나 많은 적을 상대로 분전했다.

러시아군의 콜로브라트(Johann Kollowrat) 장군이 2만 5,000명의 병력으로 공격을 막으려고 했다. 그러나 프랑스군의 기세에 눌린 러시아군은

●●● 러시아 근위기병대의 공격에 4연대가 군기를 빼앗기는 일도 있었지만, 프랑스군은 맹렬한 공격으로 프라첸 고지를 탈환하고 사수했다. 러시아 화가 보그단 파블로비치 빌레발드(Bogdan Pavlovich Willewalde)의 1884년 작품 〈아우스터리츠 전투에서 기병연대의 활약〉. 〈Public Domain〉

1시간 동안 교전한 후에 결국 고지를 내어주고야 말았다. 이렇듯 치열한 교전 끝에 겨우 고지를 점령한 프랑스군 앞에 갑자기 오스트리아군 부대가 나타나 기습을 가했다. 지칠 대로 지치고 탄환까지 다 떨어진 프랑스군은 절체절명의 위기에 빠졌다. 그러나 생틸레르와 방담의 병사들은 후퇴하지 않고 착검 돌격을 감행하며 백병전을 벌였다. 기가 질린 오스트리아군은 결국 후퇴하고야 말았다.

11시가 되자 프랑스군은 동맹군의 탈환 시도를 수차례 막아내면서 프라첸 고지를 완전히 점령했다. 이 고지에서 프랑스군의 포격이 시작되자, 동맹군은 무너져내리기 시작했다. 프랑스군의 포격에 심지어 쿠투조프와 차르는 죽을 고비를 넘기기도 했다. 상황이 절박해지자 차르가 나서서 예비대의 투입을 지시했다. 자신의 동생인 콘스탄틴 대공(Grand

●●● 나폴레옹 앞에 러시아 근위병 포로들이 잡혀와 있다. 프랑스의 신고전주의 화가
이자 궁정화가인 프랑수아 파스칼 시몽 제라르 남작(François Pascal Simon Gérard)의
1810년 작품 〈아우스터리츠 전투, 1805년 12월 2일〉. 〈Public Domain〉

Duke Constantine)이 지휘하는 황실근위대 8,500여 명을 투입한 것이다.
중장기병의 맹렬한 공격이 시작되자 프랑스군은 처음에는 잘 막아냈으
나, 2차 공격에는 버티지 못하고 정예 방담 사단은 군기를 빼앗기기까지
했다. 다시 프라첸 고지로 지휘소를 옮긴 나폴레옹은 황실근위대를 처
리하기 위해 근위엽기병(chasseurs)과 기마척탄병 부대를 내려 보내 격파
했다.

빛나는 태양

오후 2시가 되자, 이제 러시아군의 중앙에는 가용한 병력이 없었다. 동맹
군의 반격은 곳곳에서 일어나기는 했지만 산발적인 것에 불과했다. 북쪽
에서 독립 양동작전을 펼치던 바그라티온 부대도 격퇴되었고, 프랑스군
우익의 조콜니츠와 텔니츠 전투도 프랑스군 승리로 마무리되었다. 다부
원수는 부하들에게 포로나 환자를 남기지 말 것을 지시했고, 이 지역에

●●● 아우스터리츠 전투 후에 나폴레옹과 프란츠 2세가 대화를 나누는 모습. 나폴레옹은 아우스터리츠 전투를 통해 군사적 천재로서의 면모를 유럽 전역에 각인시키면서 군사지도자로서 가장 빛나는 날을 기록했다. 프랑스 신고전주의 화가 앙투안 장 그로(Antoine Jean Gros)의 1812년 작품 〈아우스터리츠 전투 후 나폴레옹과 프란츠 2세의 대화〉. 〈Public Domain〉

서는 학살이 잇달았다.

동맹군은 패배가 기정사실이 되자, 가능한 한 모든 방면으로 필사적으로 달아났다. 나폴레옹은 도주하는 적에게도 자비를 베풀지 않았다. 그는 얼어버린 사첸(Satschen) 호수 위로 도주하는 적군을 향해 포격을 지시했다. 모든 포병부대가 호수를 향해 포격을 가하자, 수많은 러시아 병사들은 물에 빠져 익사했다. 이것을 나폴레옹의 잔혹성을 보여주는 대표적인 사례로 역사는 기록하고 있다. 전투에 지친 프랑스군이 더 이상 도주하는 적을 쫓아갈 수 없는 상태가 되어서야 전투는 끝이 났다.

전투 결과 프랑스군은 약 9,000명의 희생자를 기록했는데, 이는 총원의 12%로 낮은 수준이었다. 반면, 동맹군은 2만 7,000여 명으로 병력의 3분의 1 이상을 잃었다. 아우스터리츠 전투(Battle of Austerlitz)에서 입힌 결정적인 타격으로 3차 대불동맹은 와해되어버렸다. 승리는 너무도 일방적이어서 차후에 차르는 아우스터리츠 전투를 두고 "우리는 거인의 손바닥 안에서 놀아난 난쟁이들이다"라는 말을 남겼다고 한다. 무엇보다도 나폴레옹은 아우스터리츠 전투를 통해 군사적 천재로서의 면모를 유럽 전역에 각인시키면서 군사지도자로서 가장 빛나는 날을 기록했다.

프랑스의 승전으로 오스트리아는 1805년 12월 4일 휴전협정에 서명했고, 27일에는 프레스부르크 조약(Treaty of Pressburg)으로 전쟁에서 물러났다. 이로써 오스트리아는 바이에른, 뷔르템베르크(Württemberg), 바덴(Baden) 등 독일 지역은 물론이고 베네치아(Venezia)까지 프랑스에게 빼앗기면서 신성로마 제국은 막을 내렸다. 러시아군은 귀국했고, 나폴레옹은 파리로 개선행진을 했다. 그러나 프랑스의 공격적인 행동으로 인해 프로이센은 이듬해인 1806년 프랑스에 선전포고를 하게 된다.

19
워털루 전투
(1815)

근대 유럽의 지도를 그리다

BATTLE OF WATERLOO

"최고 지휘관은 자신의 경험과 재능에 의해 좌우된다.
전략 지식은 오직 자신의 경험과
과거의 위대한 장군들의 전역을 연구함으로써만 습득할 수 있다."

- 나폴레옹 보나파르트

아우스터리츠 전투 승리 이후에도 나폴레옹의 승승장구는 멈추지 않았다. 3차 대프랑스 동맹 이후에는 프로이센의 거센 도전이 있었다. 4차 대프랑스 동맹이 시작된 것이다. 하지만 선전포고한 지 닷새 만에 예나-아우어슈테트 전투(Battle of Jena-Auerstedt, 1806년 10년 14일)에서 프로이센군이 괴멸적인 패배를 기록하면서 프랑스군은 10월 말 베를린(Berlin)에 입성했다. 프랑스에 대항하여 프로이센을 구원하러 온 러시아군은 또다시 숙명의 대결을 벌였다. 프랑스는 프리틀란트 전투(Battle of Friedland, 1807년 6월 14일)에서 러시아군을 결정적으로 격파한 후에 바르샤바 공국을 탄생시키고, 러시아를 대륙봉쇄령에 참여시켰다.

1810년에 이르자, 나폴레옹은 샤를마뉴(Charlemagne) 대제가 9세기에 건설했던 제국을 뛰어넘는 대제국을 유럽에 건설하면서 전성기를 구가했다. 1808년부터 반도전쟁으로 스페인에서 고전했으나, 1809년 이를 틈타 오스트리아를 중심으로 한 5차 대프랑스 동맹의 도전을 물리치면서 유럽의 패권을 다시금 자랑했던 것이다. 그러나 전성기는 쇠퇴기의 시작을 의미했다. 1812년 나폴레옹은 대륙봉쇄령을 어긴 러시아를 공격하기 위해 60만 대군을 이끌고 러시아 원정에 나섰다. 모스크바만 점령하면 손쉽게 항복할 줄 알았으나 러시아는 끝까지 항전했고, 오히려 혹독한 러시아의 겨울이 다가오자 나폴레옹은 후퇴해야만 했다. 러시아는 철수하는 프랑스군을 뒤쫓아 궤멸시켰다.

백전불패라던 나폴레옹 대육군의 패배를 목격한 유럽 각국은 일제히 들고 일어나서 프랑스에 맞섰다. 6차 대프랑스 동맹이다. 나폴레옹은 정예병사들을 잃고 신병으로 채워진 허약한 군대만으로도 프로이센, 오스트리아, 러시아, 스웨덴 등의 동맹군과 전투에서 승리를 유지했다. 하

●●● 1812년 러시아 원정에 실패한 나폴레옹은 이어 1813년 10월 라이프치히 전투에서 대패했고 1814년 3월에는 프로이센, 오스트리아, 러시아, 스웨덴 등의 동맹군이 파리를 점령하면서 황제 자리에서 폐위되어 엘바 섬으로 유배되었다. 황제 자리에서 폐위되어 엘바 섬으로 가기 전 1814년 4월 20일 그의 제국 근위대와 작별하는 모습. 프랑스 화가 앙투안-알퐁스 몽포르(Antoine-Alphonse Montfort)의 작품 〈퐁텐블로 궁전의 송별〉. 〈Public Domain〉

지만 1813년 10월 라이프치히 전투(Battle of Leipzig)에서 대패하면서 마지막 저항선까지도 무너졌다. 결국 1814년 동맹군들이 파리로 밀려들어오자 나폴레옹은 결국 폐위를 당하고 지중해의 엘바(Elba) 섬으로 추방되었다. 나폴레옹이 퇴위하자 결국 왕정이 부활되어 다시 부르봉 왕가가 프랑스의 지배자가 되었다.

나폴레옹의 귀환

문제는 새로운 국왕 루이 18세(Louis XVIII)였다. 루이 18세는 루이 15세의 아들이자 루이 16세의 동생으로 원래는 프로방스 백작이었지만 형과 조카 사후에 스스로를 루이 18세라고 칭해왔다. 그는 프랑스 혁명이 발발하자 영국으로 망명하여 지내오다가, 나폴레옹 퇴위 후에 빈 회의(Congress of Wien)에서 여러 유럽 국가의 지지를 얻으면서 프랑스의 국왕으로 즉위했다. 루이 18세는 비교적 온화한 군주로 빈 체제에 의한 입헌군주제 시행을 약속했지만, 프랑스 국민들의 불신과 불만은 상당했다. 이런 상황이야말로 엘바 섬에 유배된 나폴레옹에게는 절호의 기회이기도 했다.

1815년 2월 26일 나폴레옹은 엘바 섬을 탈출하여 3월 1일 프랑스 본토에 발을 내딛었다. 그를 막기 위해 루이 18세는 제5보병연대 등 속속 부대들을 투입했다. 그러나 이들은 자신들의 황제를 향해 총구를 겨누지 못하고 나폴레옹의 병력이 되었다. 나폴레옹이 파리를 향해 다가오면 올수록 그에 대한 언론의 호칭은 식인귀, 코르시카의 도깨비, 폭군에서 나폴레옹, 황제 폐하로 바뀌어갔다. 동맹국들이 모여 빈 회의를 하던 시기에 나폴레옹은 복귀한 것이다. 루이 18세는 벨기에로 피신했고, 경악한 동맹국들은 군사적 대비를 논의하기 시작했다.

복귀한 나폴레옹은 이전과는 상황이 많이 다르다는 것을 깨닫고 있었다. 황제로서 군림하기도 어려웠고, 군사력도 전성기와 같지 않았다. 나폴레옹은 황제의 권한을 상당 부분 국민에게 이양하기로 약속했다. 또한 주변국에 대해서는 더 이상 침략적인 정책을 펼치지 않겠다고 선언했다. 한마디로 이젠 프랑스를 다스리는 것도 힘들어졌다는 얘기인 것

●●● 폐위되었던 나폴레옹은 1815년 2월 말 유배지인 엘바 섬을 떠나 다시 프랑스의 지도자가 된다. 나폴레옹의 백일천하가 시작된 것이다. 프랑스의 화가 조세프 봄(Joseph Beaume)의 1836년 작품 〈엘바 섬을 떠나는 나폴레옹, 1815년 2월 26일〉. 〈Public Domain〉

이다. 그러나 약 20년간 나폴레옹 전쟁에 휘둘린 유럽 각국은 그의 말을 믿지 않았다. 오히려 빈 회의에서 나폴레옹은 세계 평화를 위협하는 공공의 적으로 인식되어, 유럽 각국이 힘을 모아서 이를 타도하기로 결정했다. 7차 대프랑스 동맹이 형성된 것이다. 이에 따라 나폴레옹은 유럽 전체가 연합하기 전에 영국군과 프로이센군을 격파함으로써 프랑스를 지켜내기로 결심했다.

문제는 프랑스 자체의 역량이었다. 혁명으로 인한 열기는 이전과 같지 않았다. 국민들은 세금을 내고 병역을 이행하기를 꺼려했다. 모병도 이전 같지 않았을 뿐만 아니라 병사들의 사기는 물론이고 장교들의 사기도 떨어져 있었다. 심지어 나폴레옹이 스스로 뽑아 명성과 재력을 안겨준 원수들까지도 싸우길 꺼려했다. 특히 네(Michel Ney) 원수는 애초에 나폴레옹을 다시 수감시키겠다며 루이 18세에게 약속했지만, 결국 나폴레옹을 따를 수밖에 없었다. 그럼에도 불구하고 그는 나폴레옹과 함께하는 것은 몰락을 의미한다고 생각했다. 한편 나폴레옹은 친애하던 총참모장 베르티에(Louis-Alexandre Berthier) 원수가 사고로 죽자 그의 후임으로 4군단장 술트 원수를 임명했다. 술트는 뛰어난 야전지휘관이었지만 참모로서는 자질이 부족했고 네 원수와 사이가 나빴기 때문에, 4군단장에 술트 원수를 임명한 것은 결국 프랑스군이 약화되는 계기가 되었다. 나폴레옹의 건강과 체력이 이전 같지 않다는 것도 문제였다.

격전을 준비하다

나폴레옹에 대항하는 대프랑스 동맹 역시 문제점이 적지 않았다. 나폴레옹에 대항하는 주력부대는 영국의 웰링턴(Arthur Wellesley, 1st Duke of Wellington) 공작이 지휘하는 영국-네덜란드 연합군 9만 명과 프로이센의 블뤼허(Gebhard Leberecht von Blücher) 휘하의 12만 병력으로 당시 벨기에에 주둔 중이었다. 웰링턴의 경우 휘하에서 싸우던 반도전쟁의 베테랑들은 이미 전역하거나 세계의 다른 곳에 배치되었고, 휘하에는 네덜란드군, 벨기에군, 독일 용병들과 소수의 영국군 부대가 있었는데, 그마저도 신병들로 구성되어 있었다.

●●● 나폴레옹을 막을 수 있는가는 영국의 웰링턴 공작(왼쪽)과 프로이센의 블뤼허 원수
(오른쪽)가 얼마나 잘 공조할 수 있느냐에 달려 있었다. 〈Public Domain〉

웰링턴의 병력은 보병 6만 8,800명에 기병 1만 4,500명을 더하여 총 9
만 2,300명으로 구성되었다. 보병은 3개 군단으로 나뉘어, 1개 군단은 웰
링턴 공작이 직접 지휘를 맡았고, 힐 장군과 네덜란드 왕세자 오라네 공
(Prince of Orange)이 지휘했다. 또한 기병대는 웰링턴의 부사령관이자 억
스브리지 공작(Earl of Uxbridge)인 파젯(Henry Paget) 장군이 지휘했다.
문제는 억스브리지 공작이 웰링턴의 제수와 불륜관계였다는 것이다. 웰
링턴의 반대에도 불구하고 억스브리지는 부사령관에 임명되었다.

결국 동맹군의 희망은 12만 명의 프로이센군이었다. 이들을 이끄는 프
로이센의 전설적인 명장인 게프하르트 레베레히트 폰 블뤼허(Gebhard
Leberecht von Blücher)는 '전진 원수(Marschall Vorwärts)'라는 별명이 붙
을 정도로 막무가내였으나, 반대로 그만큼 공격적인 마인드를 가진 지휘

관이었다. 젊은 시절의 블뤼허는 사나운 성격에 교양도 없고 전략적 관점도 부족했었다고 한다. 그러나 본질적으로 그는 부하들에게는 덕장인데다가 그나이제나우(August Neidhardt von Gneisenau)나 샤른호르스트(Gerhard Johann David von Scharnhorst) 등 유능한 참모를 신뢰하고 기용할 줄 아는 우수한 지휘관이었다.

결국 영국-네덜란드군과 프로이센군을 각개격파하려는 나폴레옹 군대를 막기 위해서는 두 세력 간의 공조가 필수적이었다. 나폴레옹 군에게 포위당하지 않기 위해 웰링턴은 몽스(Mons)에서 브뤼셀(Brussel) 남서부로 부대를 이동하고자 했다. 이렇게 부대를 배치하면 오스탕드(Ostend)에 위치한 자신의 기지로 향하는 보급선이 차단될 우려가 있었지만, 블뤼허의 프로이센군과는 연계가 가능할 터였다. 한편 두 부대가 연계할 것을 염려한 나폴레옹은 역정보를 흘려, 보급선이 끊길 것을 염려한 웰링턴이 부대를 이동하지 못하게 만들었다. 그리고 6월까지 30만 명의 병력을 동원했다. 드디어 일대 격전이 벌어질 터였다.

동맹군의 허리를 끊은 카트르브라와 리니 전투

1815년 6월 15일 나폴레옹은 북부군 12만 5,000명을 이끌고 벨기에로 침공을 시작했다. 부대는 상브르(Sambre) 강을 건너 샤를루아(Charleroi)를 향해 진격했다. 웰링턴은 그날 밤 늦게야 샤를루아 점령을 알았다. 나폴레옹이 이렇게 빨리 도착할 줄 미처 예상하지 못했던 것이다. 그리고 6월 16일 나폴레옹은 네 원수에게 영국군과 프로이센군의 연계를 막기 위해 카트르브라(Quatre-Bras) 교차로를 점령할 것을 명령했다. 그런데

　네 원수는 전술적 요충지를 점령하지 않고 보병의 지원 없이 흉갑기병
(cuirassier) 4,000명을 투입하여 영국 보병의 방진으로 돌격해 들어갔다.
네 원수가 지휘했다고는 믿을 수 없을 만큼 이전까지는 볼 수 없었던 게
으르고 완만한 작전 수행이었다.

　한편 나폴레옹은 북부군 7만 1,000명을 리니(Ligny)로 투입했다. 우선
프로이센군부터 몰아낸 다음에 영국군을 처리할 생각이었다. 프로이센
군은 습지에 넓게 전개하여 방어선을 구축했는데, 이에 대하여 나폴레

●●● 나폴레옹은 카트르브라를 기습하여 영국군과 프로이센군의 연계를 차단했다. 카르트브라 전투에서 보병 방진을 형성한 28연대를 향해 돌격하고 있는 프랑스 기병대의 모습. 영국의 여류 화가 엘리자베스 톰슨(Elizabeth Thompson; '레이디 버틀러'로 유명)의 1875년 작품 〈카르트브라의 28연대〉. 〈Public Domain〉

옹은 정면에서 치열한 전투를 벌이는 사이 1군단이 우회하여 프로이센군을 포위한다는 계획을 세웠다. 그리하여 오후 2시 30분에 치열한 일제공격이 시작되었다. 2시간 동안의 전투에서 양측은 근거리에서 사격을 주고받은 것은 물론이고 착검돌격을 감행했다. 그러나 나폴레옹의 계획과는 달리 1군단은 밤 8시가 되어서야 전선에 도착했고 프로이센군을 포위하지도 못했다. 프로이센군은 1만 9,000명의 희생을 치렀지만 주요전력은 건재한 채로 어둠 속에서 후퇴할 수 있었다. 반면 프랑스군도 무려 1만 4,000명의 희생을 치렀는데, 병력이 빠듯한 프랑스 측으로서는 뼈아픈 희생인 데다가 프로이센군 섬멸이라는 목표조차 완수하지 못했다.

리니 전투(Battle of Ligny)가 끝나자, 나폴레옹은 그루시(Emmanuel de Grouchy) 원수에게 1개 군단 약 3만 명의 병력을 주면서 프로이센군을 추격하도록 했다. 나폴레옹은 프로이센군을 독일로 쫓아버릴 정도로 추격하라고 지시했지만, 그루시는 프로이센군을 충분히 압박하지 못했다. 프로이센군은 패배에도 불구하고 북쪽의 와브르(Wavre) 지역으로 철수하는 데 성공했다. 여기서 그루시는 프로이센군을 처리하겠다는 일념으로 치열하게 교전의 기회를 노렸다. 그러나 블뤼허는 후위 부대로 하여금 유인작전을 펼치도록 하여 추격하려는 그루시 부대를 혼란시켰다.

일단 프로이센군을 패퇴시킨 나폴레옹은 이제 방향을 돌려 영국군 방면으로 이동했다. 도착해보니 영국군은 네 원수의 공격을 버텨내다가는 신속히 후퇴한 뒤였다. 기습을 가하고도 타격을 입히지 못한 것이다. 그런데 네 원수와 참모들은 후퇴하는 적을 쫓아가기는커녕 저녁식사를 하고 있었다. 나폴레옹은 기가 막혔다. 그는 엄청난 독설을 퍼부으면서 네 원수를 깎아내리기 시작했다. 그 독설을 들은 네 원수는 아마도 자신이 여전히 역동적인 지휘관이라는 것을 과시하려는 마음과 동시에 나폴레옹에 대한 반발심이 생겼을 것이다.

호흡을 가다듬다

웰링턴의 부대는 비록 패배는 했지만, 결정타를 입은 것은 아니었다. 6월

17일 카트르브라 전투 패배 후에 후퇴하던 웰링턴은 약 7만 4,300명의 병력을 몽생장(Mont St. Jean) 농장과 워털루(Waterloo) 마을 일대에 배치했다. 나폴레옹은 약 7만 4,500명의 병력을 이끌고 영국군의 남쪽에 브뤼셀로 향하는 도로 변에 전개했다. 병력 규모로만 보면 양측은 거의 완벽하게 일치했다. 그러나 질적으로 볼 때 차이는 확연했다. 나폴레옹의 부대는 노련한 역전 용사들이 많았지만, 웰링턴의 부대는 대부분 신병인데다가 영국군은 2만 8,000명에 불과했고 이들도 신병이 절대다수를 차지했다. 프랑스군은 포병과 기병이 더 많았을 뿐만 아니라 실력 또한 월등히 좋았다. 프랑스군의 12파운드 야포는 영국군의 9파운드 야포보다 사정거리도 훨씬 더 길었고, 숙련된 사수나 포대장도 프랑스군이 더 많았다. 포병장교 출신인 나폴레옹이 만든 군대이니 이는 어찌 보면 당연한 일이었다.

전투가 벌어질 장소는 넓은 평원지대였지만, 몽생장 남쪽에는 3킬로미터 정도의 능선이 있었다. 웰링턴은 바로 이 능선에 방어선을 구축하여 나폴레옹의 공격에 대비했다. 병력은 3개 군단으로 나누어 사단별로 작전을 맡겼다. 좌익에는 작센-바이마르 공(Prince of Saxe-Weimar)이 지휘하는 독일 사단이 배치되었고, 이를 억스브리지의 기병대가 지원했다. 프랑스군이 서쪽으로 우회할 것에 대비해 우익을 든든하게 보강하여 제일 우측에는 오라녜 공이 지휘하는 네덜란드-벨기에 사단이, 그 다음에 클린턴(Sir Henry Clinton) 사단과 쿠크(Sir George Cooke) 사단이 배치되었다. 중앙에는 알튼(Sir Charles Alten) 사단과 웰링턴이 지휘할 예비대, 그리고 최정예인 픽튼(Sir Thomas Picton) 장군의 5사단이 배치되었다. 주요 격전지로 예상되는 우익의 우구몽(Hougoumont) 농장과 중앙의 라에생트(La Haye Sainte)는 수비 병력에 의해 요새화되었다.

나폴레옹의 부대는 웰링턴 진영에 대응하여 배치되었다. 나폴레옹은 양익에 기병을 배치하고 정면에 보병사단을, 그리고 그 후방으로 기병여단을 배치했다. 이에 따라 좌익에는 제일 좌측에 피레(Hippolyte-Marie-Guillaume de Rosnyvinen, Comte de Piré)의 기병대가, 그 후위에는 켈레르망(François Étienne de Kellermann)의 3군단 기병대와 귀요(Claude-Étienne Guyot)의 근위기병대가 배치되었고, 제롬 보나파르트(Jérôme Bonaparte) 왕자의 보병부대는 우구몽을 향해 배치되었다. 중앙에는 에를롱(Jean-Baptiste Drouet, Comte d'Erlon)의 1군단과 미요(Édouard Jean Baptiste Milhaud)의 기병대가 배치되었다. 소수의 우익은 라에생트를 바라보고 배치되었다.

나폴레옹의 입장에서는 영국군과 프로이센군이 서로 연계하기 전에 반드시 영국군을 격파해야만 했다. 나폴레옹의 분할정복(Divide-and-Conquer) 전략이 반복될 터였다. 문제는 리니 전투에서 프로이센군을 격파했어야 하는데 실패했다는 것이었다. 게다가 나폴레옹의 전략은 너무 단순했다. 우회하여 공격하는 대신 중앙의 라에생트 농장을 뚫고 나가 교차로를 점령한 후에 몽생장까지 밀고나가겠다는 것이었다. 이는 1812년 보로디노 전투(Battle of Borodino)의 실수를 반복하는 것이었다. 한편 웰링턴 입장에서는 영국군 혼자만으로는 버틸 수 없었고, 블뤼허와 연계가 관건이었다. 웰링턴은 블뤼허에게 워털루로 합류할 것을 요청했고, 블뤼허는 반드시 합류하겠노라고 답했다. 그리고 블뤼허는 약속을 지킬 줄 아는 사람이었다.

격전의 시작

1815년 6월 18일이 밝자, 프랑스군은 공격을 준비했다. 원래는 새벽부터 공격에 나서야만 했다. 그러나 전날 비가 오는 바람에 부드러운 지형은 진창으로 바뀌었다. 아무리 막강한 포병과 기병이라도 이런 지형에서는 기동이 어려웠다. 나폴레옹은 땅이 마를 때까지 기다렸는데, 오후나 되어야 주공의 공격이 가능할 것 같았다. 아직 주공이 시작되지는 않았지만, 프랑스군은 10시 50분부터 포격을 시작했다. 영국군의 전선을 압박하여 보병의 진출로를 열기 위한 사전 정지작업이었다. 특히 포격이 집중된 곳은 웰링턴 우익의 거점인 우구몽 농장이었다.

나폴레옹의 노림수는 기만작전이었다. 우익을 노리는 것처럼 위장하여 웰링턴의 예비대를 끌어내기 위함이었다. 그러나 우구몽은 전략적 요충지로 보기 어려운 곳이었고, 웰링턴 공작은 나폴레옹의 속임수에 넘어가지 않았다. 정작 문제는 우구몽의 공격을 맡은 제롬 왕자였다. 그는 그다지 영양가 없는 지점을 차지하겠다고 1파, 2파로 계속해서 보병부대를 소진하고 있었다. 자신의 4개 보병연대에 더하여 1개 사단 병력의 절반을 더 투입했다. 그러나 이곳을 지키던 독일 근위 경보병연대와 나사우(Nassau) 연대는 끝까지 저항했고, 스코틀랜드 근위대와 콜드스트림(Coldstream) 근위대까지 가세하여 우구몽은 끝까지 함락되지 않았다.

땅이 마르면서 본대의 공격을 준비할 무렵 나폴레옹에게 비보가 전해졌다. 프로이센군 1개 군단이 와브르에서 워털루로 이동하고 있다는 소식이었다. 상식적인 사람이라면 공격을 취소하고 물러났겠지만, 나폴레옹은 그루시 원수를 믿고 있었다. 이미 전투 전에 전령을 보내어 본대로 합류하라고 지시했고, 그의 지시대로 1시간 안에 그루시 군단이 돌아온다면 충분히 대응할 수 있다고 생각했던 것이다. 다만 만약의 경우를 대비하여 무통(Georges Mouton, Comte de Lobau) 장군의 6군단을 파견하여 우익을 보강했다. 그루시를 기다린 것에 비하면 옳은 판단이기는 했지만, 이로 인해 정면을 향하는 주공의 강도는 약해질 수밖에 없었다.

그리고 오후 1시 30분, 드디어 공격이 시작되었다. 나폴레옹의 사령부가 위치한 '라벨알리앙스(La Belle-Alliance)' 여관에서 야포 84문이 30분간 치열하게 포탄을 쏘았다. 프랑스군의 12파운드 야포가 쏜 포탄은 무려 1.8킬로미터를 날아가 영국군이 배치된 능선에 떨어졌다. 프랑스군은 보병을 학살하기 위해 유산탄을 사용했다. 하지만 아직 땅이 마르지 않아 유산탄 파편들이 부드러운 땅 속에 박히는 바람에 보병에 대한 살상효과는 낮았다. 게다가 웰링턴이 병력을 배치한 곳은 능선이었다. 포격이 시작되자, 웰링턴은 병력들을 능선 뒤로 물러나도록 하여 피해를 최소화했다. 그럼에도 불구하고 영국군의 피해는 적지 않았다.

정면 돌파, 그리고 육탄전

30분간의 제압사격이 끝나자, 오후 2시부터 프랑스군 주공의 돌진하기 시작되었다. 4개 사단으로 편성된 1군단은 수적 우세로 영국군을 압도할 생각이었다. 에를롱은 휘하 병력을 대대별 3열 횡대로 편성하여 속속 전선에 투입했다. 영국 포병 공격으로 적지 않은 피해를 입기는 했지만, 엄청나게 많은 프랑스군 주공이 밀려들어가자, 그 흐름은 이제 멈출 수 없는 급류가 되었다. 치열한 공격에 네덜란드 여단과 함께 제1방어선인 라에셍트는 무너져버렸다. 이제 방어는 웰링턴의 최고 병력인 5사단에 달려 있었다. 픽튼 장군의 5사단은 영국군 8여단과 9여단, 하노버 5여단으로 구성된 6,700여 명 규모의 부대였다.

픽튼 사단의 반격은 밀려드는 프랑스군 이상으로 치열했다. 여기에 더하여 억스브리지의 기병대와 폰슨비(Sir William Ponsonby)의 제2연방여단까지 합류하자 프랑스군도 주춤했다. 물론 영국군의 피해는 엄청났다. 픽튼과 폰슨비는 사망했고 억스브리지는 포탄에 다리가 날아갔다. 병력은 무려 40%가 죽거나 다치거나 포로가 되었다. 그러나 결코 헛된 희생은 아니어서 프랑스군의 돌격은 좌절되었다. 프랑스군은 퇴각을 시작하여 결국 도주했고, 3,000여 명이 포로로 잡혔다. 이렇게 프랑스군의 1차 공격은 1시간 만에 종료되었다.

오후 3시 반이 되자 나폴레옹은 네 원수에게 2차 돌격을 지시하고 다시 라에생트에 대한 포격을 시작했다. 프랑스군의 포격이 시작되자, 웰링턴은 병력을 보호하기 위해 능선 뒤로 병력을 후퇴시켰다. 그런데 이를 지켜본 네 원수는 영국군이 후퇴한다고 착각하고는 40개 기병대대(약 5,000명)을 투입했다. 카트르브라 전투의 실수를 반복한 것이다. 2차 공격에 웰링턴은 26개 보병대대로 제1선에 7개, 후방에 6개, 총 13개의 방진으로 방어선을 구축했다. 보병과 포병의 지원 없이 미친 듯이 돌진한 기병들은 영국군의 포병의 포탄사격과 보병 머스킷의 일제사격 속에 쓰러졌다. 흉갑기병, 용기병, 창기병 등이 차례로 밀려왔지만, 영국군의 방진은 흔들림 없이 적을 제거해나갔다. 신병이 대다수이던 영국군은 처음에는 프랑스군의 돌격을 두려워했지만, 질척거리는 지형을 올라오는 적들은 머스킷의 사거리에 들어올 즈음이 되어서는 기진맥진한 채 손쉬운 조준거리가 되었다.

●●● 워털루 전투에서 영국의 스코츠 그레이스(Scotts Greys) 중기병대가 돌진하고 있다. '레이디 버틀러' 엘리자베스 톰슨의 1881년 작품 〈스코틀랜드여, 영원하라〉. 〈Public Domain〉

●●● 네 원수가 이끄는 프랑스 기병대의 돌진 모습. 프랑스 화가 루이 뒤물랭(Louis Dumoulin)의 1912년 작품 〈기병 돌진을 이끄는 네 원수〉. 〈Public Domain〉

네는 일단 후퇴를 명하고 부대를 재편성한 후 공격하기를 수차례 반복했다. 그러나 영국군의 방어선은 무너질 기미조차 보이지 않았다. 오후 5시가 되자 칼레르망 장군도 3군단 기병과 함께 공격에 참여했다. 놀랍게도 칼레르망도 네와 마찬가지로 나폴레옹으로부터 돌격 허가를 받지 않고 참가한 것이었다. 칼레르망 병력이 추가되자 영국군의 방진도 무너질 듯 피해가 늘어갔지만, 오후 6시가 되도록 방어선은 여전했다. 네 원수는 승리가 눈앞에 있다며 나폴레옹에게 예비대를 요구했지만 거부당했다. 결국 네는 공격을 거두고 프랑스 진영으로 복귀했다.

마지막 공격

네 원수의 기병 전력이 어이없이 소진되는 사이, 라에생트의 웰링턴 병력도 최후를 맞고 있었다. 재탈환 후 400명의 병력으로 이곳을 지키던 독일 부대는 심각한 탄약 부족과 전력 저하에 시달렸다. 이제 이곳을 지키는 인원은 40명까지 줄어들었던 것이다. 그리고 6시를 기점으로 프랑스군 잔존 병력의 공격이 라에생트로 집중되자, 결국 최후의 병력도 후퇴할 수밖에 없었다. 라에생트가 함락되자, 웰링턴은 가용한 모든 보병 연대와 포대를 전선 중앙으로 집중하고, 2개 기병여단을 대기시켰다. 이렇게 웰링턴의 중앙 전선은 붕괴 직전에 이른 것처럼 보였다.

바로 이때 프로이센군이 등장했다. 사실 프로이센군은 이미 오후 5시경부터 조금씩 전선에 등장하여 프랑스군 우익에 공격을 가했지만, 나폴레옹이 준비시킨 6군단에 의해 격퇴되었다. 그러나 6시경 웰링턴 군의 전열이 무너질 위기를 맞을 즈음 때를 맞춰 프로이센군 본대가 워털루 전장에 도착한 것이다. 프로이센군은 나폴레옹 후방의 플랑세누아(Plancenoit) 마을을 점령한 후에 라에생트를 구원하며 영국군 좌익과 연계하기 시작했다. 이제 전황은 급격히 바뀌어 프랑스군이 영국군과 프로이센군에게 포위당할 판이었다.

나폴레옹은 마지막 도박을 걸었다. 아직 영국군과 프로이센군의 연계가 완성되기 전에 총력을 다해 영국군을 격파하겠다는 것이었다. 이에 따라 최후의 예비대인 황실근위대 7개 대대를 투입하여 웰링턴 진영의 중앙을 공략했다. 용감한 베테랑들의 공격 앞에 영국군도 주춤했다. 2개 여단이 이들의 공격을 저지했지만, 여전히 프랑스군의 공격은 계속되었다. 그러나 능선 꼭대기에 이르자 대기했다는 듯 영국군은 화력을 집중

했고, 프랑스군의 마지막 자랑인 황실근위대마저 소진
되어버렸다. 황실근위대의 소멸은 프랑스군에게는 커다
란 충격이었다. 전열이 무너지면서 퇴각 명령이 없었는
데도 모두 도주하고 말았다. 밤 8시 30분 이렇게 세기의
전투는 막을 내렸다.

　나폴레옹 측은 전투에서 3만 명을 잃었고, 웰링턴 측
은 1만 5,000명, 프로이센은 6,700명을 잃었다. 마차로 전
선을 이탈한 나폴레옹은 다음날 샤를루아(Charleroi)를
거쳐 파리로 도주했다. 결국 나폴레옹은 다시 황제의 지
위를 빼앗기고 세인트 헬레나(Saint Helena) 섬으로 이송
되었다. 그것이 나폴레옹의 최후였다. 나폴레옹은 프랑
스 혁명의 열기를 활용하여 애국심과 전문성을 갖춘 국
민군을 조직하고 이를 바탕으로 자신의 군사적 천재성
을 발휘하여 유럽 정복이라는 엄청난 성과를 이뤄냈다.

　나폴레옹 전쟁은 자유주의를 전파하며 유럽의 현 모
습을 그리는 데 성공했을 뿐만 아니라 전쟁의 양상도
바꿔놓았다. 작전 속도를 높여 더 이상 공성전이 아니
라 결전을 통해 승패를 좌우하는 형식으로 전쟁이 바
뀐 것은 나폴레옹의 끊임없는 전쟁 덕분이었다. 또한 클
라우제비츠(Carl von Clausewitz)의 역작 『전쟁론(Vom
Kriege)』도 역시 나폴레옹 시대 전쟁을 돌아보며 통찰한
것으로, 현대까지 전쟁관의 중요한 기준으로 기여하고
있다.

●●● 웰링턴과 블뤼허의 협공이 성공함에 따라 워털루 전투는 대프랑스 동맹의 승리로 끝났다. 워털루 전투의 패배로 나폴레옹의 재집권은 백일천하로 끝났고, 프랑스와 유럽 국가들 간의 오랜 전쟁은 끝이 났다. 네덜란드의 화가 얀 빌렘 피네만(Jan Willem Pieneman)의 1824년 작품 〈워털루 전투〉. 〈Public Domain〉

한국국방안보포럼(KODEF)은 21세기 국방정론을 발전시키고 국가안보에 대한 미래 전략적 대안을 제시하기 위해 뜻있는 군·정치·언론·법조·경제·문화 마니아 집단이 만든 사단법인입니다. 온·오프라인을 통해 국방정책을 논의하고, 국방정책에 관한 조사·연구·자문·지원 활동을 하고 있으며, 국방 관련 단체 및 기관과 공조하여 국방 교육 자료를 개발하고 안보의식을 고양하는 사업을 하고 있습니다. http://www.kodef.net

KODEF
안보총서
79

위대한 전쟁
위대한 전술

초판 1쇄 발행 2015년 8월 6일
초판 2쇄 발행 2015년 9월 9일

지은이 양욱
펴낸이 김세영

펴낸곳 도서출판 플래닛미디어
주소 121-894 서울시 마포구 월드컵로 8길 40-9 3층
전화 02-3143-3366
팩스 02-3143-3360
블로그 http://blog.naver.com/planetmedia7
이메일 webmaster@planetmedia.co.kr
출판등록 2005년 9월 12일 제313-2005-000197호

ISBN 978-89-97094-82-0 03900